高职高专汽车类教学改革规划教材

汽车使用性能与检测

张 飞 李 军 主 编

黄志永 蒋翠翠 李树金 副主编

清华大学出版社

北 京

内 容 简 介

本书在汽车性能检测站岗位职业能力分析的前提下，按照项目导向、任务驱动的教学模式，采用项目教学的方式组织内容，主要内容包括汽车综合性能基础知识、车辆交接与登录、车辆人工检验、汽车底盘测功、汽车制动性能检测、汽车侧滑检测、汽车车轮定位参数检测、汽车车轮平衡检测、汽车车速表检测、汽车前照灯检测、汽车喇叭声级检测、车辆排放污染物检测、其他检测项目和汽车检测质量控制。通过对本书的学习，可了解影响汽车使用性能的各种因素，找出合理使用汽车的基本途径，掌握国家颁布的有关汽车维修质量及汽车检测管理的政策和法规知识，掌握汽车使用性能检测的内容及常规检测仪器设备的使用方法。

本书注重理论结合实践，重点突出学以致用，力求引导学生养成"做中学、学中做"的思维模式，强调对能力和技能的培养，突出了"理实一体化"的特色。本书可作为高等职业教育汽车运用与维修专业、汽车检测与维修技术专业教学用书，也可供汽车维修技术人员参考使用。

本书是全国交通运输职业教育教学指导委员会精品课程的配套教材，配有课件和教学视频，下载地址为：http://car.gdcp.cn:8085/。

图书在版编目(CIP)数据

汽车使用性能与检测/张飞，李军 主编. —北京：清华大学出版社，2015（2024.1重印）
(高职高专汽车类教学改革规划教材)
ISBN 978-7-302-39198-2

Ⅰ.①汽… Ⅱ.①张… ②李… Ⅲ.①汽车—性能检测—高等职业教育—教材 Ⅳ.①U472.9

中国版本图书馆 CIP 数据核字(2015)第 017745 号

责任编辑：施 猛 易银荣
封面设计：常雪影
版式设计：方加青
责任校对：曹 阳
责任印制：曹婉颖

出版发行：清华大学出版社
　　　　网　　　址：https://www.tup.com.cn，https://www.wqxuetang.com
　　　　地　　　址：北京清华大学学研大厦 A 座　　　　　邮　　编：100084
　　　　社 总 机：010-83470000　　　　　　　　　　　邮　　购：010-62786544
　　　　投稿与读者服务：010-62776969，c-service@tup.tsinghua.edu.cn
　　　　质 量 反 馈：010-62772015，zhiliang@tup.tsinghua.edu.cn
　　　　课 件 下 载：https://www.tup.com.cn，010-62794504
印 装 者：天津鑫丰华印务有限公司
经　　销：全国新华书店
开　　本：185mm×260mm　　　印　　张：14.75　　　字　　数：332 千字
版　　次：2015 年 3 月第 1 版　　　印　　次：2024 年 1 月第 8 次印刷
定　　价：45.00 元

产品编号：062607-02

前言

为进一步贯彻落实《国务院关于加快发展现代职业教育的决定》(国发[2014]19号)，深化专业与产业、职业岗位的对接，推进"校企合作、工学结合"的人才培养模式，在以培养高等技术应用型专门人才为根本任务，以适应社会需要为目标，加强针对性和实用性的指示精神下，我们根据我院"校中厂"——广东省交院机动车检测中心对检测技术员的职业能力和职业素质的要求，编写了《汽车使用性能与检测》。

本书在职业能力分析的前提下，按照项目导向、任务驱动的教学模式，主要阐述了汽车性能检测的相关知识、设备、技术和质量控制等方面内容。汽车使用性能是指汽车在一定的使用条件下，以最高效率工作的能力。它是决定汽车利用效率和方便性的结构特征表征。汽车检测是评价车辆性能、判断故障原因、考核维修质量的重要手段，是车辆运输业车辆技术管理的主要内容，是促进维修技术发展、实现视情修理的重要保证。

本教材在编写过程中，充分吸收了广东省交院机动车检测中心各个检测环节的内容和要求，强调"教、学、做"相结合，体现了职业性与实践性的要求。教材内容极具实用性和先进性，更贴近行业发展和实际需要。

本书共分为14章，由张飞和李军主编，内容以汽车使用性能和汽车不解体情况下的性能检测为主。其中，广东交通职业技术学院教师张飞负责编写第1章、第4章、第9章和第11章；广东交通职业技术学院教师李军负责编写第3章和第14章；广东省交院机动车检测中心高级工程师黄志永负责编写第2章、第5章、第8章和第13章；广东交通职业技术学院教师蒋翠翠负责编写第6章、第7章和第10章；甘肃林业职业技术学院老师李树金负责编写第12章。

在编写过程中，广东省道路运输协会机动车维修检测分会罗少泽会长、华南理工大学机动车辆技术设备厂级高级工程师叶鸣教授给予了大量指导，在此表示感谢。本书在编写过程中，编者参阅了大量的书籍资料，受益匪浅，在此向这些作者表示衷心感谢。由于编者水平有限，疏漏之处在所难免，竭诚欢迎读者批评指正，以便在今后的修订中不断完善。联系邮箱：wkservice@vip.163.com。

编者

2014年11月

目录

第1章　汽车综合性能基础知识⋯⋯⋯1

1.1　汽车综合性能评价⋯⋯⋯2

1.2　汽车性能检测⋯⋯⋯5

1.3　汽车综合性能检测站⋯⋯⋯7

第2章　车辆交接与登录⋯⋯⋯12

2.1　汽车综合性能计算机控制系统⋯13

2.2　汽车交接与登录流程⋯⋯⋯16

第3章　车辆人工检验⋯⋯⋯⋯⋯20

3.1　车辆唯一性认定⋯⋯⋯21

3.2　车辆外观检查⋯⋯⋯⋯23

3.2.1　车身外观⋯⋯⋯24

3.2.2　照明和电气信号装置⋯⋯25

3.2.3　发动机舱⋯⋯⋯27

3.2.4　驾驶室(区)⋯⋯⋯27

3.2.5　车轮⋯⋯⋯28

3.2.6　发动机运转状况⋯⋯⋯29

3.2.7　客车的相应项目检验⋯⋯29

3.3　底盘动态检验⋯⋯⋯30

3.3.1　转向系的检查⋯⋯⋯30

3.3.2　传动系的检查⋯⋯⋯31

3.3.3　制动系的检查⋯⋯⋯31

3.3.4　其他相关事项⋯⋯⋯33

3.4　底盘检查(地沟检查)⋯⋯⋯33

3.4.1　转向系检查⋯⋯⋯33

3.4.2　传动系检查⋯⋯⋯33

3.4.3　行驶系检查⋯⋯⋯34

3.4.4　制动系检查⋯⋯⋯34

3.4.5　底盘其他部件检查⋯⋯⋯35

第4章　汽车底盘测功⋯⋯⋯⋯⋯39

4.1　汽车动力性能基本理论⋯⋯⋯40

4.1.1　汽车的动力学分析⋯⋯⋯40

4.1.2　汽车行驶的附着条件⋯⋯43

4.1.3　动力性的含义与表征参数⋯44

4.1.4　发动机功率的检测方法⋯⋯46

4.1.5　道路检测中动力性评价指标⋯46

4.2　底盘测功机的结构及检测

原理⋯⋯⋯⋯⋯⋯⋯47

4.2.1　底盘测功机的结构和原理⋯47

4.2.2　底盘测功机的检测原理⋯⋯51

4.2.3　动力不合格的原因分析⋯⋯52

第5章　汽车制动性能检测⋯⋯⋯⋯56

5.1　汽车制动性能基础知识⋯⋯⋯57

5.1.1　制动时车轮受力⋯⋯⋯58

5.1.2　制动器制动力、地面制动力及

附着力之间的关系⋯⋯⋯59

5.1.3　制动性能的评价⋯⋯⋯59

5.1.4　影响汽车制动性能的主要

因素⋯⋯⋯⋯⋯65

5.2　反力式滚筒制动检验台结构及

制动原理⋯⋯⋯⋯⋯69

5.2.1 反力式滚筒制动检验台的
结构 ……………………69
5.2.2 反力式滚筒制动检验台的工作
原理 ……………………71
5.3 平板式制动检验台结构及制动
原理 …………………………72
5.3.1 平板式制动检验台结构 ……72
5.3.2 平板式制动检验台测试原理 …74
5.4 汽车轴(轮)荷检测 …………76
5.4.1 轴(轮)荷检验台结构 ………76
5.4.2 轴(轮)荷测量原理 …………77

第6章 汽车侧滑检测 ……………82
6.1 汽车侧滑检测基础知识 …………83
6.2 双板联动侧滑检验台结构及检测
原理 …………………………86
6.2.1 双板联动侧滑检验台结构 ……86
6.2.2 双板联动侧滑检验台的测量
原理 ……………………87
6.3 单板侧滑检验台结构及检测
原理 …………………………89
6.3.1 单板侧滑检验台结构 ………89
6.3.2 单板联动侧滑检验台的测量
原理 ……………………90
6.3.3 不合格原因分析 …………91

第7章 汽车车轮定位参数检测 ………95
7.1 汽车四轮定位的重要性和必
要性 …………………………96
7.2 汽车车轮定位 …………………97
7.2.1 前轮定位 …………………97
7.2.2 后轮定位 …………………101
7.2.3 前轮定位与后轮定位的区别 …103
7.3 汽车车轮定位参数检测原理 …104

7.3.1 车轮前束和推理角的测量
原理 ……………………104
7.3.2 主销后倾角和主销内倾角的
测量原理 ………………106
7.3.3 转向20°时前张角的测量
原理 ……………………109
7.4 车轮定位参数调整方法 ………109

第8章 汽车车轮平衡检测 …………114
8.1 汽车车轮平衡检测基础知识 …115
8.1.1 汽车车轮的基本结构 ……115
8.1.2 轮胎规格的表示方法 ……121
8.1.3 车轮不平衡理论分析 ……123
8.2 车轮就车式动平衡机结构与检测
原理 …………………………124
8.2.1 就车式车轮平衡机的结构 …124
8.2.2 就车式车轮平衡机的检测
原理 ……………………126
8.3 离车式车轮动平衡机结构与检测
原理 …………………………128
8.3.1 离车式车轮平衡机的结构 …128
8.3.2 离车式车轮动平衡原理 ……131

第9章 汽车车速表检测 ……………135
9.1 车速表误差的形成 ……………136
9.2 车速表检验台的结构及检测
原理 …………………………137
9.2.1 车速表检验台的结构 ………137
9.2.2 滚筒式车速表检测台的测试
原理 ……………………140
9.3 车速表误差产生的原因分析 …141

第10章 汽车前照灯检测 ……………144
10.1 汽车灯光基础 …………………145
10.1.1 光的物理量与单位 ………145

10.1.2　发光强度和照度的关系… 146

10.1.3　前照灯的光学特性 ……… 147

10.2　前照灯的检测及评价方法 … 149

10.2.1　前照灯的检测方法 149

10.2.2　汽车前照灯检测的评价
指标 …………………… 151

10.3　前照灯检测仪原理与结构 … 152

10.3.1　前照灯检测仪原理 ……… 152

10.3.2　CCD图像传感器前照灯检测
仪的结构 ……………… 153

10.4　前照灯检测仪的测量及不合格
原因分析 ………………… 155

10.4.1　远光测量步骤 ………… 155

10.4.2　近光测量步骤 ………… 156

10.4.3　前照灯不合格的原因
分析 …………………… 156

第11章　汽车喇叭声级检测 ………… 161

11.1　汽车喇叭声的基本理论 …… 162

11.1.1　声学的基础知识 ……… 162

11.1.2　声音的评价指标 ……… 163

11.2　声级计的结构与原理 ……… 165

11.2.1　声级计的结构 ………… 165

11.2.2　汽车喇叭声级检测 …… 168

11.2.3　导致检验不合格的原因… 168

第12章　车辆排放污染物检测 ……… 171

12.1　车辆排放污染物检测基础
知识 ……………………… 173

12.2　汽油机排放污染物检测 …… 175

12.2.1　双怠速检测方法 ……… 175

12.2.2　简易瞬态工况法 ……… 176

12.2.3　简易稳态工况法 ……… 180

12.3　柴油机排放污染物检测 …… 183

12.3.1　自由加速法 …………… 184

12.3.2　柴油车加载减速
Lugdown法 …………… 186

第13章　其他检测项目 ……………… 198

13.1　汽车转向特性检验 ………… 199

13.1.1　转向盘力角仪结构与工作
原理 …………………… 199

13.1.2　不合格原因分析 ……… 200

13.2　汽车转向轮最大转角检测 … 200

13.3　汽车悬架装置检测 ………… 201

13.4　汽车路试检验 ……………… 202

第14章　汽车检测质量控制 ………… 208

14.1　质量方针和目标 …………… 209

14.2　车辆检测数据质量申诉和
处理 ……………………… 210

14.3　汽车检测质量控制内容 …… 212

14.3.1　设施和环境条件 ……… 212

14.3.2　检测和校准方法 ……… 213

14.3.3　设备和标准物质 ……… 214

14.3.4　量值溯源 ……………… 216

14.3.5　抽样和样品处理 ……… 217

14.3.6　结果质量控制 ………… 218

14.3.7　结果报告 ……………… 220

参考文献 …………………………… 225

第 1 章

汽车综合性能基础知识

情景描述

汽车综合性能是汽车品质优劣的表现，由于营运车辆结构复杂、使用环境多变，为确保使用过程中维持良好的性能状态，必须通过严格的参数测试，以确定其是否能满足国家标准法规的要求、是否需要修理、修理后的汽车状态是否已经恢复。那么，汽车有哪些性能？用怎样的方式评价？在什么单位进行评价呢？

学习目标

1. 熟悉汽车综合性能的含义及评价指标；
2. 了解汽车性能检测的作用；
3. 了解汽车性能检测的类型和相关术语；
4. 了解各类检测站类型，掌握汽车综合检测站的工位布置和工艺；
5. 掌握汽车性能检测的相关政策、规范和标准。

数量庞大的汽车产品在为人类提供便利的同时，也带来了诸如尾气排放污染、交通事故、噪声污染等危害。无论在汽车开发环节还是使用环节，为了增加汽车的"利"，降低汽车的"弊"，需要不断提升和改善汽车的各种性能，并在使用中尽量维持其良好的性能状态。

由于汽车是一种处于复杂使用环境中的机电产品，在开发和使用的各个阶段评价其性能状态或水平，都离不开性能参数测试。本项目阐述了汽车性能试验和汽车使用性能检测的概念、方法和设备。通过对本章的学习，可了解汽车使用性能参数测试方法，掌握营运车辆综合性能检测标准和汽车综合检测站的工位布置和工艺。

1.1 汽车综合性能评价

汽车综合性能是指汽车综合使用性能，即汽车在一定的使用条件下维持高效率工作的能力，它是决定汽车利用效率和方便性的结构特性表征，往往使用汽车的运输生产率和运输成本进行评价，主要包括动力性、燃油经济性、安全性、操纵稳定性、舒适性、环保性、通过性、可靠性与耐久性等方面。

1. 汽车的动力性

汽车作为一种高效的载人和运输工具，其效率的高低在很大程度上取决于动力性的强弱。汽车动力性是指汽车在良好路面上维持较快的平均车速行驶的能力，这种能力可以通过汽车的最高车速、加速能力和最大爬坡能力得以体现。

最高车速是指汽车在水平良好的路面上能够达到的最高行驶速度。

汽车的加速能力可以用加速时间或加速度来衡量。由于汽车行驶需要挡位配合，所以汽车加速能力一般由原地起步连续换挡加速能力和高挡超车加速能力来评定。原地起步加速能力是指汽车由一挡(或二挡)起步,以恰当的换挡时机和最大加速度,将静止的汽车全力加速至某一高速所需的时间;超车加速能力是指汽车用最高挡或次高挡从某一车速全力加速至另一较高车速所需的时间(或加速度)。

汽车爬坡能力是指满载或者部分负载的汽车在良好路面上能够克服的最大坡度。

2. 汽车燃油的经济性

汽车燃油经济性是指汽车以最少的燃油消耗完成单位运输工作量的能力,一般用每百千米燃油消耗量(L/100km)或单位体积燃油行驶的里程数(mile/gal)来评价,前者越小或后者越大,则燃油经济性越好。对于以完成运输任务为目的的营运车辆来说,单位运输量所消耗的燃油量至关重要,它间接反映了车辆的盈利能力。所以,这类车辆又常以百吨千米燃油消耗量(L/100t·km)或每千人千米燃油消耗量(L/kP·km)作为评价指标,该值越大,则汽车的燃油经济性越差。

此外,汽车的燃油消耗还与行驶车速有密切的关系,在对车速进行约束的情况下,燃油消耗才具有可比意义。等速百千米油耗量是常用的一种评价指标,它是指汽车在规定的载荷下,以最高挡在水平良好的路面上等速行驶100km的燃油消耗量。复合有加速、减速和等速等典型工况的循环行驶油耗是另一种评价指标。

3. 汽车的安全性能

汽车的安全性能包括主动安全性和被动安全性两部分,前者是指汽车避免事故发生的能力,后者则指当事故发生后对车内外人员的保护能力。

汽车主动安全性涉及汽车诸多系统和性能,其中最为重要的是汽车制动性能。汽车制动性能是指汽车在行驶过程中,能在短距离内迅速停车,并维持行驶方向的能力,以及在下长坡时维持合适的安全车速的能力。它既是确保行车安全的需要,也是发挥动力性的前提。制动性能的主要指标有制动效能、制动效能恒定性和制动时的方向稳定性等。

制动效能是指汽车的减速能力,用汽车的制动距离或制动减速度等评价;制动效能恒定性是指连续大强度制动后制动效能的保持能力,包括制动抗热衰退和抗水衰退性能;制动时的方向稳定性是指汽车制动时不发生跑偏、侧滑以及失去转向能力。

汽车被动安全性又称碰撞安全性,是指避免车辆在碰撞过程中,对车内外人体造成过大的伤害的能力。它与车身技术和汽车安全约束系统等相关。

4. 汽车的操纵稳定性

汽车的操纵稳定性是指在驾驶员不感到过分紧张、疲劳的条件下,汽车能够遵循驾驶者通过转向系及转向轮给定的方向行驶,且当遭遇外界干扰时,能够抵抗干扰而保持稳定行驶的能力。操控行驶中的车辆是根据行车环境对车辆进行连续调整的过程,它反映了人、车和环境之间的相互作用结果,一方面取决于驾车人对环境的判断能力和对车辆的操纵能力,另一方面也取决于车辆本身的可操控性能。

汽车的可操控性能是多方面能力的综合反映,主要包括影响驾驶疲劳的转向轻便性、跟随转向盘输入作出相应反应的操纵性和抵御环境干扰保持正常行驶的稳定性三个方面。汽车行驶状态复杂多变,与之相适应的操控性能可以归纳为低速状态下的转向特性、行驶参数稳定状态下的转向特性和行驶参数非稳定状态下的瞬时转向特性。

5. 汽车的舒适性

汽车的舒适性是指车内乘员的舒适感觉。提高舒适性有利于缓解驾车者的疲劳感，从而提高行车安全性。乘坐舒适感来自驾乘人员的心理和生理两个层面，驾驶室内部设计和环境因素直接作用于车内乘员感官，对其心理产生影响；而汽车行驶中产生的振动又会作用于乘员身体，产生相应的生理感受，且这种感受常常占据主导地位。

汽车行驶的平顺性是指汽车在一定速度范围内行驶时，保证驾乘人员不至于因车身振动引起不适和疲劳，保持运载货物完整无损的能力。它以汽车对不平地面的振动响应为基础，以人体对振动的感觉为评价依据，衡量汽车振动对人体造成的生理影响。

6. 汽车的环保性

汽车的环保性是指减少汽车运行时对周边环境产生危害的能力，如汽车尾气排放物一氧化碳(CO)、二氧化碳(CO_2)、碳氢化合物(HC)、氮氧化物(NO_x)，以及发动机噪声、排气系统噪声、风扇噪声、制动噪声和内饰材料、电子元器件等污染物对人和环境的影响。

7. 汽车的通过性

汽车的通过性是指汽车在行驶过程中克服障碍的能力，包括机动性和越野性。前者主要指汽车穿越窄巷、回转掉头和停车接近等能力，后者则指汽车是否具备以足够高的平均车速通过坏路和无路地带及各种障碍的能力，包括爬陡坡、越壕沟、涉水路、过沼泽等能力。汽车的通过性若按照其丧失通过能力的原因来划分，可以区分为因路面支承能力的丧失而引起的支承通过性和因周边几何条件丧失而导致的几何通过性，如图1-1所示。

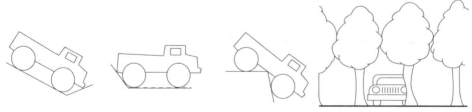

图1-1　通过性失效形式

一般所说的汽车通过性主要指汽车通过坏路和无路地带的能力。它主要取决于地面的物理特性和汽车的结构特点，也与动力性、视野性和稳定性等相关。

8. 汽车的可靠性与耐久性

汽车的可靠性是汽车产品在规定的条件下和时间内完成规定功能的能力。它以汽车在使用过程中发生故障的概率来度量。汽车使用中出现的故障可以是零部件损坏导致的"硬故障"，也可以是性能逐渐衰退，下降到最低限度以下而出现的"软故障"。随着使用时间的延长，车辆的可靠性会逐渐下降。通常采用"故障频次""首次故障里程"和"平均故障间隔里程"等指标来评价。

汽车耐久性是指汽车在规定的使用和维修条件下，达到某种技术或经济指标极限时，完成功能的能力。它是对汽车使用寿命的度量。通常情况下，耐久性以汽车第一次大修里程的长短以及汽车从启用至报废的寿命长短等指标来衡量。

1.2　汽车性能检测

营运车辆在使用中，气候、道路、交通环境等汽车运行条件，燃油和润滑油的品质，以及汽车使用的合理性等因素都将导致汽车技术状况发生变化。为了加强营运车辆的技术管理，国家要求根据《营运车辆综合性能要求和检验方法》(GB 18565—2001)，定期对营运车辆进行综合性能检测，并依据《营运车辆技术等级划分和评定要求》(JT/T 198—2004)对营运车辆的技术状况进行评定。该标准依据车辆技术状况，从高到低将营运车辆的技术等级分为一级、二级和三级，达到三级要求是车辆从事道路运输的门槛条件。

1. 检测参数

检测参数是表征汽车、汽车总成及机构技术状况的指标，它是在检测判断汽车技术状况时，所采用的一种与结构参数有关，而又能表征技术状况的可测量的物理或化学量。汽车检测指标参数包括工作过程参数、伴随过程参数和几何尺寸参数，如图1-2所示。

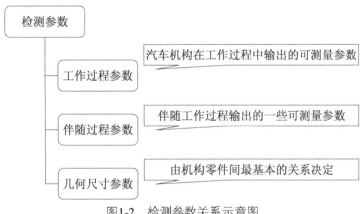

图1-2　检测参数关系示意图

工作过程参数是汽车、总成或机构在工作过程中输出的一些可供测量的参数，例如发动机功率、汽车燃油消耗量、制动距离或制动力等。

伴随过程参数是伴随工作过程输出的一些可供测量的参数，例如振动、噪声、异响、温度等。这些参数可用来判断测量对象的局部信息和深入剖析复杂系统。

当汽车不工作时，无法测得上述两种参数。

几何尺寸参数可提供总成或机构中配合零件之间或独立零件的技术状况，例如配合间隙、自由行程、圆度、径向圆跳动等。尽管这类参数提供的信息量有限，但能表征检测对象的具体状态。

2. 检测标准

为了定量评价汽车及总成系统的技术状况，制定能够提供比较尺度、统一检测操作方法和相应技术条件的检测标准是必要的。汽车性能检测评价标准从高到低分为4类，依次为国家标准、行业标准、地方标准和企业标准。低级别标准必须服从高级别标准，因此，低级别标准的限值往往比高级别标准中的限值要求更加严格。

国家标准由国家制定，冠以"中华人民共和国国家标准"(GB)字样，如《营运车辆综合性能要求和检验方法》(GB 18565—2001)。国家标准一般由行业部委提出，由国家质量监督检验检疫总局发布，具有强制性和权威性。

行业标准又称为部委标准，是国家部级机关制定并发布的标准，在部委系统内或行业系统内贯彻执行，一般冠以"中华人民共和国行业标准"字样，如交通行业标准《汽车维护工艺规范》(JT/T 201—1995)，"JT"代表交通部颁布的行业标准，"T"表示标准为推荐性标准。行业标准在一定范围内具有强制性和权威性。

地方标准是省、市、县级地方政府制定并发布的标准，在地方范围内执行，在所辖区域内具有强制性和权威性，如北京市地方标准《装用点燃式发动机汽车排气污染物限值及检测方法》(DB 11/318—2005)等。

企业标准包括汽车制造厂推荐的标准、汽车运输企业和汽车维修企业内部制定的标准、检测仪器设备制造厂推荐的参考性标准三种类型。汽车制造厂推荐的标准是汽车制造厂在汽车使用说明书中公布的汽车使用性能参数、结构参数、调整数据和使用极限等，可以把它们作为诊断参数标准来使用。该类标准是汽车制造厂根据设计要求、制造水平，为保证汽车的使用性能和技术状况而制定的。汽车运输企业和维修企业的标准是汽车运输企业、汽车维修企业内部制定的标准，只在企业内部贯彻执行。企业标准须达到国家标准和上级标准的要求，同时允许超过国家标准和上级标准的要求。检测仪器设备制造厂推荐的参考性标准，是检测仪器设备制造厂在尚无国家标准和行业标准的情况下制定的，作为参考性标准，可以判断汽车、总成及机构的技术状况。

3. 检测参数标准

检测参数标准一般由初始值、许用值和极限值组成。

初始值相当于无故障新车和大修车诊断参数值的大小，往往是最佳值，可作为新车和大修车的诊断标准。当检测参数值处于初始值范围之内时，表明检测对象的技术状况良好，无需维修便可继续运行。

检测参数值若处于许用值范围之内，表明检测对象的技术状况虽发生变化，但尚属正常，无需修理，按要求维护即可继续运行。

检测参数值超过极限值，表明检测对象的技术状况严重恶化，汽车须立即停驶进行修理。

4. 检测分类

中华人民共和国交通运输部根据"坚持预防为主、依靠科技进步和技术与经济相结合"的原则，确立了"定期检测、强制维护、视情修理"的在用汽车管理制度。定期检测包含两重含义：一是对所有从事运输经营的汽车，视其类型、新旧程度、使用条件和使用强度等，在车辆行驶一定里程或时间后，定期进行综合性能检测。通过这种检测，达到控制运输车辆技术状况的目的，同时也可监督车辆检测前的维修竣工质量。二是结合汽车二级维护定期进行诊断检测，以掌握汽车技术状况的变化规律，确定是否需要在常规维护的同时附加修理作业项目，从而实现视情修理的目的。此项工作分别由道路运输管理机构组织的汽车综合性能检测和汽车维修企业在二级维护作业前的诊断检测落实。视情修理是随着现代汽车高科技特征和汽车检测技术的发展而提出的，根据车辆诊断检测后的技术评定，按不同作业范围和作业深度进行修理。

按照国家标准规定，我国在用汽车性能检测主要分为安全环保检测和综合性能检测两类。

安全环保检测是指对汽车实行定期或不定期安全运行和环境保护方面的检测，目的是在汽车不解体的情况下建立安全和公害监控体系，确保车辆具有符合要求的外观容貌和良好的安全性能，限制汽车的环境污染程度，使其在安全、高效和低污染的工况下运行。

综合性能检测是汽车运输业车辆技术管理的主要内容之一，是科学技术进步与技术管理相结合的产物，是检查、鉴定车辆技术状况和维修质量的重要手段，是促进维修技术发展、实现视情修理的重要保证。综合性能检测是指对汽车实行定期或不定期综合性能方面的检测，目的是在汽车不解体的情况下，确定营运车辆的工作能力和技术状况，查明其故障或隐患部位及原因，对维修车辆实行质量监督，建立质量监控体系，确保车辆具有良好的安全性、可靠性、动力性、经济性、排气净化性，以创造更大的经济效益和社会效益。检测的主要内容包括动力性、燃油经济性、安全性、使用可靠性、排气污染和噪声，以及整车装备完整性、防雨密封性等多种技术性能的组合。

1.3 汽车综合性能检测站

汽车综合性能检测是运输业车辆技术管理的主要内容。它是检查、鉴定车辆技术状况和维修质量的重要手段，是促进维修技术发展、实现视情修理的重要保证。汽车综合性能检测站是经各省交通运输管理机关审核认定，受各地道路运输管理部门委托，依据《营运车辆综合性能要求和检验方法》(GB 18565—2001)、《营运车辆技术等级划分和评定要求》(JT/T 198—2004)和《汽车维护、检测、诊断技术规范》(GB/T 18344—2001)，对营运车辆进行技术等级评定、二级维护竣工质量检验的专门机构。

根据《汽车综合性能检测站能力的通用要求》(GB/T 17993—2005)的定义，汽车综合性能检测站是按照规定的程序、方法，通过一系列技术操作行为，对在用汽车综合性能进行检测、评价，并提供检测数据、报告的社会化服务机构。它的服务功能主要有：对在用运输车辆的技术状况进行检测诊断；对汽车维修行业的维修车辆进行质量检测；接受委托，对车辆改装、改造、报废及其有关新工艺、新技术、新产品、科研成果等项目进行检测，并提供检测结果；接受公安、环保、商检、计量和保险等部门的委托，为其进行有关项目的检测，并提供检测结果。

根据检测站的职能，汽车综合性能检测站分为A、B、C三级。A级站能够检测车辆的制动、侧滑、灯光、转向、前轮定位、车速、车轮动平衡、底盘输出功率、燃油消耗、发动机功率和点火系状况，以及异响、磨损、变形、裂纹、噪声、废气排放等状况；B级站能承担在用车辆技术状况和车辆维修质量的检测，即能检测车辆的制动、侧滑、灯光、转向、车轮动平衡、燃油消耗、发动机功率和点火系状况，以及异响、变形、噪声、废气排放等状况；C级站能承担在用车辆技术状况的检测，即能检测车辆的制动、侧滑、灯光、转向、车轮动平衡、燃料消耗、发动机功率以及异响、噪声、废气排放等状况。

汽车综合检测线通常可以分为双线综合式检测线和全能综合式检测线。双线综合式检测线是将汽车安全环保检测项目组成一条检测线，而将汽车综合性能检测项目组成另一条检测线。全能综合式检测线设有包括安全环保检测项目和综合性能检测项目在内的比较齐全的检测位。汽车综合性能检测站的建立应根据本地区的具体条件而定，依据经营类别、服务对象范围、生产规模、车型种类等条件，确定检测站的年检测量、检测工位数、设备及人员配备、检测车间面积和检测站总面积。汽车综合性能检测站的工位布局主要考虑检测的方便性和工作效率，同时兼顾环境需要。可采用如图1-3所示的方式进行布局。

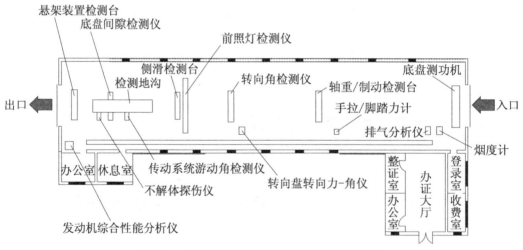

图1-3　汽车综合性能检测站工位布局示意图

1. 综合性能检测站的职责

综合性能检测站的职责包括：对车辆的技术状况进行检测诊断；对汽车维修行业的维修车辆进行质量检测；对车辆改装、改造、报废和有关新工艺、新技术、新产品，以及节能、科研项目等进行检测、鉴定；在环保部门的统一监督管理下，对汽车排气污染物进行监督、监测；接受委托，进行有关项目的检测。

2. 综合性能检测站的主要任务

综合性能检测站的主要任务包括：对在用运输车辆的技术状况进行检测诊断；对汽车维修行业的维修车辆进行质量检测；接受委托，对车辆改装、改造、报废及其有关新工艺、新技术、新产品、科研成果等项目进行检测，并提供检测结果。前两项检测任务是由运输车辆管理部门和维修管理部门根据检测制度组织并委托的车辆检测。

3. 汽车检测方法

汽车检测包括道路试验(简称路试)检测和台架试验(简称台试)检测两种方法。两种检测方法各具特色，互为补充。对于有些检测项目，两种方法可以相互代替，但对于另外一些项目则不能，如操纵稳定性试验的大部分项目只能采用路试检测方法。两种不同的检测方法各自运用不同的检测流程和检测参数，但对于同一检测项目，对检测结果的评价是一致的。

⠿ 课后总结

参观学校汽车综合性能检测站，了解检测站的任务、设备、检测项目、操作过程、工位布置、工艺流程、相关标准和法规。主要了解以下几项汽车综合性能检测法规。

《营运车辆综合性能要求和检验方法》(GB 18565—2001)；

《汽车综合性能检测站能力的通用要求》(GB/T 17993—2005)；

《汽车检测站计算机控制系统技术规范》(JT/T 478—2002)；

《营运车辆技术等级划分和评定要求》(JT/ 198—2004)；

《道路车辆外廓尺寸、轴荷及质量限值》(GB 1589—2004)；

《营运车辆燃料消耗量检测评价方法》(GB/T 18566—2001)；

《点燃式发动机在用汽车简易工况法排汽污染物排放限值的原则和方法》(DB 44/632—2009)；

《压燃式发动机在用汽车加载减速法排气烟度排放限值的原则和方法》(DB 44/593—2009)。

🔑 学习工作页

认识汽车使用性能检测站

学习目的与要求：①能够正确描述汽车使用性能参数和指标；②能够正确描述国内外汽车检测技术发展概况；③能够正确描述综合性能检测站的任务和工艺布局；④能够正确描述汽车综合性能检测站计算机系统的应用现状；⑤能够遵守检测站管理、检测规程 学习内容：①汽车使用性能概述；②汽车综合性能检测站的工位布局；③检测站管理、检测流程；④检测站岗位的职业道德与规范 教学方式：①采用一体化教学，观看检测视频，并进行报表分析；②参观检测站的工位布局	姓名：_____ 日期：_____ 第_____周 星期_____ 第_____节	班级：_____ 学号：_____

(续表)

认识汽车使用性能检测站

一、预习要求

认真阅读实训指导书和《营运车辆综合性能要求和检验方法》(GB 18565—2001)、《汽车综合性能检测站能力的通用要求》(GB/T 17993—2005)、《汽车检测站计算机控制系统技术规范》(JT/T 478—2002)、《机动车运行安全技术条件》(GB 7258—2012)、《机动车安全技术检验项目和方法》(GB 21861—2008)等相关内容。

二、工具和材料

一体化教室、管理体系文件、检测相关视频、作废的检测报表。

三、对示范教学的检测站进行描述

检测站名称：_____　检测站类别：_____　检测站级别：_____

四、步骤

通过一体化教学，参观检测站的工位布局。了解检测站的管理、检测流程和检测站计算机控制系统，并进行检测报表分析。

检测线工艺流程图

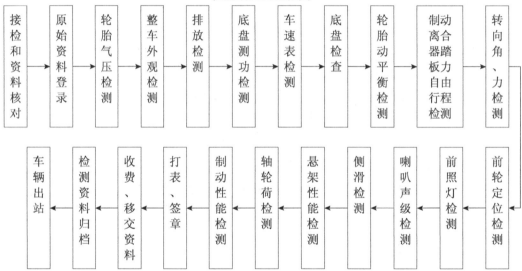

1. 根据所在检测站的现场工位布置，完成检测车间设备仪器布置表。

大车线		小车线	
第一工位		第一工位	
第二工位		第二工位	
第三工位		第三工位	
第四工位		第四工位	

2. 回答以下判断、选择、填空题。

(1) 营运车辆是指从事道路客货运输的经营性车辆。(　　)

(2) 汽车检测站的类别：安全性能检测线(年审站)、综合性能检测线(季审站)。(　　)

(3) 综合性能检测线检测类别可分为：二级维护、等级评定、技术检测、注册登记检验。(　　)

(4) 检测报告表的签字人签名处应由(　　)签名审核确定。

A. 授权签字人　　　　　　B. 技术负责人　　　　　　C. 质量负责人

(5) 国家标准《营运车辆综合性能要求和检验方法》是(　　)。

A. GB 18565—2013　　　B. GB 7258—2012　　　C. GB 21861—2008

(续表)

认识汽车使用性能检测站

(6)《汽车检测站计算机控制系统技术规范》联网标准是(　　)。

A. JT/T 198—2004　　　　B. JT/T 478—2002　　　C. GB/T 17993—2005

(7) 目前机动车的基本检测方法有：＿＿＿＿＿＿、＿＿＿＿＿＿和＿＿＿＿＿＿。

(8) 相关缩写代表什么标准？例如：(GB)＿＿＿＿＿，(GA，JT)＿＿＿＿＿＿，(DB)＿＿＿＿＿。

小组实训总结：

(内容多可背书或附纸填写)

第 2 章

车辆交接与登录

情景描述

小王在广州一家运输企业工作，今年他们公司搬到新的地址，公司的车又快到了需要检测的时候，小王是否可以不去原综合性能检测站而就近选择一家呢？另外，车辆进行年检时需提交哪些资料呢？如果你是工作人员，当小王开车来检测时，如何做好车辆交接以及有关信息登录？

学习目标

1. 熟悉各类机动车的检测期限；
2. 了解检测站计算机控制系统；
3. 熟悉车辆交接的流程；
4. 能够正确审查车辆登录资料；
5. 能够正确完成车辆的交接工作。

车辆检测是国家为了防治环境污染，保障汽车安全性以及舒适性而对机动车实行的一项规定，是企业受政府委托开展的一种收费业务。

汽车综合性能检测的具体检测业务，由汽车综合性能检测站承担，汽车综合性能检测站所出具的检测报告是交通运输部门或其他委托部门行政执法的凭证。因此，汽车综合性能检测站应对所出具的检测报告承担相应的法律责任，必须保证检测工作的公正性、科学性和先进性。

2.1 汽车综合性能计算机控制系统

随着政府审批制度的改革，允许越来越多的行业实行行业准入制度，加入这一行业的企业不断增加，企业间的竞争变得更加激烈。检测行业的政策性很强，既强调为车主提供良好的服务，又要严格把关，这是互相矛盾的两种关系。如何更有效地加强管理部门对检测业务的监管一直是一项非常重要的工作，以技术手段为上级管理部门提供监管是唯一的出路。计算机控制系统是针对汽车实现自动检测与诊断的处理手段，通过网络进行远程监管，对加强汽车综合性能检测的管理和提高技术水平、服务水平具有重要意义。

汽车综合性能检测站计算机控制系统是将计算机应用技术和电子控制技术、网络通信技术相结合，对测量、计算、判断、结果存储、传输和输出进行综合管理的智能化系统。在《汽车综合性能检测站能力的通用要求》(GB/T 17993—2005)和《汽车检测站计算机控制系统技术规范》(JT/T 478—2002)中，对检测站的计算机控制系统的功能提出了明确的要求。

运用现代网络通信技术可将这些子系统连接成一个局域网，用于实现检测站的全自动检测、全自动管理和全自动财务结算等。还可以利用信息高速公路将某地区的检测站连成一个广域网，使上级交通部门可以实时了解并监督该地区各检测站的车检工作，如图2-1所示。计算机控制检测系统需要帮助检测人员完成车辆信息登录、规定项目与参数的受控自动检测、检测数据的自动传输与存档、检测报告与统计报表的自动生成、指定信息的查询、适用于检测车型的数据库和检测标准项目的参数限值数据库的建立等工作。该系统具有对人工检验项目和对未能联网的检测设备的检测结果进行人工录入的功能，以及对受检车辆的检测调度功能等。

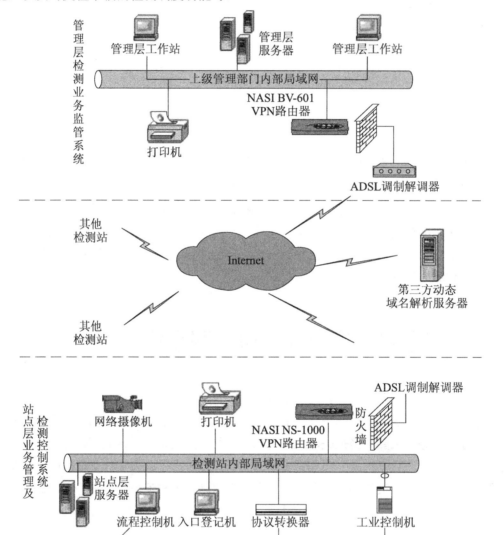

图2-1 汽车综合性能检测站计算机网络结构示意图

计算机控制系统由硬件和软件两部分组成。硬件部分包括计算机及外部设备、外部接口、传感器、前端处理单元；软件部分包括系统软件、应用软件和数据库等。

计算机控制系统依靠下列子系统完成国家标准所要求的各项功能。

1. 登录系统

将车辆基本信息和检测项目录入计算机控制系统，为主控制系统的控制和报告打印提供信息。登录注册系统界面后，可看到查询条件区、车辆基本信息区和检测项目选择区等。

2. 调度系统

调度系统根据车辆实际到达检测车间的顺序，在无序登录到计算机控制系统的车辆中，选择相应的车辆发往主控制系统，开始检测。调度系统界面一般包括待检车辆列表，用来显示登录注册系统已经录入的车辆车号、车型、待检项目、检测序列号等信息。

3. 主控系统

主控系统是检测站计算机控制系统的核心模块，它根据被检车辆需要检测的项目，控制检测设备运转，采集检测设备返回的检测数据，并按照国家相应标准对检测数据进行判定；控制检测线各工位电子显示屏，显示检测结果和判定结论，按照检测流程给引车员相应的操作提示；最终将检测数据和判定结论存入本地数据库。主控系统界面设有用来显示在检车辆当前正在检测的项目及已检测项目判定结论的在检车辆状态区，用来显示已由调度发出但尚未检测车辆的信息的待检车辆信息区，用来显示各工位当前正检测车辆检测数据的检测数据显示区，以及用来显示当前各检测设备运行状况的检测设备状态区等。主控系统通常包括外观检测、底盘检测、尾气检测、速度检测、制动检测、灯光检测、声级检测、侧滑检测、悬架检测、底盘功率检测和油耗检测等功能模块。

4. 打印系统

打印系统能够按照规定的报告式样，根据检测结果，在检测报告的相应位置上打印出车辆的基本信息和各项检测数据，并给出判定结论。

5. 监控系统

监控系统将前端摄像机采集的视频信号，通过传输线路，集中到监视器或录像机，供实时监控或存档查询。汽车检测过程监控系统需实现管理部门对检测现场的视频监控。视频监控是整个检测监控系统的核心部分，主要分为两部分，即汽车检测站端和上级管理部门端，可采用手动录像、定时录像和自动录像等多种方式进行图像记录。

6. 客户管理系统

客户管理系统是对客户资源的管理，包括客户信息录入、业务收费、财务审核、领导查询等功能模块。

7. 维护系统

维护系统包括检测设备的软件标定、检测判定标准的维护、数据库的定期备份、硬件维护和软件维护等功能模块。

8. 查询统计系统

查询统计系统可以按照任意时间段，对被检测车辆、车辆单位、检测合格率、引车员工作量、检测收入等信息进行查询、统计，并按照一定的查询条目自动生成统计报表。

2.2 汽车交接与登录流程

作为汽车综合性能检测站的工作人员，应该熟知站里的业务办理流程，如图2-2所示。

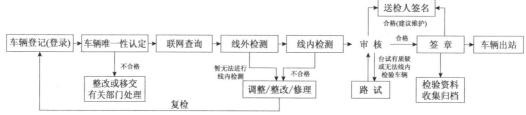

图2-2　汽车综合性能检测站业务流程

登录系统是汽车检测站计算机控制系统检测流程的起点，年检时进行车辆交接与登录需提交以下几项资料：驾驶证正副原件、行驶证、上一次的年检标志、环保标志、机动车交通事故责任强制保险凭证以及需要年检的汽车。

另外，依据《中华人民共和国道路交通安全法》《中华人民共和国道路交通安全法实施条例》和《机动车登记规定》中的有关条款，对登记后上道路行驶的机动车，按照下列期限进行安全技术检验。

(1) 营运载客汽车5年以内每年检验1次；超过5年的，每6个月检验1次。

(2) 载货汽车和大型、中型非营运载客汽车10年以内每年检验1次；超过10年的，每6个月检验1次。

(3) 小型、微型非营运载客汽车6年以内每2年检验1次；超过6年的，每年检验1次；超过15年的，每6个月检验1次。

机动车所有人可以在机动车检验有效期满前3个月内申请检验合格标志。对于未检车辆上路会给出30天的宽限期。30天过后，如果车主还没有验车，电子眼将自动记录这类违法行为，并依法对驾驶员进行罚款并扣分。

此外，若出现以下两种情况，不能办理年检。

(1) 已注册登记的机动车进行安全技术检验时，机动车行驶证记载的登记内容与该机动车的有关情况不符，或者未按照规定提供机动车第三者责任强制保险凭证的，不予通过检验。

(2) 机动车涉及未处理完毕的道路交通安全违法行为和交通事故的。

当资料审核齐全时，检测站的工作人员将所有相关信息都登录到计算机上，相关信息也将通过网络的形式传送给业务主管部门。

课后总结

随着技术和管理的进步，汽车检测将实现真正的网络化(局域网)，从而做到信息资源共享、硬件资源共享、软件资源共享。在此基础上，利用信息高速公路将全国的汽车综合性能检测站连接成一个广域网，使上级交通管理部门可以即时了解各地区车辆状况。

学习工作页

汽车使用性能检测——车辆交接与登录
学习工作页

学习目的与要求：①能够正确完成车辆的交接工作；②能够正确使用登录软件，完成登录工作。 学习内容：①车辆交接流程；②登录软件应用。 教学方式：①采用一体化教学观看检测视频；②参观检测站的登录工位；③模拟登录软件使用	姓名：_____ 日期：_____ 第_____周 星期____ 第_____节	班级：_____ 学号：_____

一、预习要求

认真阅读实训指导书和《汽车检测站计算机控制系统技术规范》(JT/T 478—2002)相关内容。

二、工具和材料

一体化教室、管理体系文件、相关检测视频、作废的检测报表。

三、对示范教学的检测站进行描述

检测站名称：_____ 检测站类别：_____ 检测站级别：_____

四、步骤

参观检测站的交接与登录工位，通过一体化教学后初步掌握检测站的交接流程和检测站计算机登录软件的使用方法。

车辆交接流程图

车辆进站 →停车→ 待检区 →送检人员递交资料→ 登录室

资料审查→ / 资料不全回去补← 资料录入 →交车→ 引车员交接车辆凭证给送检人员并提醒车主带走贵重物品

按照授课内容分组完成车辆交接及登录表格的填写。

受检车辆交接卡

受检车辆牌号：		送检单位(车主)：
接车时状况	车辆外观： 车辆性能： 车钥匙： 其他： 引车员签名：_____	送检单位(车主)或交车员签名：_____
交车时状况	车辆外观： 车辆性能： 车钥匙： 其他： 引车员签名：_____	送检单位(车主)或交车员签名：_____
凭卡交接车辆，送检单位(车主)签名不符无效		

(续表)

汽车使用性能检测——车辆交接与登录
学习工作页

车辆检测资料登录表

车牌号码	粤	车牌颜色	□黄牌 □蓝牌 □黑牌 □特种	发动机号码	
车型类别	□大型客车　□中型客车　□小型客车 □大型货车　□小型货车　□农用车			底盘号码	
车身颜色		厂牌		汽车型号	
出厂日期	年　月	入户日期	年　月	核定载重	□kg □座
驱动方式	□前驱　□后驱	燃料类型	□汽油 □煤油 □煤气	整车总质量	kg
发动机	型号		制动方式	□气压 □液压	前照灯制式	□四灯制　□二灯制
	功率	kw	离合方式	□机械 □液压	前照灯灯高	mm
	置式	□前置　□后置	是否ABS	□是　□不是	制动系统	前轮：□碟　□鼓 后轮：□碟　□鼓
是否电喷	□是　　□不是	油耗	L/100km	缸数/缸	□3　□4　□6 □8　□12　□_
最高车速	km/h	排气量	(L)	方向盘制式	□有助力器　□无
最大扭矩	N·m	轮胎外径	mm	长/宽/高/mm	/　/
轮胎压力	MPa	轴距	mm	轮距/mm	前：　　后：
车主单位				使用性能	□国营　□集体 □合资　□私营
联系地址				电话	
备注					
记录员		编号		日期	年　月　日

　　填表说明：用墨笔填写或用计算机打印，字迹要清楚；在选项的"□"内打"√"。

小组实训总结：

(内容多可背书或附纸填写)

　　后附广州市汽车综合性能检测书(见表2-1)，以供参考。

表2-1　广州市汽车综合性能检测委托书

第　　　号

委托单位名称				联系电话	
车主单位名称				车主地址	
维修竣工日期	年　月　日	委托日期	年　月　日	送检人	车辆出厂日期　年　月　日
车牌区域		道路运输证号			车辆登记日期　年　月　日
车牌号码		号牌种类	黄□　蓝□　黑□		车辆品牌型号
发动机型号		发动机号码			车架号码
油泵形式	机械□　电子□	涡轮增压	有□　无□		额定功率/转速　kW/ r/min
驱动形式	前驱□　后驱□	变速器形式	手动□　自动□		额定扭矩/转速　N·m/ r/min
前照灯制	二灯□　四灯□	车桥数量	轴		发动机排量　ml
最大总质量	kg	整备质量	kg		载质(客)量　kg(人)
车辆类别		行驶里程	km		燃料类别
外形尺寸	长　mm　宽　mm　高　mm		轴距　mm		检测类别
送检人		检测站编号			接检日期　年　月　日

注：1. 为保证检测数据的真实性、准确性、科学性，应依据被送检车辆的实际状况，在相应的"□"号内记"√"。

2. 在栏有"□"号应如实提供被送检车辆的出厂技术数据，在相应的"□"号内记"√"。

3. 送检单位应如实提供被送检车辆的行驶证、道路运输证原件，以及车辆登记证书复印件。

4. 送检人：请不要将相关证件、现金、手机、手表、文件及其他贵重物品留置在被送检车内。

提示：请不要有任何贵重物品，请在"送检人"一栏签名。确认无任何贵重物品后，在"送检人"一栏签名。

第 3 章

车辆人工检验

情景描述

某出租车集团送检的一辆机动车有明显的漏油、漏水、漏气现象，轮胎气压偏低且胎冠花纹中有异物，发动机怠速明显偏低。

学习目标

1. 了解车辆唯一性认定的内容及相关技术要求；
2. 了解车辆外观检查的项目及相关技术要求；
3. 了解车辆底盘动态检验及相关技术要求；
4. 了解车辆底盘检查及相关技术要求。

车辆人工检验主要包括线外检验和底盘检查，根据《机动车安全技术检验项目和方法》(GB 21861—2008)的规定，线外检验包括以下三个方面：车辆唯一性认定、车辆外观检查(包括车身外观、发动机舱、驾驶室/区、发动机运转状况、灯光信号、客车内部、底盘件、车轮检查)和底盘动态检验。其中，底盘检查通常被称为地沟检查，是指通过人工方式，在地沟里检查车辆底盘的连接紧固情况。车辆人工检验是对车辆进行综合性能检测前的一个人工排故项目，主要目的是保证线内检测数据的精度和安全性。

3.1 车辆唯一性认定

车辆唯一性认定(见图3-1)是指对机动车的号牌号码、车辆类型、品牌/型号、颜色、发动机号码、车辆识别代号(或整车出厂编号)及主要特征和技术参数进行核查，核对车辆识别代号(或整车出厂编号)的拓印膜，审查相关证件(如图3-2所示为机动车行驶证)，以确认送检机动车的唯一性。

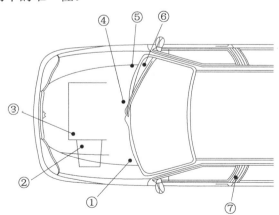

①油漆编号 ②变速器标识号 ③发动机编号 ④VIN打印
⑤产品标牌 ⑥VIN标牌 ⑦轮胎充气说明标签

图3-1 车辆标识位置

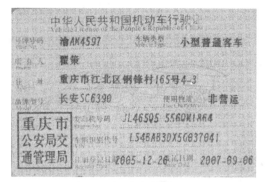

图3-2　机动车行驶证

汽车及半挂车必须有车辆识别代号，如图3-3所示，其内容和构成应符合《道路车辆车辆识别代号(VIN)》(GB 16735—2004)的规定，应至少有一个车辆识别代号打刻在车架(无车架的机动车为车身主要承载且不能拆卸的部件)能防止锈蚀、磨损的部位上。乘用车的识别代号应打刻在发动机舱内能防止替换的车辆结构件上，或打刻在车门立柱上，如受结构限制没有打刻空间也可打刻在右侧除后备箱外的车辆其他结构件上；汽车、半挂车和中置轴挂车的车辆识别代号应打刻在前部右侧，如受结构限制也可以打刻在右侧其他车辆结构件上；其他机动车应在相应的易见位置打刻整车型号和出厂编号，型号在前，出厂编号在后，在出厂编号的两端应打刻起止标记。打刻的车辆识别代号(整车型号和出厂编号)从上(前)方应易拓印。打刻的车辆识别代号的字母和数字活动字高应≥7.0mm、深度应≥0.3mm(乘用车深度应≥0.2mm)，但摩托车字高应≥5.0mm、深度应≥0.2mm。打刻的整车型号和出厂编号字高应为10.0mm，深度应≥0.3mm。

车辆识别代号(或整车型号和出厂编号)一经打刻即不允许更改、变动，并符合《道路车辆车辆识别代号(VIN)》(GB 16735—2004)的规定。同一车辆机动车的车架(无车架的机动车为车身主要承载且不能拆卸的部件)上，不允许既打刻车辆识别代号，又打刻整车型号和出厂编号；同一辆车上标示的所有车辆识别代号内容应相同。

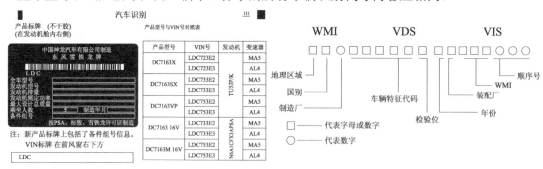

图3-3　车辆铭牌及VIN代码

发动机型号和出厂编号应打刻(或铸造)在气缸体上且应能永久保持，在出厂编号的两端应打刻起止标记(没有打刻起止标记的空间时可不打刻)。如打刻的发动机型号和出厂编号不易见，则应在发动机易见部位增加能永久保持的发动机型号和出厂编号的标识。纯电动汽车、插电式混合动力汽车、燃料电池汽车和电动摩托车应在主驱动电动机壳体上打刻电动机型号和编号，如打刻的电动机型号和编号被覆盖，应留出观察口，或在覆盖件上增加能永久保持的电动机型号和编号的标识。增加的标识应易见，且非经破坏性操作不能被完整取下。

实施车辆唯一性认定时，机动车应停放在外观检查场所指定位置，发动机停止转动。应依据机动车整车出厂合格证(含机动车注册登记技术参数表)等证明、凭证，逐一核对送检机动车的车辆类型、厂牌型号、颜色，核对整车VIN代码(车架号码)及发动机型号和出厂编号，拓印VIN代码(车架号码)并确认VIN代码/车架号有无被凿改的痕迹，审查机动车外廓尺寸、整备质量、乘坐人数(乘员数)、最大允许牵引质量、比功率等技术参数是否符合《机动车运行安全技术条件》(GB 7258—2012)等机动车国家安全技术标准。

当发现送检机动车有被盗抢嫌疑，如车辆识别代号(或整车型号和出厂编号)及发动机号码有凿改、挖补、打磨痕迹或垫片、擅自另外打刻等异常情形的，或车辆识别代号(或整车型号和出厂编号)、发动机号码与相关证明、凭证记载不一致的，以及非法拼装嫌疑时，此次安全技术检验终止，机动车安全技术检验机构及其检验员应详细登记该送检机动车的相关信息并立即向公安机关有关部门报告，等待有关部门核实查处。

当发现送检机动车的外廓尺寸、后悬及整备质量、核载、比功率等主要特征及技术参数、技术指标不符合《机动车运行安全技术条件》(GB 7258—2012)等机动车国家安全技术标准或与公告的数据不一致时，此次安全技术检验终止，机动车安全技术检验机构及其检验员应详细登记送检机动车的车辆类型、品牌/型号、车辆识别代号(或整车型号和出厂编号)、发动机号码、整车生产厂家、生产日期、公告批次(进口机动车除外)等信息，并尽快向所在地公安机关交通管理部门和质量技术监督部门报告。

3.2　车辆外观检查

国家质量监督检验检疫总局印发的《机动车安全技术检验机构常规检验资格许可技术条件》[2006]379号规定了外观检查应配备的设备，主要有：轮胎气压表、轮胎花纹深度计、透光率计、长度测量工具、手锤、铁钩及照明器具，如图3-4所示。

图3-4　车辆外观检查配套设备

检查的主要项目包括车身外观、照明和电气信号装置、发动机舱、驾驶室(区)、车轮、发动机运转状况、客车的相应项目检验。

3.2.1 车身外观

车身及外观结构如图3-5所示。

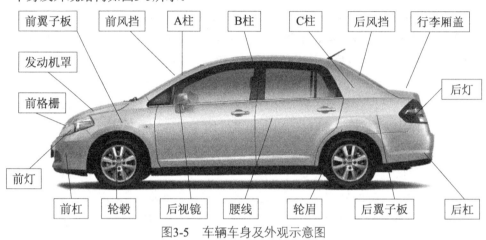

图3-5　车辆车身及外观示意图

(1) 保险杠。目视检查。必要时检验员可以通过用脚在保险杠上施加一定的力检验其受力效果,保险杠应无明显变形、损坏、松旷。

(2) 后视镜。目视检查。机动车(挂车除外)必须在车头前端两侧各设置一面后视镜;安装、调节及视野范围应符合规定。后视镜的安装位置和角度应保证驾驶员能看清车身左右外侧、车后50m以内的交通情况。双层客车通过后视镜应能看到乘客门、楼梯口处。车外后视镜和前下视镜应易于调节,并能有效保持其位置。安装在外侧距地面1.8m以下的后视镜,当行人等接触该镜时,应具有缓和冲击的功能。

机动车(挂车除外)应在车身左右至少各设置一面后视镜。汽车后视镜的性能和安装要求应符合《机动车间接视野装置性能和安装要求》(GB 15084—2013)的规定,摩托车及轻便摩托车后视镜的性能和安装要求应符合《摩托车和轻便摩托车后视镜的性能和安装要求》(GB 17352—2013)的规定。机动车(不带驾驶室的摩托车及轻便摩托车除外)外后视镜的安装位置和角度应保证驾驶员能看清车身左右外侧、车后50m以内的交通情况。车外后视镜和前下视镜应易于调节,并能有效保持其位置。安装在外侧距地面1.8m以下的后视镜,当行人等接触该镜时,应具有缓和冲击的功能。车长大于6m的平头货车和平头客车车前还应至少设置一面前下视镜,前下视镜应保证驾驶员能看清风窗玻璃前下方长1.5m、宽3m范围内的情况。

(3) 下视镜。对车长大于6m的平头客车、无轨电车和平头载货汽车应补充检查在车头前部是否安装了下视镜及下视镜是否能保证驾驶员看清风窗玻璃前下方长1.5m宽3m范围内的情况。

(4) 车窗玻璃。目视检查。车窗玻璃应完好,表面不得张贴镜面反光遮阳膜。

(5) 车体。目视检查，车体外缘左右对称部位高度差(在离地高1.5m内测量)应不大于40mm。必要时，可以采用专用测量仪器或铅垂、长度量具做精确测量。

(6) 货厢。检查货厢底板、栏板、外廓尺寸、货厢内部尺寸等。货厢与车架应连接牢固、底板平整、栏板铰链及栏板锁栓齐全有效；外廓尺寸及货厢尺寸应和机动车注册登记资料相一致。

(7) 车辆漆面、喷涂等。车身漆面应完好，没有明显锈蚀；汽车尾号放大号及门徽应按照各省、市的规定喷制，字样应清晰；对于救护车、警车、消防车、工程救险车还应重点对其车身颜色、喷刷字体等是否符合规定进行检查。其中，救护车应在车身两侧和车后正中喷涂红底白色的"十"字图案，车身为白色；警车的车身颜色为蓝白两色；消防车的车身颜色应为符合《漆膜颜色标准》(GB/T 3181—2008)要求的R 03大红色；工程救险车的车身颜色应为符合《漆膜颜色标准》(GB/T 3181—2008)要求的Y 07中黄色。

3.2.2 照明和电气信号装置

对车辆灯具、信号装置、反射器等是否齐全完好进行目测检查，在进行该项检验时，最好由两位检验人员配合或由驾驶员配合进行。

机动车的灯具应安装牢靠、完好有效，不允许因机动车振动而松脱、损坏、失去作用或改变光照方向；所有灯光的开关应安装牢固、开关自如，不允许因机动车振动而自行开关，开关的位置应便于驾驶员操纵。除转向信号灯、危险警告信号及消防车、救护车、工程救险车和警车安装使用的标志灯具外，其他外部灯具不允许闪烁。道路运输危险货物车辆的标志应符合《道路运输危险货物车辆标志》(GB 13392—2005)的规定。消防车、救护车、工程救险车和警车安装使用的警报器应符合《车用电子警报器》(GB 8108—1999)的规定，安装使用的标志灯具应符合《警车、消防车、救护车、工程救险车标志灯具》(GB 13954—2009)的规定，警报器和标志灯具应固定可靠。对称设置、功能相同的灯具亮度不应有明显差异，光色应符合《汽车及挂车外部照明和光信号装置的安装》(GB 4785—2007)的有关规定。

(1) 前位灯/前转向信号灯/前部危险警告信号灯/示廓灯/牵引杆挂车标志灯等前部照明和信号装置。目视检查是否齐全完好，前照灯远近光变换自如，不允许左、右两侧的远、近光灯交叉开亮，近光不得眩目，近光光形应有明显的明暗截止线。对于全挂车，还应检查挂车标志灯是否完好。空载高大于3m或宽度大于2.1m的机动车均应安装示廓灯。对于远光光束不能单独调整的前照灯应进行近光光束明暗截止线或明暗截止线转角(或中点)检查，若被检前照灯近光光束没有明显的明暗截止线，或明暗截止线转角(或中点)的照射位置高于或等于远光光束中心的照射位置，则该前照灯不合格，应更换合格的前照灯。这是因为，如果进行远近光光束调整，远光调整好后近光会不合格，近光调整好后远光又会不合格，必须更换前照灯才能解决这个问题。

(2) 后位灯/后转向信号灯等后部照明装置及后反射器。目视检查应齐全完好，制动灯的发光强度应明显大于后位灯的发光强度。

(3) 侧转向信号灯/侧标志灯/侧反射器。目视检查机动车的侧转向信号灯白天在距30m处应能观察其工作状况；挂车及车长大于6m的机动车应安装侧反射器和侧标志灯。

(4) 车辆反光标识要求。总质量不小于12 000kg的货车和总质量大于3500kg的挂车应在后部设置车身反光标识，后部的车身反光标识应能体现机动车后部宽度。车长不小于10m的货车和总质量大于3500kg的挂车都应在侧面设置车身反光标识，车身反光标识的长度不应小于车长的50%。车身反光标识的粘贴技术规范及车身反光标识材料应符合《车身反光标识》(GA 406—2002)的规定。

重点检查车辆外部照明和信号装置的数量、位置、光色是否符合相关标准的规定，必要时应使用量具测量相关尺寸参数。对于2006年12月1日后新出厂的总质量不小于12 000kg的货车和总质量大于3500kg的挂车，还应检查其安装的车身反光标识材料的白色单元上是否加施符合规定的3C标志。《汽车及挂车外部照明和光信号装置的安装》(GB 4785—2007)中有关汽车照明和信号装置的光色规定详见表3-1。

表3-1　汽车照明和信号装置的光色规定

灯具名称	光色
远光灯	白色
近光灯	白色
转向信号灯	琥珀色
制动灯	红色
牌照灯	白色
前位灯	白色
后位灯	红色
非三角形后回复反射器	红色
三角形后回复反射器	红色
非三角形前回复反射器(即白色或无色回复反射器)	与入射光相同
非三角形侧回复反射器	琥珀色。若与后位灯、后示廓灯、后雾灯、制动灯或最后面的红色侧标志灯组合或共有透光面，则可以为红色
危险警告信号	琥珀色
前雾灯	白色或黄色
后雾灯	红色
倒车灯	白色
驻车灯	前面白色，后面红色。若与侧转向信号灯、侧标志灯混合则为琥珀色
示廓灯	前面白色，后面红色
侧标志灯	琥珀色。若与后位灯、后示廓灯、后雾灯、制动灯组合，或复合，或混合，或与后回复反射器组合或共有透光面，则最后面的侧标志灯可以为红色

3.2.3 发动机舱

(1) 发动机系统机件(如图3-6所示)。检视发动机有无缺件(机件主要包括空气滤清器、机油滤清器、汽油滤清器、水泵、皮带等);用拇指摁压传动皮带中间,皮带应松紧合适(通常情况下皮带应凹陷10～20mm);用手指轻轻拨动风扇,检查风扇或水泵轴应无松动。

(2) 蓄电池桩头及连线(如图3-7所示)。蓄电池应固定牢固;用手扳动蓄电池桩头及连线,应牢固、安全、可靠。

(3) 电器导线、各种管路。检查电器导线的捆扎、布置、固定、绝缘保护等情况,应完好。各种管路(燃油管路、制动液管路、水管等)应完好,无渗漏,固定可靠。

(4) 液压制动储液器。对使用液压制动(含离合器液压传动)的汽车,检查储液器,应无泄漏,固定可靠,液面应在正常的标线范围内。

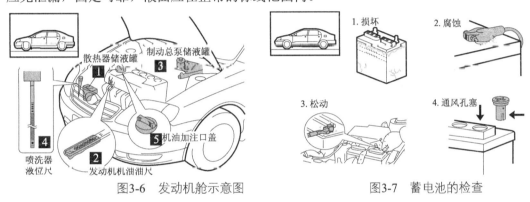

图3-6 发动机舱示意图　　　　图3-7 蓄电池的检查

注: 对需拆卸其他相关部件才能进行目视检查的项目,原则上不予检查。

3.2.4 驾驶室(区)

(1) 门锁、铰链。在车内、车外均能正常开关车门,门锁锁止可靠;铰链连接牢固,运转灵活。

(2) 驾驶员座椅/驾驶室固定(如图3-8所示)。检验员坐在驾驶座椅上,前后推动座椅检查驾驶员座椅是否固定可靠,座椅的前后位置是否可调整;对于翻转式驾驶室,应检查其固定、锁止是否可靠;检查安全带是否伸缩自如,锁紧装置应有效并能正常工作。

(3) 前风窗玻璃、两侧窗玻璃。目视检查前风窗及驾驶员两侧窗玻璃,应完好;机动车驾驶室必须保证驾驶员的前方视野和侧方视野,前风窗玻璃及用于驾驶员视区部位的除风窗以外的玻璃的可见光透射比不允许小于70%;所有车窗玻璃不允许张贴镜面反光遮阳膜。透射比是指在可见光区域内,透射光通量与入射光通量之比。

(4) 刮水器/洗涤器(如图3-9所示)。开启刮水器、洗涤器,工作应正常。

(5) 汽车行驶记录仪。检查长途客运汽车是否安装了符合规定的汽车行驶记录仪,其工作应正常，固定、连接应可靠。

(6) 对于可翻转的驾驶室，应配有驾驶室锁止装置(如安全钩)并固定牢靠。

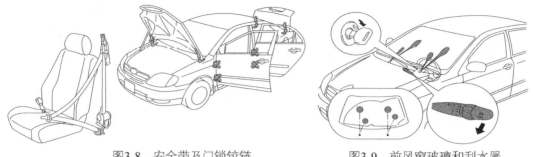

图3-8 安全带及门锁铰链   图3-9 前风窗玻璃和刮水器

3.2.5 车轮

轮胎是影响运行安全的重要部件，相关标准中对轮胎检验专门做了规定，如图3-10所示。应检查轮胎型号、胎冠花纹深度，特别注意检查速度等级标记，应符合出厂规定，否则此次安全技术检验终止。胎冠花纹深度要求：乘用车、摩托车及轻便摩托车和挂车轮胎胎冠上的花纹深度不允许小于1.6mm；其他机动车转向轮的胎冠花纹深度不允许小于3.2mm；其余轮胎胎冠花纹深度不允许小于1.6mm。必要时可使用轮胎花纹深度计检验。轮胎充气压力应符合规定(必要时使用轮胎气压表测量)，否则应调整到规定气压后再进行其他项目的检验。

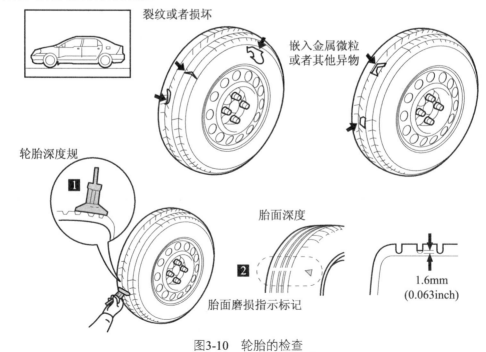

图3-10 轮胎的检查

3.2.6 发动机运转状况

(1) 起动性能、怠速、电源充电、仪表。起动发动机应能正常点火，怠速正常。电源充电状况、转速表等仪表指示应正常。

(2) 加速踏板控制。急踩加速踏板数次，检查自由行程是否合适，在加、减速过程中，油门传动应无阻滞和发卡现象，中低高速时应无"回火""放炮"等异常情况。

(3) 在发动机工作状态下检查水温、油压指示应正常，应无漏水、漏油现象。

(4) 关电熄火。关闭点火开关后，发动机应能正常熄火。

(5) 柴油车停机装置。柴油机的停机装置应操作灵活、停机有效。

3.2.7 客车的相应项目检验

对于客车，应按照《机动车安全技术检验项目和方法》(GB 21861—2008)的规定进行相应的项目检验。

(1) 座椅/卧铺位。座椅/卧铺位的数量应与机动车行驶证记载内容一致，座椅间距应符合规定，扶手和卧铺护栏安装牢固。

(2) 车厢灯、门灯。车厢灯、门灯应工作正常，齐全、有效。

(3) 客车地板/行李架。客车地板应密封良好，并有足够强度。车长大于7.5m的客车不允许设置车外顶行李架。如其他客车需设置车外顶行李架，行李架高度不允许超过300mm、长度不允许超过车长的1/3。客车车内行李架应能防止物件跌落，其承载能力不应小于$40kg/m^2$。

(4) 灭火器。客车内应装备灭火器，灭火器在车上应安装牢靠并便于取用。

(5) 安全门。安全门应有锁止机构且锁止可靠。安全门关闭时应能锁止，且在车辆正常行驶的情况下不会因车辆振动、颠簸、冲撞而自行开启。安全门不用工具应能从车内外很方便地打开，门外手柄应设保护套，且离地面高度(空载时)不应大于1800mm。

(6) 安全带。乘用车的所有座椅(第三排及第三排以后的可折叠座椅除外)均应装置汽车安全带；座位数不大于20(含驾驶员座位，下同)或者车长不大于6m的客车应装置汽车安全带；长途客车和旅游客车的驾驶员座椅、前面没有扶栏的座椅及前面护栏不能起到必要防护作用的座椅应装置汽车安全带；当(同向)座椅的座间距大于1000mm且座垫前面沿座椅纵向不大于600mm的范围内没有能起到防护作用的护栏或其他物体时，也应装置汽车安全带；卧铺客车的每个铺位均应安装两点式汽车安全带。汽车安全带应可靠有效，安装位置应合理，固定点应有足够的强度。

(7) 客车安全出口的数量、位置和大小。车长小于6m的客车，在乘坐区的两侧应设有发生紧急情况时易于乘客逃生或易于实施救援的侧窗；车长不小于6m的客车，如车身右侧仅有一个供乘客上下的车门，应设置安全门或安全窗；长途客车和旅游客车应设置车顶安全出口；卧铺客车的卧铺布置为上、下双层时，侧窗布置应为上下双排。使用安全门时应保证不用其他器具即可将其向外推开。安全出口的数量、位置应符合有关规定。

(8) 座椅的座间距。客车同向座椅的座间距不允许小于650mm,相向座椅的座间距不允许小于1200mm。长途客车和旅游客车的乘员座椅应纵向布置(与机动车前进方向相同)。座椅及其车辆固定件的强度应符合《客车座椅及其车辆固定性的强度》(GB 13057—2003)的规定。

(9) 卧铺位。卧铺客车的卧铺应纵向布置(与机动车前进方向相同),卧铺宽度不应小于450mm,卧铺纵向间距不应小于1400mm,相邻卧铺的横向间距不应小于350mm,卧铺双层布置时上铺高不应小于780mm、铺间高不应小于750mm。

(10) 乘客通道的宽度和高度。客车应设置乘客通道,通道的宽度和高度应保证符合规定的通道测量装置能顺利通过。车长大于6m的客车应设置乘客通道,距通道地板上平面700mm以下范围内的通道宽度应不小于300mm,700mm以上的通道宽度应不小于450mm。营运客车通道中不准设置供乘客使用的折叠式座椅。

(11) 安全门的通道宽度。通向安全门的通道宽度不应小于300mm,不足300mm时,允许采用迅速翻转座椅等方法加宽通道。

3.3 底盘动态检验

底盘动态检验是指车辆起步并行驶一段距离后,检验其转向系、传动系、制动系的运行状态。

3.3.1 转向系的检查

在车辆处于静止状态、转向轮正对前方的情形下,在转向轮保持不动的情况下将方向盘从极左转到极右,判断方向盘的最大自由转动量是否符合规定,方向盘的自由转动量是指检验员从中间位置分别左右转动方向盘至转向轮开始动作的瞬间形成的夹角,必要时可用方向盘转向力-转向角检测仪进行精确测量。相关规定为:最大设计车速大于或等于100km/h的机动车应不大于15°;三轮汽车应不大于35°;其他机动车不大于25°。

在车辆行驶过程中转动方向盘,判断是否存在转向沉重的情形,必要时可使用方向盘转向力-转向角检测仪(见图3-11)进行检测。在场地允许的情形下,在平坦、硬实、干燥和清洁的水泥或沥青道路上将车辆直线加速到一定速度后松开方向盘,检查车辆是否具有保持直线行驶的能力。在车辆行驶过程中,检验员还应注意观察方向盘是否存在摆振、路感不灵及其他异常现象。

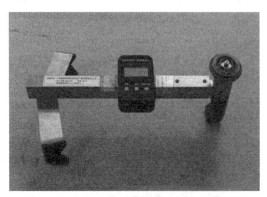

图3-11 汽车方向盘转向力-转向角测试仪

3.3.2 传动系的检查

启动发动机(在车辆静止的状态下)并变换挡位，判断离合器分离是否彻底、挂挡是否正常，并检查是否有倒挡锁止功能。车辆起步后，判断离合器结合是否平稳及有无打滑、抖动、异响等现象，离合器的检查如图3-12所示。

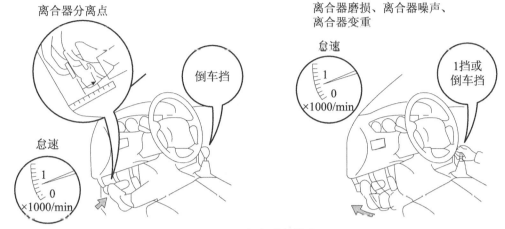

图3-12 离合器的检查

正常加速换挡，注意变速箱有无异常声响、传动轴或传动链有无异响和抖动及驱动桥的主减速器和差速器有无异响。自动变速器换挡时齿轮应啮合灵便，互锁、自锁和倒挡装置应有效，不得有乱挡和自行跳挡现象，运行中应无异响，换挡杆及其传动杆件不应与其他部件干涉。采用自动变速器的机动车，应通过设计保证只有当变速器换挡装置处于驻车挡(P挡)或空挡(N挡)时方可启动发动机，如具有自动启停功能，在驱动挡(D挡)也可启动发动机；变速器换挡装置换入倒车挡(R挡)，以及由驻车挡(P挡)位置换入其他挡位时，应通过驾驶人的不同方向的两个动作完成。

关于超速报警和限速功能，车长大于或等于6m的客车应具有超速报警功能，当行驶速度超过允许的最大行驶速度时，能通过视觉或声觉信号报警。公路客车、旅游客车和危险货物运输车及车长大于9m的未设置乘客站立区的公共汽车应具有限速功能，否则应配备限速装置。限速功能或限速装置应符合《车辆车速限制系统技术要求》(GB/T 24545—2009)的要求，限速功能或限速装置调定的最大车速的规定为：公路客车、旅游客车和未设置乘客站立区的公共汽车不得大于100km/h；危险物运输车不得大于80km/h；专用校车应安装符合《车辆车速限制系统技术要求》(GB/T 24545—2009)要求的限速装置，且调定的最大车速不得大于80km/h。

3.3.3 制动系的检查

检验员应对影响机动车运行安全的制动系做初步检验。具体方法为：保持机动车以20km/h左右的低速直线行驶，双手轻扶方向盘，踏下制动踏板并随即松开，检查车辆有无跑偏现象并初步掌握车辆制动协调时间、释放时间(必要时可采用便携式制动性能测试仪或五轮仪等)。

对于采用液压制动的机动车,制动管路不应存在渗漏现象,使用踏板力计在保持踏板力为700N达到1min时,踏板不得有缓慢向前移动的现象(见图3-13)。

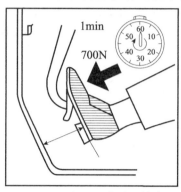

图3-13　液压制动系统检查

对于采用气压制动的载货汽车、客车,在动态检验结束时,踩下、放松制动踏板若干次,使制动气压下降至起步气压(未标起步气压者,按400kPa计),检查低气压报警装置是否报警。对装用弹簧储能制动器的车辆,报警后起步行驶,检查在低气压时弹簧储能制动器的自锁装置功能是否有效。

液压制动系达到规定的制动效能时,踏板行程不得超过全行程的3/4;制动器装有自动调整间隙装置的踏板行程,不得超过全程的4/5。

对于采用气压制动的机动车,在气压升至600kPa且不使用制动的情况下,停止空气压缩机3min后,其气压降低值应不大于10kPa(见图3-14);气压在600kPa时,将制动踏板踏到底3min,单车气压不得下降20kPa(见图3-14),列车气压降低值不得超过30kPa;发动机停机后,连续5次全制动,气压不应低于起步气压(一般为400kPa)(见图3-14)。

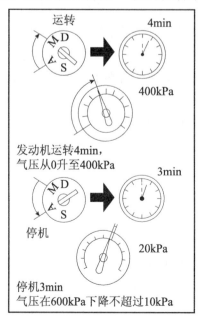
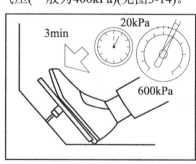
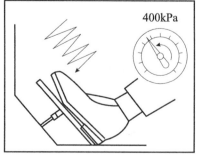

图3-14　气压制动系统检查

另外，气压制动系统应装有限压装置，以确保储气筒内的气压不超过允许的最高气压。气压制动系应安装保持压缩空气干燥、油水分离的装置。

3.3.4 其他相关事项

在底盘动态检验过程中，检验员应注意观察机动车装备的各种仪表工作是否正常。对于安装了行驶记录仪的汽车，还应注意观察行驶记录仪的工作情况。驾驶区的仪表板应采用不反光的面板或护板，仪表灯点亮时应确保驾驶人员能看清仪表板上所有的仪表且不会产生眩目的感觉，汽车(三轮汽车和装用单缸柴油机的低速货车除外)仪表板上应设置与行驶方向相适应的转向指示信号和蓝色远光指示信号，各种仪表指示器应工作正常。

3.4 底盘检查(地沟检查)

在对车辆进行检验时，应将被检车辆停放在地沟上方的指定位置，发动机应停止运转。

3.4.1 转向系检查

如图3-15所示，由驾驶室操作人员配合来回转动方向盘，检查转向器的固定情况(宜使用汽车悬架转向系间隙检查仪)，检查转向机构各部件的紧固、锁止、限位情况，检查在转向过程中有无干涉或摩擦痕迹/现象，检查各机件有无损伤和横、直拉杆是否有拼焊情况。在检查各部件有无损伤、管线是否固定时应使用专用手锤。

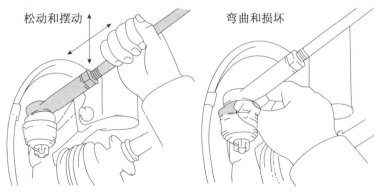

图3-15 转向系统检查

3.4.2 传动系检查

如图3-16所示，检查变速器及分动器支架、传动各部件的连接是否可靠；传动轴、万向节的安装是否正确，中间轴承及支架有无裂纹和松旷现象；检查有无漏油现象。

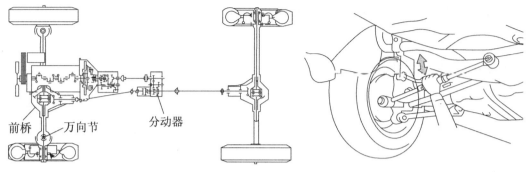

图3-16　汽车传动桥检查

3.4.3　行驶系检查

如图3-17所示，检查汽车行驶系时，应先检查钢板吊耳及销有无松旷；检查中心螺栓、U形螺栓是否紧固；检查有无车桥移位现象(必要时可使用卷尺测量左、右侧轴距差值)；检查车架纵梁、横梁有无变形、损伤，铆钉、螺栓有无缺少或松动；检查车桥与悬架之间的拉杆和导杆有无松旷和移位，检查减振器有无漏油。空气弹簧应无裂损、变形及漏气现象，控制系统应齐全有效。

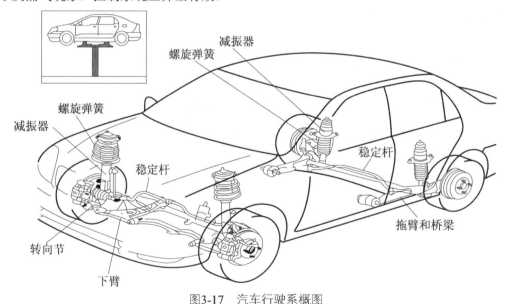

图3-17　汽车行驶系概图

3.4.4　制动系检查

如图3-18所示，检查汽车制动系统时，应检查制动系部件有无擅自改动；检查制动主缸、轮缸、制动管路等有无漏气、漏油，制动软管有无老化；检查制动系管路与其他部件有无摩擦和固定松动现象。

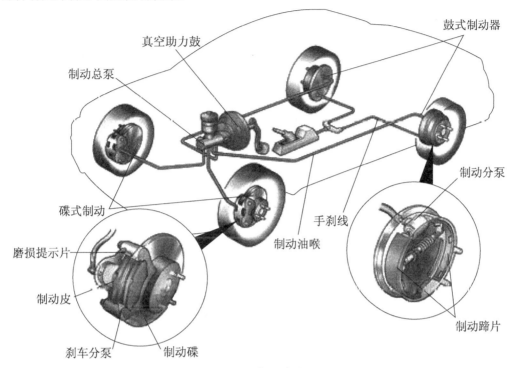

图3-18　汽车制动系概图

3.4.5　底盘其他部件检查

检查电器导线是否布置整齐、捆扎成束、固定卡紧，线路有无破损现象；检查接头是否牢固、是否有绝缘套，以及在导线穿越孔洞时是否装设绝缘套管。

检查发动机的固定是否可靠；检查排气管、消声器是否完好，固定是否可靠；检查排气管口指向是否符合要求；检查燃料箱、燃料管路是否固定可靠；检查燃料管路与其他部件有无碰擦及软管有无明显老化现象。

⁞⁞⁞ 课后总结

对送检机动车进行人工检测后，如达不到机动车安全技术基本要求，检验员应按《机动车安全技术检验项目和方法》(GB 21861—2008)在人工检验记录单备注栏内记录不符合现象，并根据上述标准中的第71项在人工检验记录单中给出评价结果。如有不符合情形时，注册登记检验时为否决项，在用车检验时为建议维护项。检验机构可要求送检单位对机动车进行整改，待符合要求后再进行安全技术检验，直至检测合格。

 学习工作页

汽车使用性能检测——汽车线外检测
学习工作页

学习目的与要求：①能够按正确流程进行检测；②能够正确判断检测结果。 学习内容：①外观和底盘动态检测的项目和必要性；②线外检测的正确流程和方法；③《机动车安全检测项目与方法》(GB 21861—2008)对外检的相关标准概述；④《机动车运行安全技术条件》(GB 7258—2012)概述。 教学方式：现场演示操作结合车辆过线检测，并填写外检记录表，判断不符合标准的项目	姓名：_____ 日期：_____ 第____周 星期____ 第____节	班级：_____ 学号：_____

一、预习要求

认真阅读实训指导书和《机动车安全检测项目与方法》(GB 21861—2008)、《机动车运行安全技术条件》(GB 7258—2012)相关内容并观看相关视频。

二、工具和材料

实验用车、直钢尺(1m、30cm、15cm)、卷尺(20m)、轮胎气压表、轮胎花纹深度计、测力仪、转向参数测试仪、透光率计、专用手锤、撬杠、手电筒。

三、对受检的汽车进行描述

车牌：_____　　车型：_____　　VIN：_____　　检测类别：_____

四、步骤

指导教师讲解线外检测与线内检测流程，示范操作方法后每个学生进行操作，并填写外检记录表，判断不符合标准的项目。

1. 检测前的准备

(1) 测量仪器应通电预热并调零。

(2) 工具、量具应清洁。

2. 安全注意事项

(1) 检测车辆应停放在指定位置，发动机停转("发动机运转状况"项目除外)。

(2) 在外观检查期间，不得随意启动发动机或移动车辆等，以确保安全。

3. 检验程序

(1) 检视轮胎：①检视轮胎气压是否符合使用说明书的规定；②测量轮胎花纹深度；③检视轮胎破损情况。

(2) 检视整车设备：①检视车体是否周正；②检视轮胎螺母、骑马螺栓、总成连接是否紧固；③用钢卷尺测量车体左右高度差；④用钢卷尺测量左右轴距差；⑤检视车牌照是否齐全完好；⑥检视刮水器工作是否正常；⑦检视后视镜、下视镜是否齐全、完好；⑧检视备胎、拖钩是否齐全完好。

(3) 检查发动机起动性及异响：①在正常热状态下，检查发动机的起动性能；②检查发动机异响。

(4) 检查传动系、悬架与车架：①检视传动系、悬架与车架，并检查传动系异响；②检查离合器接合是否平稳、分离是否彻底，不得有异响、抖动或打滑现象；③检查变速器换挡时齿轮啮合是否灵便，不得有乱挡、自行跳挡现象；④检视传动轴、中间轴承、万向节是否有裂纹和松动现象；⑤检查主减速器、差速器工作是否正常；⑥检视车辆悬架弹簧是否有裂纹、断裂现象，中心螺栓是否紧固，减振器是否齐全；⑦检视车架有无变形、锈蚀、弯曲、裂纹，螺栓、铆钉有无缺少或松动现象。

(续表)

汽车使用性能检测——汽车线外检测
学习工作页

(5) 检视转向及制动装置：①检视转向器安装是否牢固；②检视转向节臂、转向垂臂、横直拉杆及球头销有无裂纹、损伤及松旷情况；③测量制动踏板自由行程。

(6) 检视客车内部：①检视座椅/卧铺位、扶手和行李架有无变形、断裂；②检视安全带是否齐全、有效；③检视客车地板密封是否良好；④检视客车通道是否有应急开启装置，安全出口开启时应报警、关闭时应锁止；⑤检视车厢灯、门灯、灭火器、击碎安全出口玻璃专用的手锤及安全带是否齐全、有效、完好。

(7) 检视门窗：①检视门窗开关是否灵活；②检视车门铰链是否完好；③检视玻璃升降是否完好；④检视门锁是否完好；⑤检视门窗玻璃是否完好。

(8) 检视仪表与信号装置：①检视车速里程表、水温表、机油压力表、电流表是否齐全有效；②检视转向信号灯、制动灯、牌照灯、雾灯、示宽灯、倒车灯、故障信号灯是否齐全、完好、有效。

(9) 检视润滑：检视各部件润滑点的润滑状况及发动机机油压力。

4. 根据实际检测结果完成下面的检验记录单

机动车安全检验记录单(人工检验部分)

车牌号：　　　　　车型：　　　　　检验日期　　　　　年　月　日

分类	检验项目	检验内容	判定	分类	检验项目	检验内容	判定
外观检查	车辆唯一性认定*	1. 车辆号牌 2. 车辆类型、厂牌型号 3. 车身颜色 4. 发动机号		外观检查	底盘件	51. 蓄电池、蓄电池架	
		5. VIN代码/车架号 6. 主要特征参数*				52. 储气筒排污阀 53. 钢板弹簧*	
	车身外观	7. 保险杠 8. 后视镜*/下视镜*/车窗玻璃* 9. 车体周正*				54. 侧面防护装置* 55. 后下部防护装置*	
		10. 后悬* 11. 货厢底板/栏板* 12. 外廓尺寸* 13. 货厢内部尺寸* 14. 漆面				56. 牵引连接装置	
	发动机舱	15. 发动机各系统机件			车轮	57. 轮胎* 58. 轮胎螺栓* 59. 半轴螺栓*	
		16. 蓄电池桩头及连线		底盘动态检验	转向系	60. 方向盘自由转动量* 61. 转向回正、转向力、直行能力	
		17. 电器导线、各种管路 18. 液压制动储液器液面			传动系	62. 离合器	
	驾驶室(区)	19. 驾驶员座椅/驾驶室固定				63. 变速器	
		20. 门锁*、铰链				64. 传动轴/链	
		21. 前风窗玻璃* 22. 两侧窗玻璃* 23. 刮水器*/洗涤器*				65. 驱动桥	
		24. 安全带*			制动系	66. 点刹跑偏(20km/h)	
		25. 汽车行驶记录仪*					

(续表)

汽车使用性能检测——汽车线外检测
学习工作页

分类	检验项目	检验内容	判定	分类	检验项目	检验内容	判定
外观检查	发动机运转状况	26. 启动*、怠速、仪表、电源充电		地沟检查	制动系	67. 低气压报警装置*	
		27. 加速踏板控制				68. 弹簧储能制动器	
		28. 水温、油压 29. 关电熄火			转向系	69. 转向各部件*	
		30. 柴油车停机装置*				70. 转向器固定*	
	灯光信号	31. 前后位灯*			传动系	71. 变速器支架* 72. 分动器支架* 73. 传动各部件*	
		32. 后牌照灯*			行驶系	74. 钢板吊耳* 75. 吊耳销	
		33. 示廓灯* 34. 挂车标志灯*				76. 中心螺栓	
		35. 前照灯(远、近光)*				77. U形螺栓	
		36. 危险报警闪光灯*、转向信号灯(前、后、侧)*				78. 车桥移位*	
		37. 制动灯* 38. 倒车灯				79. 车架纵梁*	
		39. 前雾灯、后雾灯*				80. 横梁	
		40. 后反射器*、侧反射器、侧标志灯*				81. 悬架杆系	
外观检查	客车内部	41. 座椅、卧铺位* 42. 扶手、行李架 43. 安全带			制动系	82. 制动结构变动*	
		44. 客车地板 45. 通道、安全出口*				83. 制动总泵、分泵管路漏气、漏油、软管老化*	
		46. 车厢灯、门灯				84. 制动管路固定*	
		47. 灭火器*、击碎安全出口玻璃专用手锤*			电器线路	85. 电器线路固定	
	底盘件	48. 燃料箱*、燃料箱盖*			底盘其他部件	86. 发动机固定 87. 排气管 88. 消声器	
		49. 挡泥板 50. 牵引钩				89. 燃料箱* 90. 燃料管路*	

检验类别				检验员签字			
外观检查							
底盘动态检验							
地沟检查							

备注

注: 判定栏中"√"为合格; 数字为相应不合格项, 带"＊"项如不合格, 则车辆检验为不合格

第 4 章

汽车底盘测功

情景描述

　　一辆丰田凌志L900高级轿车将自动变速器换挡杆挂入D挡行驶时，按下设置在换挡杆手柄处的超速挡O/D开关后，车速不能像正常时那样随着加速踏板踩下自动加速到150km/h以上。当节气门全开时，最高车速只能达到120km/h，之后又发现该车的最高车速又降到90km/h左右。如何诊断和维修？

学习目标

1. 了解底盘测功机的检测原理；
2. 了解底盘测功机的结构和基本功能；
3. 了解底盘测功机的检验方法及要求；
4. 了解影响底盘测功机的测试精度的因素及测试不合格的原因。

　　底盘测功机按《营运车辆综合性能要求和检验方法》(GB 18565—2001)的要求进行底盘输出功率、加速性能、滑行性能、反拖阻力等室内台架试验，以此评价汽车动力性能的好坏。汽车动力性是汽车在行驶中能达到的最高车速、最大加速能力和最大爬坡能力，是汽车的基本使用性能。汽车属于高效率的运输工具，其运输效率的高低在很大程度上取决于汽车的动力性。这是因为汽车行驶的平均技术速度越高，汽车的运输生产率就越高。而影响平均技术速度的最主要因素就是汽车动力性。

　　汽车底盘测功机现行依据的相关标准主要是：《汽车动力性台架试验方法和评价指标》(GB/T 18276—2000)，《汽车底盘测功机通用技术条件》(JT/T 445—2008)，《测功装置检定规程》(JJG 653—2003)。如要实施工况法尾气测量，则执行《点燃式发动机汽车排气污染物排放限值及测量方法(双怠速法及简易工况法)》(GB 18285—2005)及《压燃式发动机汽车排气可见污染物排放限值及测量方法》(GB 3847—2005)。

4.1 汽车动力性能基本理论

　　汽车的动力性是汽车各种性能中最根本、最重要的性能之一，它决定了汽车的运输效率。

4.1.1 汽车的动力学分析

　　汽车动力学分析主要用来分析汽车驱动力和各种阻力起重要作用时的动力学特性。

1. 汽车行驶的驱动力 F_t

　　汽车的驱动力 F_t，如图4-1所示。地面对驱动轮产生反作用力 F_t 推动汽车前进，F_t 被称为汽车的驱动力。用公式表示为

$$F_t = T_t / r \tag{4-1}$$

式中：T_t——作用于驱动轮上的转矩(N·m)；

　　　r——车轮半径(m)。

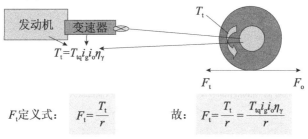

F_t定义式：　$F_t = \dfrac{T_t}{r}$　　　　故：$F_t = \dfrac{T_t}{r} = \dfrac{T_{tq} i_g i_o \eta_\gamma}{r}$

图4-1　汽车驱动力示意图

2. 汽车的行驶阻力F

汽车行驶时需要克服各种阻力。用公式表示为

$$F = F_f + F_w + F_i + F_j \tag{4-2}$$

1) 滚动阻力F_f

滚动阻力是指由车轮滚动时轮胎与路面发生变形而产生的力。用公式表示为

$$F_f = W_t \cdot f \tag{4-3}$$

式中：F_f——滚动阻力(N)；

　　　W_t——车轮载荷(N)；

　　　f——滚动阻力系数。

滚动阻力系数与轮胎结构、轮胎气压、车速和路面性质等有关。

2) 空气阻力F_w

汽车行驶时受到空气作用力而产生的在行驶方向上的分力称为空气阻力。它由压力阻力与摩擦阻力两部分组成。压力阻力是指空气作用在汽车外表面上的法向压力在行驶方向的分力，如图4-1所示。摩擦阻力是指空气黏性在车身表面产生的切向力在行驶方向的分力。

影响空气阻力的因素主要有汽车形状、迎风面积和车速。在汽车的行驶速度范围内，空气阻力与车速的平方成正比，当车速很高时，空气阻力是行驶阻力的主要组成部分，见图4-2。

图4-2　汽车在行驶方向受空气阻力作用

3) 坡度阻力F_i

如图4-3所示，当汽车上坡行驶时，汽车重力沿坡道的分力称为汽车坡度阻力，用公式表示为

$$F_i=G\sin\alpha \tag{4-4}$$

式中：G——汽车重力，$G=mg$(N)；

α——坡度角。

道路坡度以坡高h与底长s之比来表示，即$i=h/s=\tan\alpha$。

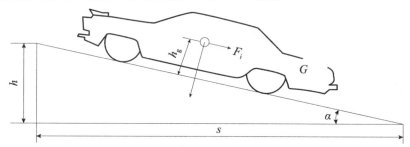

图4-3　汽车所受坡度阻力

我国公路标准规定，高速公路平原微丘区的最大坡度为3%，山岭重丘区为5%；一般四级路面山岭重丘区的最大坡度为9%。当坡度不大时，$\cos\alpha\approx1$，$\sin\alpha\approx\tan\alpha=i$，则$F_i\approx G_i$。

4) 加速阻力

汽车加速行驶时，需要克服汽车质量加速运动时的惯性力，这就是加速阻力。汽车的质量越大，加速阻力越大。

3. 汽车行驶方程及驱动条件

如图4-4所示，汽车行驶的动力方程为

$$F_t=F_f+F_w+F_i+F_j \tag{4-5}$$

当汽车驱动力等于滚动阻力、空气阻力和坡度阻力之和时，汽车匀速行驶；当驱动力大于后三者时，汽车才能起步或加速行驶；当驱动力小于后三者时，则汽车无法起步或减速行驶。汽车行驶的驱动条件为

$$F_t\geqslant F_f+F_w+F_i \tag{4-6}$$

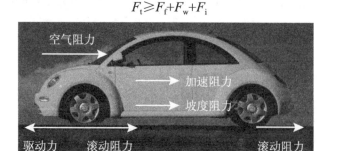

图4-4　汽车行驶的动力方程示意

4.1.2　汽车行驶的附着条件

1. 汽车行驶的附着条件

地面对轮胎的切向反作用力的极限值称为附着力(F_ϕ)，它与驱动轮法向反作用力F_z成正比，用公式表示为

$$F_\phi = F_z \varphi \qquad (4\text{-}7)$$

式中：φ——附着系数。

汽车行驶的附着条件：地面切向反作用力不能大于附着力，用公式表示为

$$F_t \leqslant F_\phi = F_z \varphi \qquad (4\text{-}8)$$

汽车行驶必须同时满足驱动条件和附着条件，用公式表示为

$$F_f + F_w + F_i \leqslant F_t \leqslant F_\phi \qquad (4\text{-}9)$$

2. 汽车附着力影响因素分析

(1) 附着系数φ。该值的大小主要与路面的种类和状况、轮胎结构、气压等使用条件有关。通常，硬路面的附着系数较高，但当路面有尘土覆盖或变潮湿后，附着系数会显著下降；轮胎的结构及材料对附着系数的影响也很显著，花纹细而浅的轮胎在硬路面上有较好的附着力，而在松软地面上花纹宽而深的轮胎则可获得较大的附着系数；低气压、宽断面和子午线轮胎与地面接触面积大，附着系数比一般轮胎高，如图4-5所示。

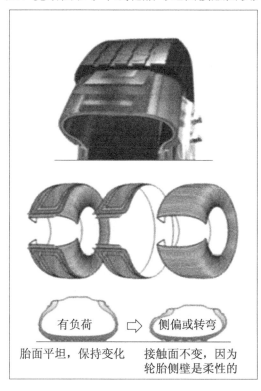
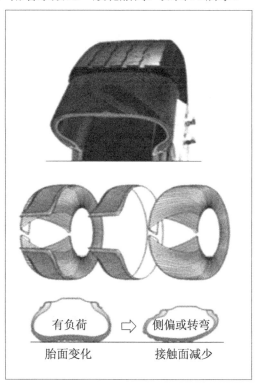

图4-5　子午胎(左)与斜交胎(右)帘布的贴合形式不同

此外，当车速提高时，附着系数下降。在冰雪路面行驶的车辆易打滑，为了增加

附着力，可采用特殊花纹的轮胎或在轮胎上绕防滑链，也可以采取在路面上撒盐等应急措施。

(2) 驱动轮的法向反作用力F_z。该作用力与汽车的总体布置、行驶状况及道路的坡度有关。对于两轮驱动的汽车，只有作用在驱动轮上的反作用力才能产生附着力，而该反作用力与汽车整体重力在两车轮上的分配比例有关。全轮驱动汽车的所有车轮都是驱动轮，附着力最大；后轮驱动的汽车在加速或上坡时，驱动轮的法向反作用力增加；前轮驱动的汽车则相反。

4.1.3 动力性的含义与表征参数

汽车的动力性是指汽车在单位时间内，克服各种阻力运行最远距离的能力。表征汽车动力性的参数有：比功率、发动机输出功率、驱动轮驱动力、动力因数、驱动比功率、驱动轮输出功率、最高车速、加速时间、最大爬坡度等。

1. 比功率

汽车的比功率P_e是汽车发动机最大净功率(或0.9倍的发动机额定功率或0.9倍的发动机标定功率)与汽车最大允许总质量m_t的比值，即汽车单位总质量所具有的发动机的额定功率，单位为kW/t。汽车的比功率可以综合评价汽车的动力性能，如汽车的速度特性和加速性能等，比功率的大小还直接影响汽车的燃油经济性。因此，汽车的比功率是汽车设计的重要参数，主要用于在设计汽车时评价其动力性及确定适当的发动机功率与汽车总质量的匹配关系。比功率是发动机输出功率的一项参数，可反映车辆的工作能力，但它不适合用作汽车动力性的检测参数和评价指标。

2. 发动机输出功率

发动机功率P_e与转矩M_e的关系用公式表示为

$$P_e = \frac{M_e n_e}{9549.3} \tag{4-10}$$

式中：n_e——发动机转速。

发动机输出功率是汽车动力性的基础，发动机的最大输出功率是汽车动力性的基本参数。汽车使用一段时间后，发动机的技术状况会发生变化，其最大输出功率有所下降，因此可用发动机最大输出功率的变化状况来评价发动机动力性的下降程度。

但是，发动机输出功率只能反映发动机的动力性，不能反映汽车传动系状况及驱动轮的实际输出功率。虽然发动机输出了规定的功率，但如果汽车传动系状况不佳，就会导致传动效率降低、功率损耗大，驱动轮的驱动力就会相应降低，所以将发动机输出功率作为评价汽车动力性的指标具有一定的片面性。目前，室内就车检测发动机功率采用无外载测功法，使用该方法测定非稳定工况下发动机的瞬时功率，测功的精确度取决于操作者控制加速踏板的速度，而踩加速踏板的快慢引起的检测误差可高达20%，因此它只适用于对发动机的技术状况进行初步性判断或对比试验。

3. 驱动轮驱动力

汽车驱动轮的驱动力F_t是由汽车发动机产生的转矩M_e经传动系传输至驱动轮上形成的，用公式表示为

$$F_t = \frac{M_e i_g i_0 \eta_T}{r} \tag{4-11}$$

式中：i_g、i_0——汽车变速器和主减速器的传动比；

$\quad\quad \eta_T$——传动系的机械效率；

$\quad\quad r$——车轮半径。

汽车使用手册只提供发动机的额定转矩M_e，未提供驱动轮驱动力的额定值，因此只能根据上式计算对应发动机额定转矩时的驱动轮驱动力的额定值，作为检测时的参照量值。但在计算时引入了驱动轮滚动半径r、传动系的机械效率η_T等参数，由于引入非常量参数会产生误差，从而导致驱动轮驱动力的计算额定值和实际额定值产生较大的误差，因此驱动轮驱动力也不适合用作汽车动力性的检测参数。

4. 动力因数

动力因数是驱动力与空气阻力之差和汽车重力的比值，一般在设计汽车时常使用这个指标。每一种定型汽车都有确定的动力因数，在使用过程中，动力因数会随汽车结构参数的变化逐渐变小，可见它能准确表征汽车的动力性水平，但由于动力因数不能通过直接检测得到，而需通过测得的驱动轮驱动力计算得出，是一种派生参数，对技术状况变化的反应的灵敏度低，所以它不适合用作汽车动力性的检测参数。

5. 驱动比功率

驱动比功率是指汽车在给定车速下驱动轮输出的最大功率与汽车总质量之比，单位为kW/t。驱动比功率也是驱动轮输出功率的派生参数，所以它也不适合用作汽车动力性的检测参数。

6. 驱动轮输出功率

发动机功率P_e与转矩M_e的关系用公式表示为

$$P_e = \frac{M_e n_e}{9549.3} \tag{4-12}$$

式中：n_e——发动机转速，其他变量含义见式(2-1)。

驱动轮输出的驱动力矩M_t、驱动轮转速n_t以及驱动轮输出功率P_t分别用公式表示为

$$M_t = F_t r = M_e i_0 i_g \eta_T \qquad n_t = \frac{n_e}{i_0 i_g} \qquad P_t = \frac{M_t n_t}{9549} = P_e \eta_T \tag{4-13}$$

可见，驱动轮输出功率是汽车发动机经传动系至驱动轮输出的功率，它取决于发动机发出的功率和传动系的传动效率，即与它们的技术状况有关。发动机和传动系的技术状况的微小变化，都会通过驱动轮输出功率的增加或减小表现出来。如驱动轮的输出功率减小，表明发动机或传动系的技术状况变差。它可在汽车底盘测功机上直接测取，检测误差较小，检测条件容易控制，操作简单，通用性强。此外，汽车定型后，发动机的

功率和扭矩均有通过台架试验确立的额定值，可作为在用汽车驱动轮输出功率的参照量值进行比较，因此它最适合用作在用汽车动力性的检测参数。

发动机功率是汽车动力性的主要诊断参数，它直接影响汽车的使用性能，所以发动机功率是汽车不解体检验最基本的诊断检测参数之一。底盘效率与动力传递密切相关，效率高、传递动力大，则驱动轮输出功率大。因此，汽车的功率实际上受两个方面的影响，即受发动机功率与底盘的传动效率所影响。

4.1.4　发动机功率的检测方法

发动机功率的检测方法有稳态测功和动态测功两类。

1. 稳态功率——额定功率(外特性功率)

稳态测功一般将发动机置于台架上进行。测量时，发动机节气门全开或高压油齿杆处于最大供油量位置，发动机发出的功率P_e、转矩T与发动机转速n之间的曲线，称为发动机的外特性。比测得的最大功率略低的功率称为标定功率，通常也称为汽车发动机的额定功率。

发动机的外特性曲线是在不带风扇、空滤器、消声器、废气净化器、发电机、空气压缩机等条件下测得的，带上述附件时测得的特性称为使用外特性。但在实际使用中，节气门保持全开的情况很少。

2. 动态功率——瞬时功率

动态功率实际上是发动机由怠速或某一低速加速至节气门最大开度下测得的功率，这是一种在变动工况下测得的功率，与额定功率有一定差距，但是符合实际使用状况。

4.1.5　道路检测中动力性评价指标

在应用汽车道路检测方法时经常使用动力性的派生指标，动力性的派生指标为最高车速、爬坡能力和加速时间。

(1) 最高车速V_{max}。最高车速是指汽车以厂定最大总质量，在风速≤3m/s的条件下，在干燥、清洁、平坦路面(混凝土或沥青)上，能够达到的最高的稳定行驶速度。在做汽车定型试验时，一般都做该车的最高车速的道路试验，以确定最高车速是否能达到设计要求。在室内的汽车底盘测功机上亦可做汽车的最高车速试验，但因试验条件与道路试验不同，所以台架试验不能完全代替路试，但可以在台架上做对比试验。

(2) 爬坡能力i_{max}(%)。爬坡能力是指汽车满载时以1挡在良好的路面上的最大爬坡能力。最大爬坡度是指汽车按额定载荷装载在良好路面上以1档等速行驶的最大坡度，它表示汽车的爬坡能力。汽车定型时需做最大爬坡度试验，以确定汽车的最大爬坡能力。一般在30%时约为16.5°，越野汽车在为60%时约为30°。有的国家规定在长坡道上，汽车必须保证的行车速度即代表它的爬坡能力，单车在3%的坡道上能以60km/h的速度行驶；拖车在2%的坡道上能以50km/h的速度行驶。

(3) 加速时间。汽车的加速时间表示汽车的加速能力。该时间越短，表示汽车的加速性能越好。测试时对汽车质量、风速和路面等测试条件的要求与测试最高车速时相同。"加速时间"标准对动力的要求是用加速时间来评定的，这主要是考虑操作简单，又不需要大型的复杂的测试手段。超车加速时间直接关系车辆的行驶安全，相关标准规定：直接挡行驶，空车在平坦干燥的硬质路面上以20km/h加速到40km/h的时间，一般应不超过25s，小型车不超过10s。

汽车加速时间分为原地起步加速时间和超车加速时间。原地起步加速时间是指汽车由I挡(或II挡)起步并以最大加速度逐步换至高挡后到达某一预定车速(如80km/h)所需的时间；超车加速时间是指汽车用最高挡(或次高挡)从某一中间车速加速到某一高速所需的时间，常用40～60km/h、40～80km/h、40～100km/h加速所需的时间来表示。

4.2　底盘测功机的结构及检测原理

汽车输出功率检测又称底盘测功，是指对汽车驱动轮输出功率的检测。底盘测功机是一种不解体检验汽车性能的检测设备，它是通过在室内台架上模拟道路行驶工况的方法来检测汽车的动力性的，而且还可以测量多工况排放指标及油耗，同时能方便地进行汽车的加载调试、诊断汽车在负载条件下出现的故障等。由于汽车底盘测功机在试验时能通过控制试验条件，使周围环境的影响减至最小，同时通过功率吸收加载装置来模拟道路行驶阻力、控制行驶状况，故能进行符合实际的复杂循环试验，因而得到广泛应用。

4.2.1　底盘测功机的结构和原理

实施底盘测功的目的是评价汽车的动力性，同时对驱动轮的输出功率与发动机的输出功率进行对比，从而可求出传动效率以评价汽车底盘传动系的技术状况。测功机由以下几部分组成，如图4-6所示。图中标号所代表的部件名称，见表4-1。

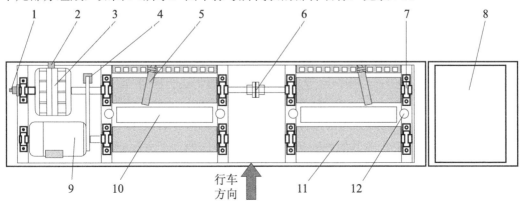

图4-6　底盘测功机结构图

汽车在运行过程中存在着运动惯性和行驶阻力，要在检验台上模拟汽车道路运行工况，首先要解决模拟汽车整车的运动惯性和行驶阻力的问题，这样才能用台架测试汽车在运行状态下的动态性能。为此，应在该检验台上利用惯性飞轮的转动惯量来模拟汽车旋转部件的转动惯量及汽车直线运动的惯量，采用电磁离合器自动或手动切换飞轮的组合，在允许的误差范围内满足汽车惯量模拟的需要。至于汽车在运行中所受的空气阻力、非驱动轮的滚动阻力及爬坡阻力等，则采用功率吸收加载装置来模拟。路面模拟是通过滚筒来实现的，即以滚筒表面取代路面，滚筒的表面相对于汽车做旋转运动。

底盘测功机各组成部分及功用如表4-1所示。

表4-1　底盘测功机组成及功用

标号	组成部件	功用
1	测速传感器	测量滚筒的转速
2	扭力传感器	测量驱动扭力
3	功率吸收装置	模拟汽车在运行过程中所受的空气阻力、滚动阻力及爬坡阻力
4	反拖传感器	测量电机反拖形成的扭力
5	自动(或手动)挡轮	用于前驱车测量时的前轮左右限位，防止检测时车头偏摆
6	联轴器	使左右两组滚筒转速一致以抵消汽车差速器的差速作用
7	滚筒轴承	用以支撑滚筒
8	飞轮组	汽车加速、滑行时的惯性力用飞轮及滚筒等旋转件的转动惯量模拟
9	反拖装置	反拖电机及其固定在定子上的反拖测力传感器用于测量台架空转阻力、车轮滚动阻力、汽车底盘传动系阻力
10	举升器	举升器便于车辆在台架上驶入驶出
11	滚筒	用滚筒组模拟活动路面
12	轮胎挡轮	限制轮胎的横向移动

下面，我们将对几个重要的组成部件进行介绍。

1. 滚筒

滚筒是底盘测功机路面模拟系统的主要部件，其主要结构参数有滚筒直径、滚筒表面状况与安置角。

(1) 滚筒直径。汽车底盘测功机多采用双滚筒式路面模拟系统，其车轮安放定位方便、制造成本低，故使用广泛。滚筒一般是直径为180~400mm的钢滚筒，主滚筒与驱动及功率吸收装置相连，副滚筒起支承作用。双滚筒检验台可采用两根长滚筒的结构，由贯通左右的主、副长滚筒组成，其特点是支承轴承和台架的机械损失少，但刚度较差；亦可采用四根短滚筒的结构，将主、副滚筒分别制成同轴的左、右两段，左、右主滚筒之间用联轴器相连，它较两滚筒多了四个支承轴承和一个联轴器，在检测过程中，其损失较大，但滚筒支承刚度好，被广泛采用。

(2) 滚筒表面状况。滚筒的表面状况是指滚筒表面的加工方法和清洁程度(水、油和橡胶粉末的污染等)。车轮在滚筒上的驱动过程是一个摩擦过程，总摩擦力等于车轮与滚筒间的附着力和转动阻滞力之和。滚筒与车轮间的附着系数必须满足模拟道路附着系数的要求，但在使用中会随速度的增加而下降，其原因较为复杂：一方面，由于滚筒圆周速度提高，橡胶块与滚筒之间的嵌合程度越来越差，在未达到平衡状态之前便产生了滑动和振动；另一方面，随着速度的提高，接触面的温度上升加快，很快在滚筒表面形成了一层橡胶膜，降低了附着系数。

(3) 安置角。所谓的安置角是指车轮与滚筒接触点的切线方向与水平方向的夹角，如图4-7所示。安置角对滚动阻力产生影响，根据力偶平衡定理，对车轮在滚筒上匀速旋转时的受力分析如图4-7所示。

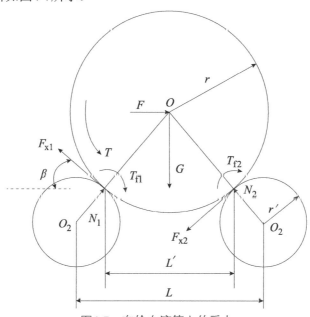

图4-7　车轮在滚筒上的受力

$$\sum T_0 = 0 \tag{4-14}$$
$$T - T_{f1} - T_{f2} = (F_{x1} + F_{x2}) \cdot r \tag{4-15}$$

其中，滚动阻力矩为

$$T_{f1} = f \cdot N_1 \cdot r \tag{4-16}$$
$$T_{f2} = f \cdot N_2 \cdot r \tag{4-17}$$

所以车轮的滚动阻力为

$$T_f = f \cdot (N_2 + N_2) \cdot r \tag{4-18}$$

式中：F_{x1}和F_{x2}——车轮的滚动阻力；

　　　f——滚动阻力系数。

因此

$$N_1 + N_2 = G/\cos\beta \tag{4-19}$$
$$F_f = f \cdot G/\cos\beta \tag{4-20}$$

由上式可见，台架的滚动阻力系数随着安置角的增大而增大。

2. 功率吸收装置(加载装置)

汽车检测线使用的底盘测功机的功率吸收装置的类型有电涡流式、水力式和电力式。水力式功率吸收装置的可控性较电涡流式差，电力测功机的成本比较高，故一般采用电涡流式功率吸收装置。电涡流式测功器利用滚筒通过万向节带动电涡流测功器的转子转动，从而在测功器内的涡流环上产生涡电流，涡电流与产生它的磁场相互作用，对转子产生制动力矩，进而通过滚筒对汽车驱动轮加载负荷，吸收汽车驱动轮的输出功率。

3. 测量装置

测功器不能直接测出汽车驱动轮的输出功率值，它需要先测出旋转运动时的转速与扭矩，或直线运动时的速度与牵引力，再换算成功率值。所以，测功检验台必须配有测力装置与测速装置。

测力装置有机械式、液压式和电测式三种形式。目前，应用较多的是电测式。电测式测力装置通过压力传感器将力变成电信号，经处理后送到指示装置显示出来。

测速装置多为电测式，一般由速度传感器、中间处理装置和指示装置组成。速度传感器安装在从动滚筒一端，随滚筒一起转动，能把滚筒的转动变为电信号。

在微机控制的底盘测功检验台上，测力传感器和速度传感器将输出的电信号送入微机处理后，指示装置直接显示驱动轮的输出功率。

4. 反拖装置

反拖装置是指采用反拖电机带动功率吸收装置、滚筒、车轮以及汽车传动系的一种装置，如图4-8所示。它主要由反拖电机、滚筒、车轮、扭矩仪(或电机悬浮测力装置)等组成，具有以下几个特点。

(1) 可以方便地检测汽车底盘测功机台架的机械损失。

(2) 可以检测汽车传动系、主减速器、车轮与滚筒以及台架机械系统的阻力损失。但值得注意的是，在检测过程中，主减速器、车轮与滚筒的正向拖动阻力和反向拖动阻力有差异，目前尚未得到广泛应用。

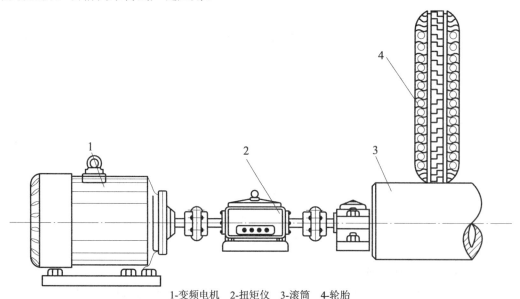

1-变频电机 2-扭矩仪 3-滚筒 4-轮胎

图4-8 带有反拖动装置的底盘测功机

5. 惯性模拟装置(飞轮组)

汽车在道路上行驶时，本身具有一定的惯性能，即汽车的动能。而汽车在底盘测功机上运行时车身静止不动，由车轮带动滚筒旋转。在汽车处于减速工况时，由于系统的惯量比较小，汽车很快停止运行，所以检测汽车的减速工况和加速工况时，汽车底盘测功机必须配备惯性模拟系统。

4.2.2　底盘测功机的检测原理

被测汽车的驱动轮先停在举升器上，举升器下降后车轮落在滚筒之间，驱动轮带动滚筒转动，滚筒相当于活动路面，使汽车相对行驶，测功机用功率吸收装置模拟汽车在运行过程中产生的阻力，汽车加速、滑行时的惯性力利用离合机构与滚筒连接的飞轮组的转动惯量进行模拟。在检测过程中，驱动轮的转速由安装在滚筒轴上的测速传感器测量；驱动轮的输出力矩(或功率)由安装在功率吸收装置定子上的测力传感器测量；车轮滚动的阻力由安装在反拖电机定子上的反拖测力传感器测量。控制系统按照检测方法的要求，根据测力和测速传感器反馈的信息，通过调整功率吸收装置控制电流的大小，来调节功率吸收装置的吸收功率，实现多种运行工况的阻力模拟。

1. 功率测量

在平坦路面上行驶的汽车，发动机输出的有效功率在克服了汽车底盘传动系阻力后输出到驱动轮，驱动轮输出功率用以克服车辆在路面行驶时的车轮滚动阻力、惯性阻力和迎风阻力。测功机利用滚筒代替路面，驱动轮上的相应负载用电涡流测功器来模拟，惯性阻力用飞轮进行模拟。汽车的车速v、驱动力F与驱动轮输出功率P的关系可用公式表示为

$$P = F \cdot v / 3600 \tag{4-21}$$

式中：P——输出功率(kw)；

　　　F——驱动力(N)；

　　　v——车速(km/h)。

从式(4-21)可见，只要同时测出F和v即可计算出功率P。

2. 速度测量

汽车车轮驱动滚筒转动时，滚筒轴上的速度传感器将滚筒的转速变换成相应频率的脉冲，根据输出脉冲的频率可计算汽车的速度。

3. 驱动力测量

当汽车车轮驱动滚筒转动时，带动电涡流测功器转子(感应子)转动，感应子被拖动旋转时出现涡流，该涡流与它产生的磁场相互作用，从而产生反向制动力矩，该力矩作用到测力传感器上，使传感器受拉产生电信号，该信号的大小与车轮驱动力成正比，经处理后可显示汽车车轮驱动力。控制定子励磁电流大小可改变测功器吸收功率和制动力矩的大小，从而实现汽车在不同工况下的测量。

4. 道路试验与台架试验阻力条件比较

(1) 在平坦路面上进行的道路试验中，发动机输出的有效功率用于克服汽车底盘传动系阻力($F_{传}$)后输出到驱动轮，驱动轮输出功率用以克服车辆在路面行驶时的车轮滚动阻力(F_f)、惯性阻力($F_{惯}$，在匀速运动时$F_{惯}=0$)和迎风阻力($F_{风}$)，具体可用公式表示为

$$F_{路}=F_{传}+F_f+F_{惯}+F_{风} \tag{4-22}$$

式中：$F_{路}$可通过路试滑行能量法获得。

(2) 在台架试验中，发动机输出的有效功率用于克服汽车底盘传动系阻力($F_{转}$)后输出到驱动轮，驱动轮输出功率用以克服驱动轮与滚筒间的滚动阻力($F_{滚}$)、惯性阻力($F_{惯}$，在匀速运动时$F_{惯}=0$)和测功机台架内部阻力($F_{内}$)。用公式表示为

$$F_{台}=F_{传}+F_{滚}+F_{惯}+F_{内} \tag{4-23}$$

式中：$F_{台}$可用台试滑行能量法(详见《轻型汽车污染物排放限值及测量方法》(GB 18352.1—2001)附件CC)获得，$F_{传}$、$F_{滚}$、$F_{内}$可用反拖装置测得。

(3) 车辆在台架上进入等速运动状态时，在进行测量的过程中(测功、油耗、ASM尾气排放等)，$F_{惯}=0$，则由式(4-22)和式(4-23)可知

$$\Delta F=F_{路}-F_{台}=F_f-F_{滚}+F_{风}-F_{内} \tag{4-24}$$

台试时，通过调整控制涡流机线圈的励磁电流的大小来进行ΔF阻力加载模拟，使台试阻力等于路试阻力。

(4) 车辆在台架上进行变速运动测量(加速时间、滑行距离)的过程中，在测功机上通过飞轮模拟路试惯性阻力，使车辆在台架上变速运动产生的力$F_{惯}$等于飞轮模拟路试惯性阻力$F_{惯}$。在进行变速运动时，还应注意模拟其他阻力条件(如风阻、滚动阻力等)，因此在实际应用中较困难。

4.2.3 动力不合格的原因分析

当底盘输出功率检测为不合格时，可通过测功机进一步检测不合格的原因，主要有以下几个步骤。

第一步，用测功机的反拖功能进行车辆驱动轴的反拖阻力试验，确定在测功工况速度下的车辆底盘传动系和轮胎滚动阻力损耗，计算出发动机在该工况下的有效输出功率。

第二步，评价发动机输出功率是否符合设计要求，如输出功率不足则查找发动机功率下降的原因，否则进行下一步的阻力损耗分析。

第三步，如发动机功率输出符合要求，此时应检查底盘传动系以及车轮输出各连接部位的阻力，确定阻力超差部位并加以排除。

在实施检查时，具体原因包括以下几个方面。

1. 发动机方面

(1) 发动机机械系统磨损严重。发动机机械系统磨损主要指发动机内部运动部件磨损，一旦磨损超出运动部件之间的配合极限就会造成动力严重下降。主要的运动部件有活塞与气缸、曲轴与轴承、气门与气门导管。判断发动机内部机械磨损的方法有许多，

比如测量气缸压力、测量汽缸漏气量、测量发动机曲轴箱窜气的同时检查尾气烟色、异响分析、尾气分析等。如果活塞与气缸之间磨损严重，一般都会出现尾气中有蓝烟、曲轴箱通风管窜气严重、烧机油等现象。这时，通过测量气缸漏气量或曲轴箱窜气量一般可以最后确认。需要指出的是，理论上气缸压力也可用于判断气缸磨损量，由于缸压的测量与发动机转速有关，所以并不一定能准确地反映气缸密封情况，在实际工作中，常常作为一种方便的方法用于确认配气是否正确、气门是否烧蚀等。

(2) 发动机存在随机故障。发动机的随机故障点比较多，凡是涉及发动机混合气形成、准确点火的所有部件都有可能发生故障，从而影响发动机功率。实际上，发动机的故障诊断主要针对这些随机故障。

2. 其他方面

在采用底盘测功机实施汽车动力性检测时，底盘系统的故障也会造成发动机动力性检测不合格，比如离合器打滑、自动变速器故障、制动系统拖滞等。

课后总结

通过第4章"情景描述"中的故障现象可知，该车最高车速严重下降，动力性能很差，主要由底盘输出功率不足造成。而驱动轮输出功率不足的原因主要有两方面，一是发动机技术状况不良，本身输出功率低；二是传动系统损失功率大。经路试我们发现，发动机声音、工作状况良好，动力强劲，所以故障可能出在传动系统中，应先从传动系统查起。经检测证实故障是由离合器内活塞上的密封环损坏所致，由于磨损导致密封不严，造成油液渗漏，使活塞作用在离合器摩擦片上的压紧力降低，从而导致离合器摩擦片在传递动力时打滑，最终造成车速在超速O/D挡和D挡时降低。

 学习工作页

汽车使用性能检测——汽车底盘测功
学习工作页

学习目的与要求：①能够在检验前做好仪器及车辆的准备工作；②能够严格遵守操作安全注意事项；③能够按照操作规范要求，完成底盘测功工作；④能够进行底盘测功机的日常维护和常见故障排除工作；⑤能够完成底盘测功机的自校准工作。 学习内容：①检测线上底盘测功机的构造和原理及类型；②《机动车安全检测项目与方法》(GB 21861—2008)中关于底盘测功的内容。 教学方式：现场演示操作结合过线检测车辆检测，记录相关数据并分析数据	姓名：_____ 日期：_____ 第____周 星期___ 第____节	班级：_____ 学号：_____

一、预习要求

认真阅读实训指导书和《机动车安全检测项目与方法》(GB 21861—2008)中与底盘测功相关的内容。

二、工具和材料

实验用车、安全三角挡块、安全辅助装置、维修手册、标定砝码、转速仪

(续表)

汽车使用性能检测——汽车底盘测功

学习工作页

三、对受检的汽车进行描述

车牌：_____　车型：_____　燃料种类：_____　检测类别：_____

四、步骤

检测时应高度注意设备的运行情况，以免发生意外事故，如发现检测设备运行出现异常情况，应立即停止检测。

1. 测试车辆的准备(每完成一项请在括号内打"√")

(1) 车辆的装备符合制造厂技术条件的规定。(　　)

(2) 车辆空载。(　　)

(3) 车辆使用的燃料和润滑油的牌号、规格符合制造厂技术条件的规定。(　　)

(4) 轮胎的规格和气压符合制造厂的规定。胎冠花纹深度不小于1.6mm，胎面和胎壁上没有暴露轮胎帘布层的破裂和割伤。(　　)

(5) 检查空气滤清器状况，允许更换空滤器滤芯。(　　)

(6) 测试前，车辆必须进行预热行驶，使其各运动部件、润滑油、冷却液等达到制造厂技术条件规定的温度状态。测试时可设置外加风扇向汽车发动机吹拂。(　　)

(7) 关闭空调系统等非汽车运行所必需的耗能装置。(　　)

2. 安全注意事项

(1) 检测时车辆前方及驱动轮两旁不准站立人员。

(2) 当检验台滚筒高速旋转时，不得在检测台上急刹车。

(3) 对同一辆车应尽量避免连续重复测试。

重复测试有什么影响：_____。

(4) 汽车的额定扭矩和额定功率取用汽车使用说明书提供的数据。

额定扭矩、功率计算公式：_____。

3. 检验程序

(1) 仪器通电后，启动智能测控系统进入待检状态。

(2) 按"启动检测"进入检测状态，根据系统提示输入检测参数。

输入检测参数有_____、_____。

底盘测功机可检测的项目有_____、_____、_____、_____。

(3) 被检车辆预热至正常工作温度，垂直对称地驶入检验台，驱动轮停在检验台举升器上，用挡块抵住非驱动轮，以防车辆窜动。

全时四驱或带锁止防滑装置且不能解锁的车辆是否能在检验台上检测？(是/否)

(4) 举升器下降至与车轮完全脱离后，启动车辆，逐步加速并换至直接挡(无直接挡时，传动比最接近于1挡)，使车辆以直接挡的最低车速稳定运转。

底盘输出最大驱动功率是指汽车在使用_____行驶时，驱动轮输出的最大驱动功率。

(5) 将油门踏板踩到底，系统在设定的检测速度下稳定15s后，仪表显示的数据为输出功率值。

底盘输出功率是汽车_____评价指标。

(6) 当系统提示减速时，挂空挡自由滑行至车轮停止转动。

4. 根据实测数据及曲线进行评价与分析(不合格原因分析)

检测车辆	车速/(km/h)	驱动轮驱动力/daN	功率/kw	评价与分析(不合格原因分析)

(续表)

汽车使用性能检测——汽车底盘测功
学习工作页

5. 在进行汽车底盘测功检验台的日常维护时要注意哪些事项：_____

_____

_____。

6. 完成汽车底盘测功检验台的自校准

单位				设备名称				
型号规格		制造厂		出厂日期		出厂编号		
校准仪器				温度		相对湿度		
外观及性能 合格□/不合格□				校准前设备状态 正常□/不正常□		校准后设备状态 正常□/不正常□		

标准值 (单位)	仪表示值(单位)				示值误差/%	标准值 (单位)	仪表示值(单位)				示值误差/%
	1	2	3	平均值			1	2	3	平均值	

技术依据		结论	合格□/不合格□
校准员：	核验员：	校准日期	

小组实训总结：

(内容多可背书或附纸填写)

第5章

汽车制动性能检测

情景描述

驾驶员小张驾驶一辆面包车沿公路右侧自北向南行驶，突然发现前方行驶的货车制动灯点亮，由于两车距离较近，于是小张迅速踩下制动踏板进行紧急制动，不料制动过程中方向失去控制，万幸的是没有造成人员伤亡。请你帮助分析一下，导致这次交通事故的具体原因是什么。

学习目标

1. 掌握汽车制动性能评价指标；
2. 会分析制动性的影响因素；
3. 了解反力式滚筒制动检验台的结构和测试原理；
4. 了解平板式制动检验台的结构和测试原理；
5. 了解影响底盘测功机测试精度的因素并进行不合格原因分析。

汽车行驶时，能在短距离内迅速停车且维持行驶方向的稳定性，在下坡时能维持一定的车速，以及在坡道上长时间保持停驻的能力称为汽车的制动性。汽车制动性能直接关系汽车的行车安全。只有在保证行车安全的前提下才能充分发挥汽车的其他使用性能，诸如提高汽车车速、提升汽车的机动性能等。汽车的制动性不仅取决于制动系的性能，还与汽车的行驶性能、轮胎的机械特性、道路的附着条件以及与制动操作有关的人体工程特性有密切的关系。

制动检验台是用来检验制动性能的设备，常见的分类方法有：按测试原理的不同，可分为反力式和惯性式两类；按检验台支撑车轮形式的不同，可分为滚筒式和平板式两类；按检测参数的不同，可分为测制动力式、测制动距离式、测制动减速度式和综合式四种；按检验台的测量、指示装置、传递信号方式的不同，可分为机械式、液力式和电气式三类。目前，国内汽车检测站所用的制动检验设备多为反力式滚筒制动检验台和平板式制动检验台，国外目前已研制出惯性式防抱死制动检验台，但价格昂贵未能被广泛采用。本章重点介绍反力式滚筒制动检验台和平板式制动检验台。

5.1　汽车制动性能基础知识

汽车制动性是汽车主动安全性的主要性能之一，它直接影响汽车速度性能的发挥，关系乘员、车辆和行人的安全，是汽车安全行驶的基本保障。

为了保障汽车行驶安全，使汽车的动力性得以发挥，汽车必须具有良好的制动性。对于行车制动而言，汽车的制动性能是指汽车行驶时，能在短距离内停车且维持行驶方向稳定，以及在下长坡时能维持较低车速的能力。

汽车的制动性是汽车的主要性能之一。制动性直接关系交通安全，重大交通事故的发生往往与制动距离太长、紧急制动时发生侧滑等情况有关。汽车如果不具备可靠的制动性，即便有再好的动力性、再好的路况也不能发挥其效能，更难以获得运输效益和社会效益。故汽车的制动性是汽车行驶的重要保障，改善汽车的制动性始终是汽车设计制造和使用部门的重要任务。

5.1.1 制动时车轮受力

1. 制动器制动力

在轮胎边缘克服制动器摩擦力矩T_μ(N·m)所需的力，称为制动器制动力，用F_μ(N)表示，计算公式为

$$F_\mu = \frac{T_\mu}{r} \tag{5-1}$$

式中：r——车轮半径(m)。

由此可知，制动器制动力是由制动系的设计参数所决定的，即取决于制动器型式、尺寸、摩擦系数、车轮半径，它与制动系的油压或气压成正比。

2. 地面制动力

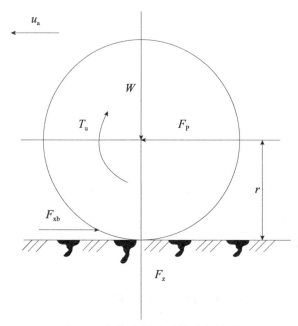

图5-1 车轮在制动时的受力情况

图5-1为汽车在良好的硬路面上制动时车轮的受力情况。图中，滚动阻力偶矩和减速时的惯性力、惯性力矩均忽略不计。F_{xb}为地面制动力，W为车轮垂直载荷，F_P为车轴对车轮的推力，F_z为地面对车轮的法向反作用力。根据力矩平衡得出

$$F_{xb} = \frac{T_\mu}{r} = F_P \tag{5-2}$$

地面制动力是使汽车制动而减速行驶的外力，但是，地面制动力的大小取决于两个摩擦副的摩擦力的大小：一个是制动器摩擦副间的摩擦力；另一个是轮胎与地面间的附着力。

5.1.2 制动器制动力、地面制动力及附着力之间的关系

制动器制动力、地面制动力及附着力三者的关系如图5-2所示。

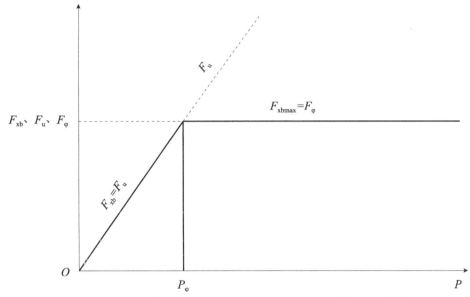

图5-2 制动过程中地面制动力、制动器制动力及附着力的关系

由图5-2可见，制动器制动力可以随制动系油压的增大而增大，而地面制动力F_{xb}在达到附着力F_φ的值后，就不再增加了。此时若想增加地面制动力，以使汽车具有更大的制动效能，只能提高附着系数。

由此可见，汽车的地面制动力首先取决于制动器制动力，但同时又受到地面附着条件的限制。所以，只有当汽车具有足够的制动器制动力，同时地面又能提供较高的附着力时，才能获得足够的地面制动力。

5.1.3 制动性能的评价

1. 制动效能

汽车的制动效能是指汽车迅速降低车速直至停车的能力。制动效能是表征汽车制动性最基本的特性参数。评定制动效能的指标是制动距离s和制动减速度a_b。

制动距离的长短直观地体现了汽车制动效能的高低，是表征汽车制动性最基本的特性参数。制动距离与汽车的行驶安全有直接的关系，它是指汽车速度为u_0时，从驾驶员开始操纵制动控制装置(制动踏板)到汽车完全停住为止所行驶过的距离。制动距离与制动踏板力、路面附着条件、车辆载荷、发动机是否接合等许多因素有关。

制动减速度是制动时车速对时间的导数，即$du/d\tau$。制动减速度的大小是汽车降低行驶速度能力强弱的量化体现。制动减速度也是表征汽车制动效能的重要特性参数。

众所周知，在汽车制动过程中，减速度不是固定不变的，不是常量而是变量。因

此，在评价汽车制动性能时，由某时刻的值来代表减速度是不严谨的，所以我国采用平均减速度的概念，用公式表示为

$$\bar{a} = \frac{1}{t_2 - t_1} \int_{t_1}^{t_2} a(t)\mathrm{d}t \tag{5-3}$$

式中：t_1——制动压力达到最大压力p_{max}的75%的时刻；t_2——到停车时总时间的2/3的时刻。

ECE R13和GB 7258采用的是充分发出的平均减速度(m/s²)，用公式表示为

$$\mathrm{MFDD} = \frac{(u_b^2 - u_e^2)}{25.92(s_e - s_b)} \tag{5-4}$$

式中：u_b——0.8u_0的车速(km/h)；u_0——起始制动车速(km/h)；u_e——0.1u_0的车速(km/h)；s_b——u_0到u_b车辆经过的距离(m)；s_e——u_0到u_e车辆经过的距离(m)。

从制动的全过程来看，共包括驾驶员见到信号后作出行动反应、制动器起作用、持续制动和放松制动器4个阶段，如图5-3所示。

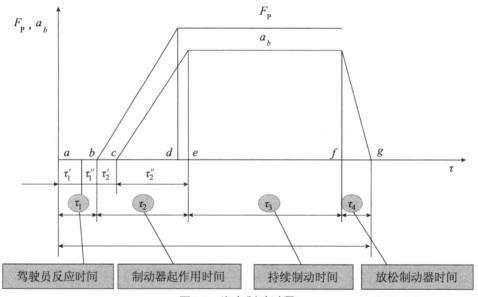

图5-3　汽车制动过程

通常所说的制动距离是指开始踩着制动踏板到完全停车的距离。它包括制动器起作用和持续制动两个阶段中，汽车行驶过的距离s_2和s_3。

(1) 在制动器起作用阶段，对于汽车驶过的距离s_2可做如下估算。

τ_2'为制动系响应时间，是指制动时踏下制动踏板克服自由行程、制动器中蹄与制动鼓的间隙所需的时间。在该时间内

$$s_2' = u_0\tau_2' \tag{5-5}$$

式中：u_0——起始制动车速。

τ_2''为制动力增长时间，是指制动器制动力随着踏板力增大而增大至最大值所需要的时间。在该时间段内，制动减速度呈线性增长，即

$$\frac{\mathrm{d}u}{\mathrm{d}\tau} = k\tau \tag{5-6}$$

式中

$$k = -\frac{a_{b\max}}{\tau_2''} \tag{5-7}$$

故

$$\int \mathrm{d}u = \int k\tau \mathrm{d}\tau \tag{5-8}$$

求解该积分等式。因当$\tau=0$时(即图5-3中的c点)，$u=u_0$，故

$$u = u_0 + \frac{1}{2}k\tau_2''^2 \tag{5-9}$$

在τ_2''时的车速为

$$u_e = u_0 + \frac{1}{2}k\tau^2 \tag{5-10}$$

又因

$$\frac{\mathrm{d}s}{\mathrm{d}\tau} = u_0 + \frac{1}{2}k\tau^2 \tag{5-11}$$

故

$$\int \mathrm{d}s = \int \left(u_0 + \frac{1}{2}k\tau^2\right)\mathrm{d}\tau \tag{5-12}$$

当$\tau=0$时(即图5-3中的c点)，$s=0$，故

$$s = u_0\tau + \frac{1}{6}k\tau^3 \tag{5-13}$$

$\tau=\tau_2''$时的距离为

$$s_2'' = u_0\tau_2'' - \frac{1}{6}a_{b\max}\tau_2''^2 \tag{5-14}$$

因此，在τ_2时间内的制动距离为

$$s_2 = s_2' + s_2'' = u_0\tau_2' + u_0\tau_2'' - \frac{1}{6}a_{b\max}\tau_2''^2 \tag{5-15}$$

显然，制动器起作用的时间τ_2越短，汽车在制动器起作用阶段驶过的距离s_2也就越短。制动器起作用的时间τ_2取决于驾驶员促动制动控制装置的速度，但从根本上还是取决于制动系结构。制动系结构定型后，制动器起作用的时间的长短就取决于制动系的技术状况，尤其是制动器的技术状况。

(2) 在持续制动阶段，对于汽车驶过的距离s_3可做如下估算。

汽车在该阶段以减速度$a_{b\max}$做匀减速运动，初速度为u_e，末速度为0，故

$$s_3 = \frac{u_e^2}{2a_{b\max}} \tag{5-16}$$

代入u_e值，得

$$s_3 = \frac{u_0^2}{2a_{b\max}} - \frac{u_0\tau_2''}{2} + \frac{a_{b\max}\tau_2''^2}{8} \tag{5-17}$$

显然，汽车在持续制动阶段驶过的距离取决于制动系的结构，取决于制动系所能提供的最大制动力。只有当制动器提供的制动力达到或超过路面附着力时才能使汽车驶过

的距离最短，而路面附着条件只是外因，即使路面附着条件再好，制动器提供的制动力达不到路面附着力的大小，就无法充分利用道路的附着条件，从而难以获取最佳制动效果。当制动系结构定性后，制动距离的长短就取决于制动系的技术状况。制动系的状况不佳，制动器无法提供固有的制动力，就会延长制动距离。

总制动距离用公式表示为

$$s = s_2 + s_3 = (\tau_2' + \frac{\tau_2''}{2})u_0 + \frac{u_0^2}{2a_{b\max}} - \frac{a_{b\max}\tau_2''^2}{24} \tag{5-18}$$

因为 τ_2'' 值很小，故略去 $\frac{a_{b\max}\tau_2''^2}{24}$ 项，令车速的单位为km/h，则式(5-16)的s(m)可写成

$$s = \frac{1}{3.6}(\tau_2' + \frac{\tau_2''}{2})u_0 + \frac{u_0^2}{25.92a_{b\max}} \tag{5-19}$$

从式(5-17)可以看出，决定汽车制动距离的主要因素是：制动器起作用的时间、最大制动减速度即附着力(或最大制动器制动力)以及起始制动车速。

真正使汽车减速停车的是持续制动时间，但制动器起作用的时间对制动距离的影响也不容忽视。例如，一辆汽车在良好的硬路面上，以30km/h的速度制动到停车的距离为5.7m。若设制动器起作用的时间为0.2s，则在0.2s内汽车行驶过的距离为1.25m，占总制动距离的22%左右；若制动器起作用的时间为0.6s，则相应的行驶距离延长到3.75m，总制动距离增加到8.18m，就已超出有关交通法规的容许值了。

制动器起作用的时间、制动器的最大制动力均取决于制动系的结构型式和结构参数。改进制动系结构、减少制动系作用时间，是缩短制动距离的有效措施。在计算制动距离的参数中，时间参数 τ_2' 和 τ_2'' 不易准确测定，制动力在制动过程中也不是固定不变的，路面附着系数也是随路面而变的变量，因此应用式(5-17)计算制动距离的实际意义不大，通常都是由实车路试测定。但制动距离的计算公式较全面地表达了影响制动距离的几个因素，有助于定性分析各种因素对制动距离的影响。

2. 制动效能的恒定性

制动效能的恒定性是指汽车抗制动效能下降的能力。汽车制动系在不同的使用环境中，制动效能会发生变化，如衰退、降低。根据导致制动效能衰退的原因，可将制动效能的衰退现象分为热衰退和水衰退。因此，制动效能的恒定性可分为抗热衰退性和抗水衰退性。

(1) 热衰退。热衰退是指由于摩擦热的影响使制动器摩擦材料的摩擦系数下降，导致制动效能暂时降低的现象。热衰退是制动器不可避免的现象，只是有程度上的差别而已。制动器热衰退的程度用热衰退率来评价。在产生相同制动力的条件下，制动器冷状态卜所需的操纵力(制动系统压力)与热状态卜所需的操纵力之比称为热衰退率。

从能量的观点来看，汽车的制动过程是将汽车的机械能的一部分或全部通过制动器的摩擦转化为热能的过程。在忽略辐射的情况下，单位时间内制动产生的热量一部分被存储在制动器中，一部分通过对流传给周围的空气。存储于制动器的热量使制动器摩擦副发热、温度升高、摩擦系数下降，并产生磨损，从而影响汽车制动性能和制动器寿

命。如Lexus LS400汽车在冷制动时，起始制动车速为195km/h，制动距离为163.9m，减速度为8.5m/s²，而经过下山中的26次制动，前制动器温度达到696℃，这时以同样的起始车速制动，减速度为6.0m/s²，制动距离增加了80.6m，达到244.5m。温度对摩擦系数和制动力的影响如图5-4和图5-5所示。

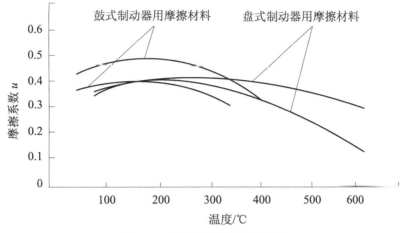

图5-4　温度对摩擦系数的影响

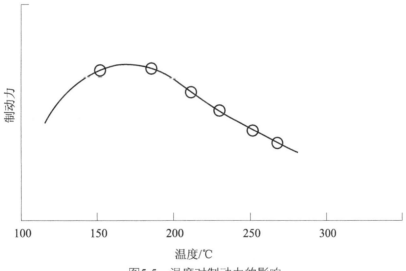

图5-5　温度对制动力的影响

制动器抗热衰退性一般用一系列连续制动效能的保持程度来衡量。根据国家行业标准《汽车制动系结构性能及试验方法》(ZB T 24007—1989)，要求以一定车速连续制动15次，每次制动减速度为3m/s²，最后的制动效能应不低于规定的冷制动效能(5.8m/s²)的60%(在制动踏板力相同的条件下)。

抗热衰退性能与制动器摩擦材料及制动器结构相关。一般制动器的制动鼓、盘由铸铁制成，而摩擦片由石棉、半金属和无石棉等几种材料制成。按照ECE R13的规定，由于石棉对人体健康有害，因此不允许使用含有石棉的摩擦片。汽车在正常制动时，摩擦副的温度在200℃左右，摩擦副的摩擦因数为0.3～0.4。但在更高的温度时，有些摩擦片的摩擦因数会有很大幅度的降低从而出现热衰退现象。另外，当制动器结构不合理或使用不当时会引起制动液温度急剧上升，当温度超过制动液的沸点时会发生汽化现象，从而使制动完全失效。

制动效能因数是单位制动轮缸推力F_{pu}所产生的制动器摩擦力F，用公式表示为

$$K_{ef} = \frac{F}{F_{pu}} \tag{5-20}$$

式中

$$F = \frac{T_{\mu}}{r} \tag{5-21}$$

式中：r——制动鼓半径。

在实际使用中，常用制动效能因数与摩擦因数的关系曲线来说明各种类型制动器的效能及其稳定程度。图5-6是具有典型尺寸的各种形式制动器的效能因数与摩擦因数的关系曲线。

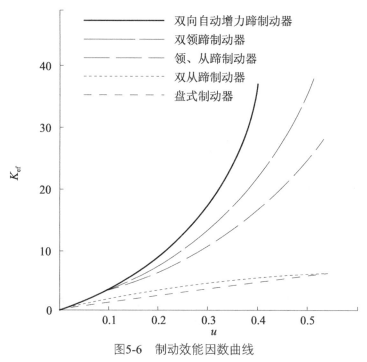

图5-6　制动效能因数曲线

在山区行驶的货车和高速行驶的轿车，对抗热衰退性能有较高的要求。一些国家规定，大型货车必须装备辅助制动器，以保持在山区行驶的制动效能。

(2) 水衰退。水衰退性是指制动器摩擦表面浸水使制动效能下降的现象。制动器摩擦表面浸水后，由于水的润滑作用使摩擦系数下降，从而导致制动器制动效能降低。水衰退的程度可用制动器浸水后的制动效能与浸水前的制动效能的比值(%)来表征。相应来说，抗水衰退性是指汽车在潮湿的情况下或涉水行驶后，制动效能保持的程度。由于制动器初始制动后的温度在100℃以上，因此在使用过程中可以通过"点制动"来解决水衰退性问题。

3. 制动时汽车的方向稳定性

在制动过程中，有时会出现制动跑偏、侧滑的现象，使汽车失去控制而偏离规定的行驶方向。汽车在制动过程中维持直线行驶的能力，或按预定弯道行驶的能力，称为制动时汽车的方向稳定性。

(1) 制动跑偏。制动时原期望汽车按直线方向减速停车，但有时汽车却自动向左或向右偏驶，这种现象称为制动跑偏。跑偏现象多数是由技术状况不正常造成的，经过维修调整是可以消除的。产生制动跑偏的主要原因是在制动过程中，左、右轮的地面制动力增大的快慢不一致，致使左、右轮的地面制动力不等。特别是前轴左、右轮制动力不等，是产生制动跑偏的主要原因。

(2) 制动侧滑。侧滑是指汽车在制动时，某一轴的车轮或两轴的车轮发生横向滑动的现象。最危险的情况是在高速制动时，后轴发生侧滑，这时汽车常发生不规则的急剧回转运动，使之部分地或完全失去操纵能力。

产生侧滑的原因是在制动过程中，地面制动力达到附着极限后，继续增加制动力，使车轮处于抱死拖滑状态。此时，侧向附着系数为零，即该轮抵抗侧向干扰的能力为零。这时，车轮受到任何一点侧向力，都会引起沿侧向力方向的滑动。

在紧急制动过程中，常出现一根轴的侧滑。实践证明，后轴侧滑具有很大的危险性，会导致汽车掉头；前轴侧滑对汽车行驶方向的改变不大，但是已不能用转向盘来控制汽车的行驶方向。

(3) 转向能力的丧失。转向能力的丧失是指弯道制动时，汽车不再按原来的弯道行驶而是沿弯道切线方向驶出，以及在直线行驶时转动方向盘汽车仍按直线方向行驶的现象。

前轮抱死和前轮先抱死时，因侧向力系数为零，不能产生任何地面侧向反作用力，导致汽车丧失转向能力。

因此，从保证汽车方向稳定性的角度出发，首先，不能出现只有后轴车轮抱死或后轴车轮比前轴车轮先抱死的情况，以防止发生危险的后轴侧滑。其次，尽量少出现只有前轴车轮抱死或前、后车轮都抱死的情况，以维持汽车的转向能力。最理想的情况就是防止任何车轮抱死，使前、后车轮都处于滚动状态，这样就可以确保制动时的方向稳定性。

如何更有效地利用汽车前后轴制动器的制动力，即提高汽车制动系的制动效率，以及如何保证汽车制动时有较好的方向稳定性，是涉及总制动器制动力在前后轴间的分配的问题。

5.1.4　影响汽车制动性能的主要因素

影响汽车制动性能的主要因素可以概括为4个方面：制动器结构、汽车使用条件、汽车维修保养和驾驶员使用情况。

1. 制动器结构

车轮制动器的摩擦副、制动鼓的构造和材料，对于制动器的摩擦力矩和制动效能的热衰退都有很大的影响。在设计制造过程中，应选用合理的结构形式及优质的材料。

目前，各类汽车摩擦制动器可分为鼓式和盘式两大类。前者的摩擦副中的旋转元件为制动鼓，其工作表面为圆柱体；后者的旋转元件则为圆盘状的制动盘，以端面为工作表面。盘式制动器与鼓式制动器相比具有以下几个优点。

(1) 热稳定性好。原因是一般无自行增力作用，衬块摩擦表面的压力分布较鼓式中的衬片更为均匀。此外，制动鼓在受热膨胀后，工作半径增大，使其只能与蹄的中部接触，从而降低了制动效能，这称为制动热衰退。制动盘的轴向膨胀极小，径向膨胀与性能无关，故无机械衰退问题。

(2) 水稳定性好。制动块对盘的单位压力高，易于将水挤出，因而浸水后效能降低不多；又由于离心力作用及衬块对盘的擦拭作用，出水后只需经一两次制动即能恢复正常。

(3) 在输出制动力矩相同的情况下，尺寸和质量一般较小，更换制动衬片简单容易。同时压力分布均匀，故衬块磨损也均匀。

盘式制动器主要有以下几个缺点。

(1) 效能较低，故用于液压制动系统时所需的制动促动管路压力较高，一般要用伺服装置。

(2) 兼用于驻车制动时，需要加装的驻车制动传动装置较鼓式制动器复杂，因而在后轮上的应用受到限制。

目前，盘式制动器已广泛应用于轿车，但除了在一些高性能轿车上用于全部车轮以外，大多只用作前轮制动器，与后轮的鼓式制动器相配合，以期获得在较高车速下制动时的方向稳定性。

目前，盘式制动器在货车上的应用也不少，但距普及还有一定距离。

车轮制动器的摩擦副、制动鼓的构造和材料，对于制动器的摩擦力矩和制动效能的热衰退都有很大影响。在设计制造中应选用好的结构形式及材料，在使用维修中也应注意摩擦片的选用。制动器的结构形式不同，其制动效率也不同。制动效能因数大，则在制动鼓半径和制动器张力相同的条件下，制动器所能产生的制动力矩也大。但当制动器摩擦副的摩擦系数下降时，其制动力矩将显著下降，制动性能的稳定性较差。

2. 汽车使用条件

汽车的使用条件包括路面条件、驾驶速度、汽车轴间负荷的分配、负载质量等，均对制动过程有很大影响。

汽车受到与行驶方向相反的外力作用时，才能从一定的速度制动到较小的车速直至停车。这个外力只能由地面和空气提供。但由于空气阻力相对较小，所以实际上外力主要是由地面提供的，称之为地面制动力。地面制动力对汽车的制动性能具有决定性作用，它的大小由路面情况决定，平整、干燥、干净的路面能够提供相对较大的地面制动力。

　　汽车行驶时可能遇到两种附着能力很小的危险情况：一种情况是刚开始下雨，路面上只有少量雨水时，雨水与路面上的尘土、油污混合，形成黏度高的水液，滚动的轮胎无法排挤出胎面与路面间的水液膜；由于水液膜的润滑作用，附着性能将大大降低，平滑的路面有时会同冰雪路面一样滑。另外一种情况是高速行驶的汽车经过有积水的路面，出现了滑水现象。轮胎在有积水层的路面上滚动时，其接触面如图5-7所示，分为三个区域：A区是水膜区；C区是胎面与路面直接接触产生附着力的主要区域；B区是A区和C区的过渡区，是部分穿透水膜区，路面的突出部分与胎面接触，提供部分附着力。轮胎低速滚动时，由于水的粘滞性，接触面前部的水需要一定时间才能挤出，所以接触面中轮胎胎面的前部将越过楔形水膜(即A区)滚动。

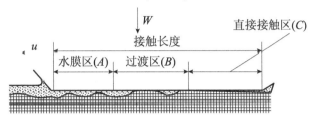

图5-7　路面有积水层时轮胎接地面中的三个区域

　　车速提高后，高速滚动的轮胎迅速排挤水层，由于水的惯性，接触区的前部的水层中产生动压力，其值与车速的平方成正比。压力使胎面与地面分开，即随着车速的增加，A区水膜在接触区中向后扩展，B、C区相对缩小；在某一车速下，当胎面下的动水压力等于垂直载荷时，轮胎将完全漂浮在水膜上面而与路面毫不接触，B、C区不复存在。这就是滑水现象。

　　汽车制动时，前轴负荷增加，后轴负荷减小。如果前、后轮制动器的制动力根据轴间负荷的变化分配，符合理想分配的条件，则前、后轮同时抱死；如果前、后轮制动器的制动力的比例为定值，则只有在具有同步附着系数的路面上，前、后轮才能同时抱死。

　　为了防止制动时后轮抱死而发生危险的侧滑，汽车制动系的前、后轮制动器的制动力的实际分配线应当总在理想的前、后轮制动器制动力分配曲线(I曲线)下方，如图5-8所示。为了降低前轮失去转向能力的倾向和提高制动系效率，实际分配线越接近I曲线越好。如果能根据需要改变实际分配线使之达到上述目的，将比前、后轮制动器制动力具有固定比值的汽车具有更大的优越性。为此，在现代汽车制动系中都装有各种压力调节装置。

　　常见的压力调节装置有限压阀、比例阀、载荷控制比阀、载荷控制限压阀。采用比例阀，当制动系油压达到某一值以后，比例阀自动调节前、后轮制动器油压，使前、后轮制动器制动力仍维持直线关系，但直线的斜率小于45°。实际分配线变为折线，实际分配线总在I曲线之下而且接近I曲线，但它仅适合于一种载荷下的实际分配线与I曲线配合。

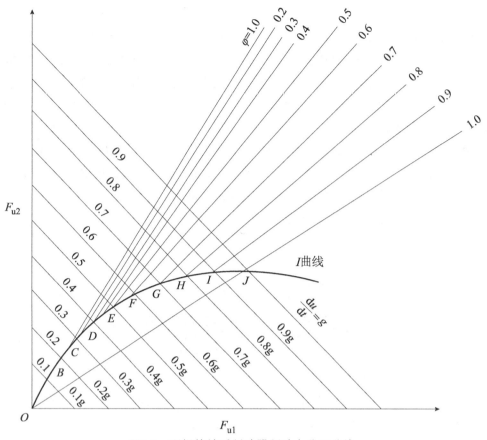

图5-8　理想的前后制动器制动力分配曲线

采用按理想的制动器制动力分配曲线来改变实际分配线的制动系，能提高汽车制动时的稳定性。对于负载质量较大的汽车，因前、后轮的制动器设计一般不能保证在任何道路条件下都使其制动力同时达到附着极限，所以汽车的制动距离就会因负载质量的不同而产生差异。实践证明，对于负载质量为3t以上的汽车，大约负载质量每增加1t，其制动距离平均要增加1.0m，即使是同一辆汽车，在负载质量和方式发生变化时，由于重心位置变动，也会影响汽车的制动距离。

3. 汽车维修保养

汽车的维修保养主要是指对制动系的保养，包括制动盘、制动鼓、制动衬片、制动液的更换，以及制动器间隙的调节和轮胎的选择和更换等。制动摩擦片的表面不清洁，如沾有油、水或污泥，则摩擦系数将减小，制动力矩即随之降低；如汽车涉水后水渗入制动器，其摩擦系数将急剧下降20%～30%。制动液也是液压系统的重要组成部分，它的质量对制动系统的工作可靠性有很大影响。制动液若汽化，将在管路中产生气阻现象，使制动系统失效，所以需要定期更换制动液。制动盘、鼓的更换更是维修保养的重点，当制动盘、鼓的厚度低于安全厚度应立即更换，否则将严重影响制动器性能。

4. 驾驶员使用情况

驾驶员的驾驶技术对汽车制动性有很大影响。制动时，如能保持车轮接近抱死而未抱死的状态，便可获得最佳的制动效果。实践经验证明，在制动时，如迅速交替踩下和放松制动踏板，即可提高其制动效果。因为，此时车轮边滚边滑，轮胎着地部分不断变换，故可避免由于轮胎局部剧烈发热使胎面温度上升而降低制动效果。在紧急制动时，驾驶员如果能急速踩下制动踏板，则制动系的协调时间将缩短，从而缩短制动距离。此外，当汽车在光滑路面上行驶时不可猛烈踩制动踏板，以免因制动力过大而超过附着极限，导致汽车侧滑。

5.2 反力式滚筒制动检验台结构及制动原理

5.2.1 反力式滚筒制动检验台的结构

反力式滚筒制动检验台的原理图及结构简图如图5-9、图5-10所示，现行的产品制造执行标准为《滚筒反力式汽车制动检验台》(GB/T 13564—2005)。它由结构完全相同的、左右两套对称的车轮制动力测试单元和一套指示、控制装置组成。每一套车轮制动力测试单元由框架(多数检验台将左、右测试单元的框架制成一体)、驱动装置、滚筒组、举升装置、测量装置等构成。

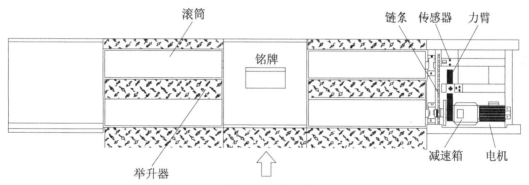

图5-9 反力式制动检验台原理图

1. 驱动装置

驱动装置由电动机、减速器和链传动组成。电动机经过减速器减速后驱动主动滚筒，主动滚筒通过链传动带动从动滚筒旋转。减速器输出轴与主动滚筒同轴连接或通过链条、皮带连接，减速器壳体为浮动连接(即可绕主动滚筒轴自由摆动)。日制式制动台测试车速较低，一般为0.1～0.18km/h，驱动电动机的功率较小，一般为2×0.6～2×2.2kW；欧制式制动台测试车速为2.0～5km/h，驱动电动机的功率较大，一般为2×3～2×11kW。减速器的作用是减速增扭，其减速比根据电动机的转速和滚筒测试转速确定。由于测试车速低，滚筒转速也较低，一般在40～100r/min之间(日制式检验台转速则更低，甚至低于10r/min)，因此要求减速器减速比较大，一般采用两级齿轮减速或一级涡轮蜗杆减速与一级齿轮减速。

理论分析与试验表明，滚筒表面线速度过低时测取协调时间偏长、制动重复性较差，若滚筒表面线速度过高则对车轮损伤较大，《滚筒反力式汽车制动检验台》(GB/T 13564—2005)推荐使用滚筒表面线速度为2.5km/h左右的制动台。

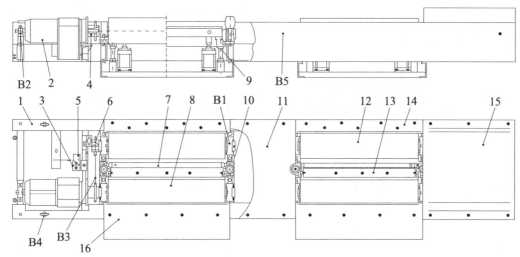

图5-10　某种反力式制动台结构图

1-框架　2-减速机组件　3-力臂支架　4-主滚筒链轮　5-光电开关支架　6-副滚筒链轮

7-左制动第三滚筒　8-左制动主滚筒　9-举升器导向　10-轮胎挡轮　11-中间盖板　12-右制动副滚筒

13-右制动举升器　14-右制动出车端边盖板　15-右制动边盖板　16-左制动引板

B1-滚筒轴承　B2-电动机轴承　B3-链条　B4-吊环　B5-框架侧向螺栓

2. 滚筒组

每一个车轮制动力测试单元设置一对主、从动滚筒。每个滚筒的两端分别用滚筒轴承与轴承座支承在框架上，且保持两滚筒轴线平行。滚筒相当于一个活动的路面，用来支承被检车辆的车轮，并承受和传递制动力。汽车轮胎与滚筒间的附着系数将直接影响制动检验台所能测得的制动力的大小。为了增大滚筒与轮胎间的附着系数，滚筒表面都进行了相应的加工与处理。《滚筒反力式汽车制动检验台》(GB/T 13564—2008)要求滚筒表面附着系数不小于0.6。目前，应用较多的有下列5种。

(1) 开有纵向浅槽的金属滚筒。在滚筒外圆表面沿轴向开有若干个间隔均匀、有一定深度的沟槽。这种滚筒表面的附着系数最高可达0.65。当表面磨损且粘有油、水时附着系数将急剧下降。

(2) 表面粘有砂粒的金属滚筒。这种滚筒表面无论干或湿，其附着系数均可达0.8以上。

(3) 表面带有嵌砂喷焊层的金属滚筒。喷焊层材料选用NiCrBSi自熔性合金粉末及钢砂。这种滚筒表面的附着系数可达0.9以上，其耐磨性也较好。

(4) 高硅合金铸铁滚筒。这种滚筒表面带槽、耐磨，附着系数可达0.6~0.8，价格便宜。

(5) 表面带有特殊水泥覆盖层的滚筒。这种滚筒表面比金属滚筒耐磨。表面附着系数可达0.6~0.8。但表面易被油污与橡胶粉粒附着，使附着系数降低。

滚筒直径与两滚筒间中心距的大小，对检验台的性能有较大影响。滚筒直径增大有利于改善与车轮之间的附着情况，增加测试车速，使检测过程更接近实际制动状况，但必须相应增加驱动电机的功率。而且随着滚筒直径的增加，两滚筒间的中心距也需相应增加，才能保证合适的安置角，但这样可使检验台的结构尺寸相应增大、制造要求提高。《滚筒反力式汽车制动检验台》(GB/T 13564—2005)推荐使用直径为245mm左右的制动台。

　　有的滚筒制动检验台在主、从动滚筒之间设置一个直径较小，既可自转又可上下摆动的第三滚筒，平时由弹簧使其保持在最高位置。在设置第三滚筒的制动检验台上取消了举升装置，并在第三滚筒上装有转速传感器。在检验时，将被检车辆的车轮置于主、从动滚筒上，同时压下第三滚筒，并与其保持可靠接触，控制装置通过转速传感器即可获知被测车轮的转动情况。当被检车轮制动，转速下降至接近抱死时，控制装置根据转速传感器输出的相应电信号计算滑移率，达到一定值(如25%)时使驱动电动机停止转动，以防止滚筒剥伤轮胎和保护驱动电机。第三滚筒除了具有上述作用外，有的检验台还将其作为安全保护装置，只有当两个车轮制动测试单元的第三滚筒同时被压下时，检验台的驱动电机电路才能接通。

3. 制动力测量装置

　　制动力测试装置主要由测力杠杆和传感器组成。测力杠杆一端与传感器接触，另一端与减速器壳体连接，被测车轮制动时测力杠杆与减速器壳体将一起绕主动滚筒(或绕减速器输出轴、电动机枢轴)轴线摆动。传感器将测力杠杆传来的、与制动力成比例的力(或位移)转变成电信号输送到指示、控制装置。传感器有应变测力式、自整角电机式、电位计式、差动变压器式等多种类型。日制式制动检验台多采用自整角电机式测量装置，而欧制式以及近期国产制动检验台多采用应变测力式传感器。

4. 举升装置

　　为了便于汽车出入制动检验台，通常在主、从动两滚筒之间设置举升装置。该装置通常由举升器、举升平板和控制开关等组成。举升器常用的有气压式、电动螺旋式、液压式三种。气压式利用压缩空气驱动气缸中的活塞或使气囊膨胀完成举升作用；电动螺旋式利用电动机通过减速器带动丝母转动，迫使丝杠轴向运动起举升作用；液压式由液压举升缸完成举升动作。有些带有第三滚筒的制动检验台未装举升装置。

5. 控制装置

　　目前，制动检验台控制装置大多数采用电子式。为提高自动化与智能化程度，有的控制装置中配置计算机。指示装置有指针式和数字显示式两种。带计算机的控制装置多配置数字显示器，但也有一部分配置指针式指示仪表。

5.2.2　反力式滚筒制动检验台的工作原理

　　如图5-11所示，检测时将汽车轮胎停于主副滚筒之间，触发制动台的到位开关(或光电开关)，控制仪表或系统，采集车轮到位信号后启动电机，经变速箱、链传动和主、副滚筒带动车轮匀速旋转，控制仪器提示驾驶员踩下制动踏板。踩下制动踏板后，车轮在车轮制动器的摩擦力矩下开始减速旋转。此时，电动机驱动的滚筒对车轮轮胎周缘的切线方向做与车轮制动器力矩相反的制动力，以克服制动器摩擦力矩，维持车轮继续旋转。与此同时，车轮轮胎对滚筒表面切线方向附加一个与电机产生的力矩方向相反且等值的反作用力，在形成的反作用力矩的作用下，减速箱外壳与测力杠杆一起朝与滚筒转动相反的方向摆动，测力杠杆一端的测力传感器受力，输出与制动力大小成一定比例的电信号。从测力传感器输出的信号经放大滤波后，送往仪表或A/D转换器转换成数字信号，经计算机或仪表计算处理后，显示结果并打印输出。另外，在实际使用时，可将第三滚筒的转速信号输入仪表或计算机系统，测试中当车轮与滚筒之间的滑移率下降到预设值时(滑移率是指踩制动踏板后车轮转速下降的值与未踩制动时车轮的转速值之比)，仪表或计算机就会发出停电机指令，测试完毕，以起到停机保护作用。此外，也有采用软件判断等其他方式控制停机的制动检验台。

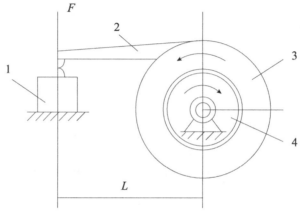

图5-11　反力式滚筒制动检验台制动力测试原理图

1-传感器　2-测力臂　3-电动机(或变速箱)定子　4-电动机转子

5.3　平板式制动检验台结构及制动原理

　　为满足汽车行驶的制动要求、提高制动稳定性、减少制动时后轴车轮侧滑和甩尾现象的发生，考虑到汽车制动时质量将发生前移，在设计乘用车时，前轴制动力可达到静态轴荷的140%左右，而后轴制动力则相对较小。上述制动特性只有在进行道路试验时才能体现，在滚筒反力式制动检验台上，由于受设备结构和试验方法的限制，无法测量前轴最大制动力。

5.3.1　平板式制动检验台结构

　　平板式检验台结构简单、运动件少、用电量少、日常维护工作量少，可增强工作可靠性。平板式制动检验台模拟实际道路制动过程进行检测，能够反映制动时轴荷转移及车辆其他系统(如悬架结构、刚度等)对制动性能的影响，因此可以较为真实地检测前轴驱动的乘用车的制动效能。但平板式制动检验台对检验员的操作要求较高，同时对不同轴距汽车的适应性也较差，因此，《机动车运行安全技术条件》(GB 6258—2004)规定对于前轴驱动的乘用车更适宜采用平板制动检验台进行制动效能检测，一般采用四板组合平板式制动检测台，其结构简图如图5-12和图5-13所示。它由控制柜、侧滑测试平板、制动-轴荷测试平板、拉力传感器、压力传感器、底板等组成。

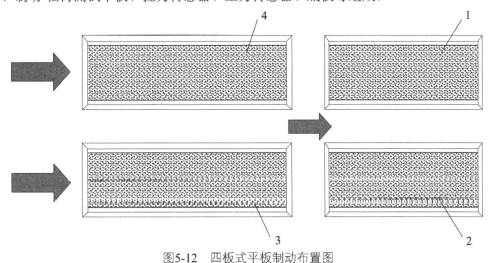

图5-12　四板式平板制动布置图

1-左前轮检测板　2-右前轮检测板　3-左后轮检测板　4-右后轮检测板

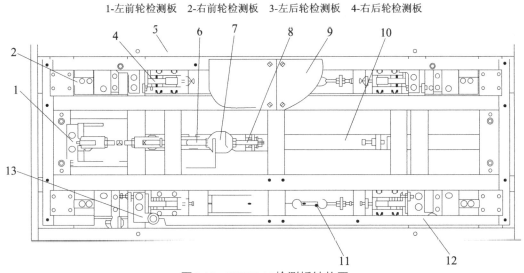

图5-13　HPZS-10检测板结构图

1-制动力传感器　2-称重传感器　3-检测板侧向限位装置　4-检测板纵向限位装置
5-检测板外框架　6-制动力标定传感器连接装置　7-制动力标定传感器
8-标定传感器加载装置　9-检测板粘砂面板　10-底　11-检测板回位弹簧　12-检测板框架

1. 制动力和轮重测试

平板制动检验台由几块平整的检测板组合安装而成，形成一段模拟路面，检测板工作面采用特殊的粘砂处理工艺(工作面可选用钢丝网格或喷镍，根据客户需要配

置)，使得表面与车辆轮胎之间具有很高的附着系数。检测时，机动车辆以一定的速度
(5～10km/h)行驶到该平板上并实施制动，此时轮胎对台面产生一个沿行车方向的切向力
(如图5-14所示)。在车辆驶上检测台面后的全过程中，装在平板制动检测板下面的轮重
传感器和制动力传感器将车辆轮胎传递的力转换成电信号，经放大滤波后，送往A/D转
换器转换成数字信号，由计算机处理后显示结果并打印输出。

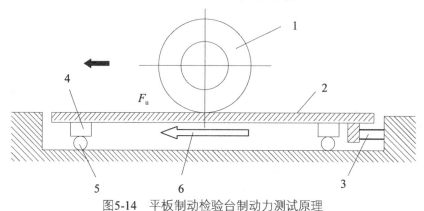

图5-14 平板制动检验台制动力测试原理

1-车轮 2-检测板 3-制动力传感器 4-称重传感器 5-钢珠 6-制动力的方向

2. 悬架效率测试

用平板制动检验台进行悬架效率测试时，车辆以5～10km/h的速度驶上平板台后，
驾驶员迅速踩下制动踏板，车轮制动并停在平板上，此时车轮处的负重发生变化，主要
是由于制动时前后车轴间的负荷转移及车身通过悬架在车轮上的振动而引起的。车身加
速向下时，车轮处负重增加；车身加速向上时，车轮负重减少。图5-15所示的曲线是平
板台在显示悬架效率测试结果时给出的前后车轮处的负重随时间变化的曲线。由于车辆
的悬架系统能衰减、吸收车身的振动，所以，车身的振动经过一段时间后就会消失，故
图中曲线的后段逐渐平直并接近0点高度(车轮处于静态负重值)。图中的曲线完整地反
映了制动引起的车身振动被悬架系统逐渐衰减的过程，然后计算机可根据特定的公式计
算出车辆的悬架效率测试结果。

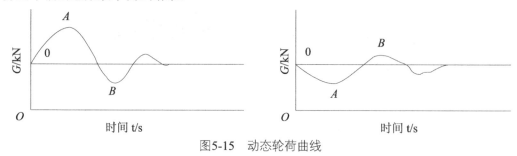

图5-15 动态轮荷曲线

5.3.2 平板式制动检验台测试原理

测试平板是制动力和垂直力的承受与传递装置，它是一块长方形钢板，下面4个角

上安置4个压力传感器，压力传感器底部加工成可以放置钢珠的纵向V形沟槽，底板与压力传感器底部的纵向沟槽对应处也设有4条可以放置钢珠的纵向沟槽。这样，测试平板既可以通过钢珠在底板上沿纵向移动，又可以通过钢珠将作用于测试平板上的垂直力传递到底板上。此外，测试平板还通过一根装有拉力传感器的纵向拉杆连接在底板上。当汽车行驶到4块测试平板上进行制动时，这些压力传感器和拉力传感器就能同时测出每个车轮作用于测试平板上的制动力与垂直力。

(1) 平板制动检验是一个动态过程，在制动过程中数据变化很快，对前轴左右轮的制动力达到最大值时，各轮对应的轮重也基本是最大值，但制动力与对应轮重达到最大值的时刻并不严格一致；对后轴左右轮的制动力达到最大值时，各轮对应轮重在最小值附近(见图5-16、5-17)。

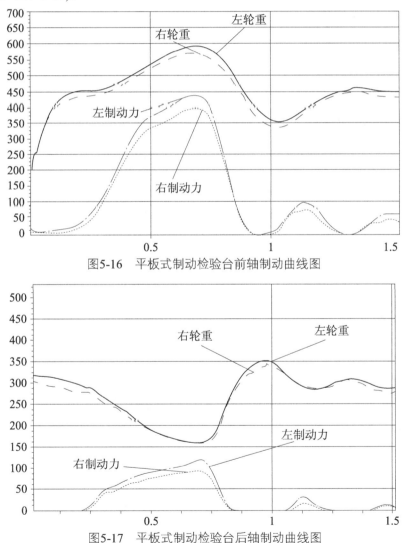

图5-16　平板式制动检验台前轴制动曲线图

图5-17　平板式制动检验台后轴制动曲线图

(2) 对于乘用车，计算轴制动率时，轴荷取动态轴荷，明确取左、右轮制动力达到最大值时所分别对应的左、右轮荷之和为动态轮荷。计算时，整车动态轮荷为各轴动态轮荷之和。对乘用车计算驻车制动率、整车制动率、制动不平衡率时，均按静态轴荷计算。

(3) 制动不平衡率计算区间。从踩制动开始，到同轴左、右轮任一车轮达到最大制动力的时刻为取值区间。

5.4 汽车轴(轮)荷检测

轴(轮)荷检验台分别用于测定汽车各轴(轮)的垂直载荷，提供在汽车制动检测时计算各轴及整车的制动效能所需的轴荷数据。从原理上看，轴(轮)荷检验台可以分为机械式和电子式两类。机械式是一种传统的形式，它是依据杠杆原理制成的，因功能简单、精度较低、不便于联网，目前已很少使用；电子式轴(轮)荷检验台多配有智能化仪表，因其功能强、精度高，目前已获得广泛应用。

5.4.1 轴(轮)荷检验台结构

电子式轴(轮)荷检验台可分为轴荷台和轮荷台。轴荷台是整个承重台面，是一个钢性连接整体，左右车轮停在同一台面上直接测取轴荷；轮荷台分左右两块相互独立的承重板，通过测取左右轮重计算轴荷，测试精度较高。为了更好地评价机动车的制动性能，应尽可能采用能分别测量和显示左、右车轮轮荷的轮荷台。

轴(轮)荷检验台主要由框架和承重台面及电子仪表组成。其中，机械部分又称为称体，是轴(轮)荷计的主体部分，而电子仪表则主要起显示作用。显然，能独立测量和显示左、右车轮的轮荷台需具有两个称体，分别安装在左右框架内。

称体包括框架、承载台面及传感器装置等。承重台面四角分别固定4只压力应变传感器，如图5-18所示。当传感器受到压力时，电阻应变片的阻值发生变化，从而能够输出一个与所受压力成正比的电压信号。

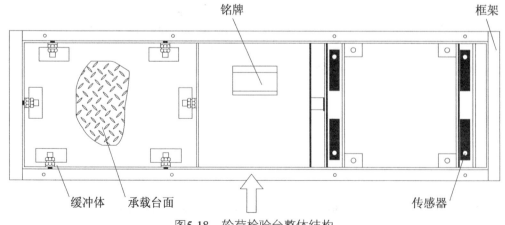

图5-18　轮荷检验台整体结构

5.4.2　轴(轮)荷测量原理

不论检验台结构如何，都必须满足以下两个基本条件：第一，所有传感器承受的总质量应与被测轴重相适应；第二，在允许使用的范围内，测量结果应与车轮在承载板上停放的位置无关。

我们分析一下上述轴(轮)荷仪的测量原理。设轴荷为W，其重心位于台面上任意一点M，4个传感器将会受到大小不等的压力。根据力学常识不难理解，这4个力的大小比例与M点的位置有关，但是4个传感器的支撑力之和必定等于轴荷W。因为台面在轴荷W和4个传感器的支撑力的作用下是保持平衡的，而且与M点的位置无关。因此，我们只要采集这4个传感器输出的电信号经放大滤波后，输入仪表或A/D转换器转换成数字信号即可，经计算机或仪表计算处理后，显示结果并打印输出。

在实际使用中，若被测质量过于偏离承载台面中心，则可能会增大测量误差。所以在实际测量轴荷时，还是应该尽量摆正车轮在检验台上的位置。

▓▓ 课后总结

造成制动不合格的因素很多，主要有以下几个方面。

(1) 各车轮制动力均偏低。主要原因：制动踏板自由行程太大；制动液中有空气或制动液变质，制动主缸有故障；真空助力器或液压助力系统有故障。

(2) 同一制动回路两车轮制动力均偏小。主要原因：该回路中有空气或分泵或管路漏油；或者总泵中相应主腔密封不良。

(3) 单个车轮制动力偏小。主要原因：该车轮制动器有故障。

(4) 后轴车轮制动力均偏小。主要原因：感载比例阀有故障；制动力分配系统设计存在缺陷。

(5) 制动力平衡不合格。除上述原因外，两侧制动器间隙不一致、轮毂失圆、轮胎花纹、磨损程度、气压不一致也是重要影响因素。

(6) 各车轮阻滞力都超限。主要原因：制动主缸卡滞；制动踏板自由行程调整不当；制动踏板传动机构卡滞；由于加了错误型号的制动液造成制动缸内皮碗膨胀卡滞。

(7) 个别车轮阻滞力超限。主要原因：制动轮缸回位不良；车轮制动器间隙调整过小；制动蹄回位弹簧有故障；驻车制动机构卡滞。

(8) 车轮制动协调时间过长。主要原因：制动踏板自由行程过大；车轮制动器间隙过大。

(9) 驻车制动不合格。主要原因是：驻车制动调整不良；驻车制动机构长期不用导致锈蚀卡滞。

如果制动系统检测不合格，检测站须要求车主到维修厂做进一步的故障确认，修复后再来复检。

 学习工作页

汽车检测实训——平板制动检验台
学习工作页

学习目的与要求：①能够做好检验前仪器及车辆的准备工作；②能够严格遵守操作安全注意事项；③能够按照操作规范要求，完成汽车制动性能的检测；④能够完成平板制动检验台的日常维护和常见故障排除工作；⑤能够完成制动性能检验台的自校准工作。 学习内容：①平板制动检验台的构造和原理；②《机动车运行安全技术条件》(GB 7258—2012)中制动性能检测的相关标准。 教学方式：现场演示操作结合车辆过线检测，记录相关数据并进行分析。	姓名：＿＿＿＿＿ 日期：＿＿＿＿＿ 第＿＿＿＿周 星期＿＿＿ 第＿＿＿节	班级：＿＿＿＿＿ 学号：＿＿＿＿＿

请你认真并独立完成本学习工作页的操作内容，完成以后，你应当能够使用正确的方法，按正确的程序思考设备结构及原理、操作、标准、维护、标定的要领。

一、预习要求：认真阅读实习指导书中关于平板制动检验台的内容。

二、工具和材料

实验用车、标定砝码。

三、对受检的汽车进行描述

车牌：＿＿＿＿＿＿＿＿ 车型：＿＿＿＿＿ VIN：＿＿＿＿＿＿＿ 检测类别：＿＿＿＿＿＿

四、步骤：

由指导老师讲解车辆检测平板制动检验台的结构、原理、操作、标准、维护、标定。然后用实验用车进行现场检测，讲解检测前的准备工作(包括安全注意事项)并进行数据分析。

1. 制动检验台是用来检验制动性能的设备，按检验台支撑车轮形式的不同可分为＿＿＿＿和＿＿＿＿。

2. 制动检验台是用来检验制动性能的设备，按测试原理的不同可分为＿＿＿＿和＿＿＿＿。

3. 平板制动检验台所采用的传感器有＿＿＿＿和＿＿＿＿。

4. 平板制动检验台可检测的项目有制动＿＿＿＿、＿＿＿＿、＿＿＿＿、＿＿＿＿。

5. 平板制动检验台主要由＿＿＿＿、＿＿＿＿和＿＿＿＿构成。

6. 制动力总和与整车重量的百分比在空载状态≥＿＿＿＿，满载状态≥＿＿＿＿。

7. 车轮阻滞力：各车轮阻滞力不得大于该轴轴荷的＿＿＿＿。

8. 制动台的检定周期一般为( )年，根据使用频繁程度可酌情缩短检定周期。

A. 1　　　　　　　B. 2　　　　　　　C. 3

9. 汽车制动性能评价指标一般包括( )、制动减速度、制动力和制动时间。

A. 制动距离

B. 一般制动距离

C. 紧急制动距离

D. 平均制动距离

10. 汽车制动跑偏是指汽车行驶时不能按直线方向( )。

A. 减速停车

B. 自动停车

C. 迅速停车

D. 紧急停车

汽车检测实训——反力式滚筒制动检验台
学习工作页

学习目的与要求：①能够做好检验前仪器及车辆的准备工作；②能够严格遵守操作安全注意事项；③能够按照操作规范要求，完成汽车制动性能的检测；④能够完成制动检测台的日常维护和常见故障排除工作；⑤能够完成制动性能检验台的自校准工作。 学习内容：①反力式滚筒制动检验台的构造和原理；②《机动车运行安全技术条件》(GB 7258—2012)中制动性能检测的相关标准。 教学方式：现场演示操作结合车辆过线检测，记录相关数据并进行分析。	姓名：_____ 日期：_____ 第_____周 星期_____ 第___节	班级：_____ 学号：_____

请你认真并独立完成本学习工作页的操作内容，完成以后，你应当能够使用正确的方法、按照正确的程序思考设备结构及原理、操作、标准、维护、标定的要领。

一、预习要求： 认真阅读实习指导书中关于反力式滚筒制动检验台的内容。

二、工具和材料

实验用车、标定砝码。

三、对受检的汽车进行描述

车牌：_____　车型：_____　VIN：_____　检测类别：_____

四、步骤：

由指导老师讲解车辆检测反力式滚筒制动检验台的结构、原理、操作、标准、维护、标定。然后用实验用车进行现场检测，讲解检测前的准备工作(包括安全注意事项)并进行数据分析。

1. 制动检验台是用来检验制动性能的设备，按检验台支撑车轮形式的不同可分为_____和_____。

2. 制动检验台是用来检验制动性能的设备，按测试原理的不同可分为_____和_____。

3. 反力式滚筒制动台主要由_____、_____、_____、_____、_____构成。

4. 举升器常用的形式有_____、_____、_____三种。

5. 反力式滚筒制动检验台的第三滚筒用于测量_____与_____。

6. 制动系统的气压低于(　　)时低压报警装置应发出报警信号。

A. 300kPa　　　　B. 500kPa　　　　　　C. 400kPa

7. 驻车制动应通过(　　)装置把工作部件锁止。

A. 液压　　　　　B. 纯机械　　　　　　C. 气压

8. 制动台的检定周期一般为(　　)年，根据使用频繁程度可酌情缩短检定周期。

A. 1　　　　　　　B. 2　　　　　　　　C. 3

9. 汽车制动性能评价指标一般包括(　　　)、制动减速度、制动力和制动时间。

A. 制动距离

B. 一般制动距离

C. 紧急制动距离

D. 平均制动距离

10. 汽车制动跑偏是指汽车行驶时不能按直线方向(　　　)。

A. 减速停车

B. 自动停车

C. 迅速停车

D. 紧急停车

汽车使用性能检测——汽车制动性能检测(轴/轮荷检验)
学习工作页

学习目的与要求：①能够做好检验前仪器及车辆的准备工作；②能够严格遵守操作安全注意事项；③能够按照操作规范要求，完成汽车制动性能的检测；④能够完成轴(轮)荷检验台的日常维护和常见故障的排除工作；⑤能够完成前照灯检测仪的自校准工作。 学习内容：①轴(轮)荷检验台的构造和原理；②《机动车运行安全技术条件》(GB 7258—2012)中轴(轮)荷检验台的相关内容。 教学方式：现场演示操作结合车辆过线检测，记录相关数据并进行分析。	姓名：_____ 日期：_____ 第_____周 星期____ 第____节	班级：_____ 学号：_____

一、预习要求

认真阅读实训指导书和《机动车运行安全技术条件》(GB 7258—2012)中轴(轮)荷检验台的相关内容。

二、工具和材料

实验用车、标定砝码。

三、对受检的汽车进行描述

车牌：_____ 车型：_____ VIN：_____ 检测类别：_____

四、步骤

检测时应高度注意设备的运行情况，以免发生意外事故，如发现检测设备运行出现异常情况，应立即停止检测。

1. 测试车辆的准备(每完成一项请在括号内打"√")

(1) 仪器清零。(   )

(2) 确定车辆轮胎气压、轮胎规格符合标准规定。(   )

(3) 车辆空载，不乘人(含驾驶员)。(   )

2. 安全注意事项

(1) 超出检验台额定载荷的汽车，禁止驶上轴(轮)荷检验台。

检测线上的BY-ZZ-1000轴(轮)荷检验台的最大额定载荷为_____kg。

(2) 检测过程中车辆应停稳或稳定慢速通过(动态测试)，且不得转动方向盘。

动态测试时机动车车速应小于_____km/h。

3. 检验程序

(1) 被检车正直居中行驶，将被测轴对应的车轮停放于测量轴重台面的中央位置，停稳。(注：若为动态测试，应按检测线系统计算机或仪表的要求进行操作)

(2) 系统读取左、右轮重数据。

汽车整备质量是指_____。

(3) 按以上程序依次测试其他车轴。

《营运车辆综合性能要求和检验方法》(GB 18565—2001)中车辆的前后轴(轮)荷及整车重量，在整备质量状态下测得的值应不超出汽车制造厂规定的该车整备质量的____%。

4. 根据实测数据进行评价与分析(不合格原因分析)

检测车辆	实测整备质量	原车整备质量	评价与分析(不合格原因分析)

(续表)

汽车使用性能检测——汽车制动性能检测(轴/轮荷检验)
学习工作页

5.汽车轴(轮)荷检验台的日常维护要注意哪些事项：_____

_____

_____。

6.完成汽车轴(轮)荷检验台的自校准

轴(轮)荷仪型号：_____　制造厂：_____　出厂编号：_____　外观情况：_____

滑板	标准值 (　　)	轴(轮)荷仪示值(　　)				示值误差 /%	示值重性 /%
		1	2	3	平均		
左							
右							

操作人员：_____　时间：_____　结论：_____

小组实训总结：

(内容多可背书或附纸填写)

第6章

汽车侧滑检测

情景描述

雨中行车时，路面上的雨水与轮胎之间会形成"润滑剂"，使汽车的制动性变差，容易产生侧滑。那么，导致汽车侧滑的原因有哪些？如何克服？

学习目标

1. 了解侧滑检测的目的；
2. 了解导致汽车侧滑的原因及影响侧滑的因素；
3. 掌握双板联动侧滑检验台的结构和检测原理；
4. 掌握单板侧滑检验台的结构和检测原理。

车轮侧滑是由车轮前束和车轮外倾的综合作用导致的，与轮胎的异常磨损、车辆行驶的稳定性和安全性有密切的关系。汽车转向轮(前轮)的前束值与外倾角值如果配合不当，那么转向轮在向正前方滚动的同时还要产生相对于地面的横向滑移，即侧滑。侧滑量过大会直接影响汽车的操纵稳定性和安全性，并加剧轮胎的异常磨损。

6.1 汽车侧滑检测基础知识

为了保证汽车具有良好的操控稳定性，在进行汽车设计时，通常使转向轮(通常为前轮)所在平面以及主销轴线与汽车纵向或横向前垂面形成一定角度。这些角度参数包括主销内倾角、主销后倾角、车轮外倾角、前轮前束，合称为转向轮(前轮)定位参数，详见第7章介绍。

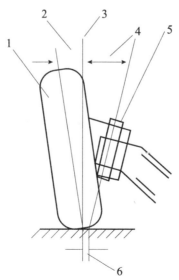

图6-1 主销内倾角与车轮外倾角

1-转向车轮 2-车轮外倾角 3-铅垂线 4-主销内倾角 5-转向节主销 6-主销偏心距

通过分析转向轮的定位值，可知汽车转向轮的前束值与外倾角对其侧滑的影响比较大。前轮外倾如图6-1所示，它一方面可避免汽车承重后，前梁变形引起前轮出现内倾，从而加剧轮胎的磨损和加大轮毂外侧轴承负荷；另一方面可以适应拱形路面。

车轮有了外倾角以后，就会作出类似于圆锥体的滚动，导致两个车轮出现各自向外侧滚开的趋势。由于受到横直拉杆和车桥的约束不可能向外滚开，于是车轮将在地面上出现边滚边滑(向内)的现象，从而加剧轮胎磨损。

为消除前轮外倾带来的不良后果，在安装前轮时，可人为地使两轮中心平面不平行，使车辆在前进方向上，两轮前端距离小于后端距离。如图6-2所示，B 与 A 之差就称为前束值。

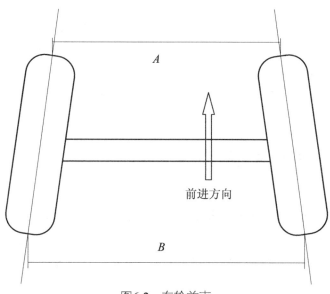

图6-2　车轮前束

由于前束的作用，车轮在前进时，两轮企图向内侧滚动。同样由于机械上的约束，车轮不可能向内侧滚动，这就会出现车轮边滚动边向外滑的现象(或存在这种倾向)。

1) 转向轮前束引起的侧滑

转向轮有了前束后，在滚动过程中力图向内收拢，但由于转向桥不可能缩短，因此，在实际滚动过程中不会真正向内滚拢。但由此而形成的内向力势必成为加剧轮胎磨损的隐患。又假设让两个只有前束而没有外倾的转向轮向前驶过，如图6-3所示，左右转向轮下的滑动板在转向轮内向力的反作用力的推动下，会出现如图6-3虚线所示的分别向外侧滑移的现象，其单边转向轮的外侧滑量 S_t 用公式表示

$$S_t = \frac{L' - L}{2}$$
(6-1)

2) 转向轮外倾角引起的侧滑

由于转向轮外倾角的存在，在滚动过程中车轮将力图向外张开，只是由于转向桥不可能伸长，因此，在实际滚动过程中不会真正向外滚开。但由此而形成的这种外张力势必成为加剧轮胎磨损的隐患。

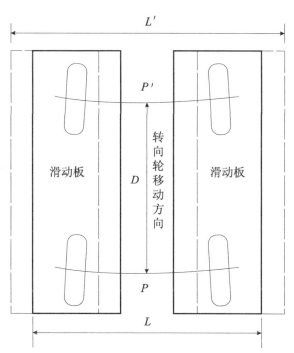

图6-3　由车轮前束引起滑动板的侧滑

假设让两个只有外倾而没有前束的转向轮同时向前驶过两块相对于地面可以左右滑动的滑动板，就可以看到左右转向轮下的滑动板在转向轮外张力的推动下，出现如图6-4中虚线所示的内侧滑移，其单边转向轮的内侧滑量S_c用公式表示为

$$S_c = \frac{L' - L}{2} \qquad (6-2)$$

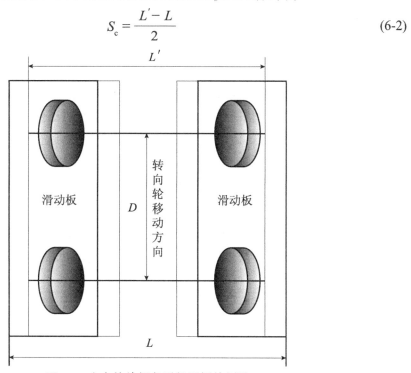

图6-4　由车轮外倾角引起滑板的侧滑

侧滑检验台就是应用上述滑板原理来检测转向轮的侧滑量的。

为保证汽车转向轮无横向滑移的直线滚动，要求车轮外倾角和车轮前束适当配合，当车轮前束值与车轮外倾角匹配不当时，车轮就可能在直线行驶过程中不做纯滚动，产生侧向滑移现象。当这种滑移现象过于严重时，将破坏车轮的附着条件，使其丧失定向行驶能力，从而引发交通事故并导致轮胎的异常磨损。侧向滑移量的大小与方向可用汽车前轮侧滑检验台来检测。目前，检测部门使用的侧滑检验台主要有双板联动和单板侧滑两种，也有少量用双板分动的，但因其重复性差未能得到普及。

侧滑检验台是使汽车在滑动板上驶过，同时测量滑动板左右移动量，以此来测量前轮侧滑量的大小和方向，并判断是否合格的一种检测设备。我们这里以双板联动式侧滑检验台为例进行详细介绍。

6.2 双板联动侧滑检验台结构及检测原理

6.2.1 双板联动侧滑检验台结构

双板联动侧滑检验台主要由机械和电气两部分组成。机械部分主要由两块滑板、联动机构、回零机构、滚轮及导向机构、限位装置及锁零机构组成；电气部分包括位移传感器和电气仪表。

1. 机械部分

如图6-5所示，在侧滑检验台上，左右两块滑板分别支撑在各自的4个滚轮上，每块滑板与其连接的导向轴承在轨道内滚动，保证了滑板只能沿左右方向滑动而限制了其纵向运动。两块滑板通过中间的联动机构连接起来，从而保证两块滑板可同时向内或向外运动。相应的位移量通过位移传感器转变成电信号传入仪表。回零机构可保证汽车前轮通过后滑板能够自动回零。限位装置可限制滑板过分移动而超出传感器的允许范围，起保护传感器的作用。锁零机构能在设备空闲或设备运输时保护传感器。润滑机构能够保证滑板轻便自如地移动。

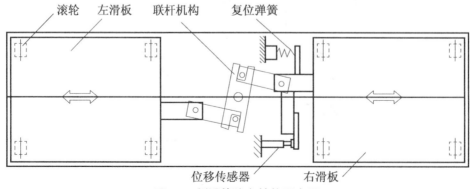

图6-5 侧滑检验台结构示意图

2. 电气部分

电气部分按传感器种类的不同而有所区别。目前常用的位移传感器有电位计式和差动变压器式两种。早期也有采用自整角电机的测滑台，现已很少使用。

(1) 电位计式测量装置。它的工作原理非常简单，将一个可调电阻安装在侧滑检验台底座上，其活动触点通过传动机构与滑板相连，电位计两端输入一个固定电压(比如5V)，中间触点随着滑板的内外移动发生变化，输出电压也随之在0～5V之间变化，并把2.5V左右的位置作为侧滑台的零点。如果滑板向外移动，输出电压大于2.5V，达到外侧极限位置时输出电压为5V；如果滑板向内移动，输出电压小于2.5V，达到内侧极限位置时输出电压为0V。这样仪表就可以通过A/D转换将侧滑传感器的电压转换成数字量，并输入单片机进行处理，最终测得侧滑量的大小。

(2) 差动变压器式测量装置。它的工作原理与电位计式类似，只是电位计式输出的是正电压信号，而差动变压器式输出的是正负两种信号。使用时，把电压为0时的位置作为零点。滑板向外移动输出一个大于0V的正电压，向内移动则输出一个小于0V的负电压。同样，仪表就可以通过A/D转换将侧滑传感器电压转换成数字量，并输入单片机进行处理，最终测得侧滑量的大小。

指示仪表可分为数字式和指针式两种。目前，检测站普遍使用的是数字式仪表，早期的自整角电机式测量装置一般采用指针式仪表。数字式仪表多为智能仪表，实际就是一个单片机系统。

3. 释放板的作用

《机动车安全检验项目与方法》(GA 468—2004)要求侧滑台应具备车轮应力释放功能。车轮在驶入侧滑台前，由于车轮侧滑量的作用，车轮与地面间接触产生的横向应力迫使车轮产生变形，在驶上侧滑板的瞬间将迅速释放并引起因滑板移动量大于实际侧滑量而导致的位移；在驶出滑板的瞬间已接触地面的轮胎将积聚应力阻碍滑板移动，从而使滑板位移量小于实际值。为克服这一问题，近年来陆续出现了前后带应力释放板的侧滑台，以保证车轮通过中间滑板(带侧滑量检测传感器)时能得以准确测量。由于进车时的应力释放对侧滑测量造成的影响比出车时大得多，考虑到成本因素，目前在进车方向设置释放板的侧滑台较为多见。

6.2.2 双板联动侧滑检验台的测量原理

侧滑一般是指车轮在前进过程中的横向滑移现象，它既可能是由车轮定位不合适引起的，也可能是由紧急制动时车轮"抱死"造成的。下文中，我们将详细介绍使用双板联动侧滑检验台检测侧滑量的方法。

1. 侧滑板仅受到车轮外倾角的作用

这里以右前轮为例，先讨论只存在车轮外倾角(前束角为零)的情况。具有外倾角的车轮，其中心线的延长线必定与地面在一定距离处有一个交点O，此时的车轮相当于一个圆锥体的一部分，如图6-6所示，当车轮向前或向后运动时，其运动形式均类似于滚锥。

从图6-6中可以看出，具有外倾角的车轮在滑动板上滚动时，车轮有向外侧滚动的趋势，但由于受到车桥的约束，车轮不可能向外移动，因而通过车轮与滑动板间的附着作用带动滑动板向内运动，运动方向如图6-6所示。此时，滑动板向内移动的位移量记为S_a(即由外倾角所引起的侧滑分量)。按照约定，具有外倾角的车轮，由于它类似于滚锥的运动情况，因而无论它前进还是后退所引起的侧滑分量均为负；反之，内倾车轮引起的侧滑分量均为正。

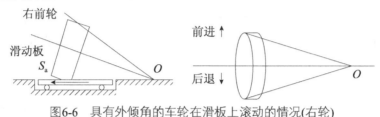

图6-6　具有外倾角的车轮在滑板上滚动的情况(右轮)

2. 滑动板仅受到车轮前束的作用

这里仅讨论车轮只存在前束角而外倾角为零时的情况。前束是为了消除具有外倾角的车轮所做的类似于滚锥运动所带来的不良后果而设计的。

具有前束的车轮在前进时，车轮有向内滚动的趋势，但由于受到车桥的约束作用，在实际前进驶过侧滑台时，车轮不可能向内侧滚动，因而会通过车轮与滑动板间的附着作用带动滑动板向外侧运动。此时，车轮在滑动板上做纯滚动，滑动板相对于地面有侧向移动，其运动方向如图6-7所示。此时测得的滑动板的横向位移量记为S_t(即由前束所引起的侧滑分量)。遵照约定，前进时，由车轮前束引起的侧滑分量S_t大于或等于零。反之，仅具有前张角的车轮在前进时，由车轮前张(负前束)引起的侧滑分量S_t小于或等于零。

当具有前束的车轮后退时，若在无任何约束的情况下，车轮必定向外侧滚动，但由于受到车桥的约束作用，虽然它存在着向外滚动的趋势，但不可能向外侧滚动，因而会通过它与滑动板间的附着作用带动滑动板向内侧移动，它的运动方向如图6-7所示。此时测得的滑动板向内的位移记为S_t。遵照约定，仅具有前束角的车轮在后退时，通过侧滑台所引起的侧滑分量S_t小于或等于零；反之，仅具有前张角的车轮在后退时，通过侧滑台所引起的侧滑分量S_t大于或等于零。

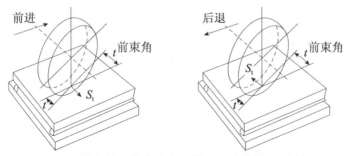

图6-7　具有前束的车轮在滑板上滚动的情况(右轮)

综上可知，仅具有前束的车轮，在前进时驶过侧滑台时所引起的侧滑分量为正值，在后退时驶过侧滑台所引起的侧滑分量为负值；反之，仅具有前张的车轮，在前进时驶过侧滑台时所引起的侧滑分量为负值，在后退时驶过侧滑台所引起的侧滑分量为正值。

3. 滑动板受到车轮外倾角和前束角的同时作用

汽车转向轮同时具有外倾角和前束角时，在前进时由外倾所引起的侧滑分量S_a，与由前束所引起的侧滑分量S_t的方向相反，因而两者相互抵消；在后退时两者方向相同，两分量相互叠加。在外倾角及前束值不大的情况下，可以认为S_a和S_t在前进和后退的过程中，侧滑分量数值不变。设车轮在前进时通过侧滑台所产生的侧滑量为A，在后退时的侧滑量为B，则可得到下述结论(在遵循上述侧滑量的约定的条件下)。

当车轮存在外倾角和前束角时：B大于等于零，且B大于等于A的绝对值。

另外，若假设前进时的侧滑量就是S_a和S_t的简单叠加(或抵消)关系，则还可以得出下列结论。

(1) 若前进时的侧滑量A大于一定的正数，后退时的侧滑量B大于另一正数，则侧滑量主要是由外倾引起的。

(2) 若前进时的侧滑量A小于一定的负数，后退时的侧滑量B大于某一正数，则侧滑量主要是由前束引起的。

(3) 外倾角引起的侧滑量：$S_a = (A+B)/2$。

(4) 前束引起的侧滑量：$S_t = (A-B)/2$。

遵循上述分析和讨论，我们可以得到其余三种组合情况下侧滑台板的运动规律，并可通过车轮外倾、车轮内倾、车轮前束和前张4个因素判断引起车轮侧滑故障的主要原因，从而可有效地指导维修人员调整车轮前束及车轮外倾角。

6.3 单板侧滑检验台结构及检测原理

6.3.1 单板侧滑检验台结构

单板侧滑机械台主要由底板、滑动板、引板(根据情况选配)导向轴承、回位弹簧及调整螺丝等组成，如图6-8所示。在机架底板中间位置固定一个位移传感器，通过上滑板的顶块进行位移量传递，并将位移量转变成电信号，输入计算机信号采集系统进行处理。

电器部分的工作原理按传感器种类的不同而有所区别。目前，常用的位移传感器有电位计式和差动变压器式两种。

1. 电位计式测量装置

它的工作原理非常简单，将一个可调电阻安装在侧滑检验台底座上，其活动触点通过传动机构与滑板相连，在电位计两端输入一个固定电压(比如5V)，中间触点随着滑板的内外移动也会发生变化，输出电压也随之在0～5V之间变化。通常把2.5V左右的位置作为侧滑台的零点，如果滑板向外移动，输出电压大于2.5V，达到外侧极限位置时的输出电压为5V；如滑板向内移动，输出电压小于2.5V，达到内侧极限时的输出电压为0V。这样仪表就可以通过A/D转换将侧滑传感器的电压转换成数字量，并输入单片机进行处理，最终得出侧滑量的大小。

2. 差动变压器式测量装置

它的工作原理与电位计式类似，只是电位计式输出一个正电压信号，而差动变压器式输出正负两种信号。通常把电压为0时的位置作为零点。滑板向外移动时输出一个大于0V的正电压，向内移动时则输出一个小于0V的负电压。同样，仪表就可以通过A/D转换将侧滑传感器电压转换成数字量，并输入单片机进行处理，最终得出侧滑量的大小。

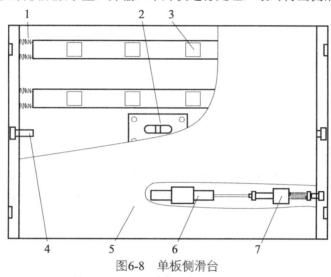

图6-8　单板侧滑台

1-滚珠架回位弹簧　2-滑动板回位机构　3-滚珠　4-防侧翻定位销　5-滑动板　6-位移量传感器　7-传感器调整装置

6.3.2　单板联动侧滑检验台的测量原理

单滑板侧滑检验台仅用一块滑板，其测量原理如图6-9所示。汽车左前轮从单滑动板上通过，右前轮从地面上行驶。当右前轮正直行驶无侧滑即侧滑角β为零，而左前轮具有侧滑角α向内侧滑时，如图6-9(a)所示，通过车轮与滑动板间的附着作用带动滑动板向左移动距离b。若右前轮也具有侧滑角β，同样右前轮相对左前轮也会向内侧滑，此时，滑动板向左移动距离c，由于左前轮同时向内侧滑的量为b，则滑动板的移动距离为两前轮向内侧滑之和，即$b+c$，如图6-9(b)所示。上述$b+c$的距离可反映汽车左右车轮总的侧滑量及侧滑方向。也就是说，采用单板式侧滑台测量汽车的侧滑量时，虽然是一侧车轮从滑动板上通过，但测量的结果并非单轮的侧滑量，而是左右轮侧滑量的综合反映。这个侧滑量与汽车驶过台板时的偏斜度无关。根据这一侧滑量可以计算出每一边车轮的侧滑量，即单轮的侧滑量为$(b+c)/2$。

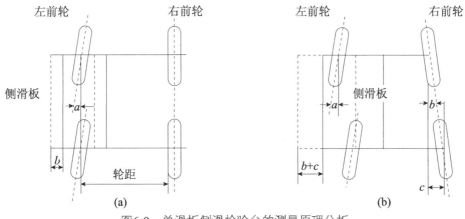

图6-9 单滑板侧滑检验台的测量原理分析

6.3.3 不合格原因分析

《机动车运行安全技术条件》(GB 7258—2012) 规定，对于前轴采用非独立悬架的汽车，用侧滑台检验时，其转向轮的横向侧滑量值应在-5~5m/km之间。《机动车安全技术检验项目和方法》(GB 21861—2008)规定，对于独立悬架的汽车，其转向轮的横向侧滑量只检测，不评判。

相关标准中已对滑板的移动方向和数值正负的对应关系做了规定(外正内负)。为便于检验人员对由于车辆前束、前轮外倾引起的滑板移动方向有明确的认识，下面将以图示进行说明。

汽车前进时，侧滑板向外移动，主要原因有两个：一是前束值过大，见图6-10；二是前轮外倾角与该车外倾角的基准值相比偏小，见图6-11。

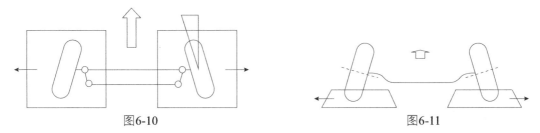

图6-10 图6-11

汽车前进时，侧滑板向内移动，主要原因有两个：一是两前轮前束值偏小或为负值，见图6-12；二是前轮外倾角过大，见图6-13。

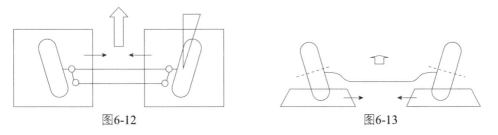

图6-12 图6-13

汽车前进和后退时，侧滑板移动方向相同，或侧滑板移动方向虽相反，但绝对值之差较大，这是由前轮外倾角异常或转向系杆件球头磨损后引起松旷所致。

课后总结

通过上述介绍可知，汽车出现侧滑主要有以下几种情况：在附着力很小的路面、泥泞路面上行驶；采取紧急制动，突然加速、减速，或者猛打方向盘；在弯道、坡道、不平整路面行驶速度太快；汽车前后轮制动不均匀、轮胎气压不符合规定、轮胎花纹磨平；在湿滑路面行车，前后轮制动间隙不一致，前轮制动轻、后轮制动重；等等。

预防及应对汽车侧滑的方法有如下几种。

(1) 行车前做好检查。开车前做好汽车的车况检查，做到防患于未然，尤其应注意制动系统、轮胎等关键部位，以防止出现失灵现象。

(2) 保持行车间的距离。之所以这样做，相信大多数司机都明白，主要是为了确保在出现意外时能有一定的距离来采取应对方法，比如常见的减速、刹车等。

(3) 控制车速。在行驶的过程中要控制行车速度，尤其在一些特殊路段行驶时，或在雨中、雪中及泥泞路面上行驶时，应做到匀速行驶，切勿突然加速或减速，这样可以有效避免在这些附着力相对较小的路段出现汽车侧滑的现象。

(4) 保持好心态，冷静处理。不少新手驾驶人员在车辆发生侧滑时，往往会陷入慌张情绪，难以冷静地作出应对措施。如果是制动造成的侧滑，应立即停止制动，减小油门，同时把方向盘转向侧滑的一侧，打方向时不能过急或持续时间过长，否则车辆可能向相反的方向滑动。停止制动后，车轮解除了抱死状态，就可使横向附着力得到改善。朝着侧滑方向转动方向盘可使汽车的转弯半径增大，从而减小离心力。汽车回正以后要平稳地把方向盘转到原来的位置。在侧滑的过程中千万不可急于刹车，防止出现将车刹死的情况，而应通过"点刹车"的方法来使车子慢慢减速，最后再采取制动使车子停下来。如果车辆配备了ABS系统，车主可以借助ABS系统作出更好的应对措施。

(5) 当车辆发生侧滑时，一般要么往左要么往右。此时，应根据侧滑的方向选择相同的方向控制方向盘，但动作不能太大。如果向相反方向控制方向盘的话，会使车辆的行驶方向偏离得更厉害，甚至会使车身彻底横过来，非常危险。

学习工作页

汽车使用性能检测——汽车侧滑检测
学习工作页

学习目的与要求：①能够做好检验前仪器及车辆的准备工作；②能够严格遵守操作安全注意事项；③能够按照操作规范要求，完成汽车侧滑量的检测；④能够完成制动侧滑检测台的日常维护和常见故障排除工作；⑤能够完成侧滑检测台的自校准工作。 学习内容：①侧滑检验台的构造和原理；②《机动车运行安全技术条件》(GB 7258—2012)中侧滑检测的相关内容。 教学方式：现场演示操作结合车辆过线检测，记录相关数据并进行分析。	姓名：_____ 日期：_____ 第_____周 星期____ 第____节	班级：_____ 学号：_____

(续表)

汽车使用性能检测——汽车侧滑检测
学习工作页

一、预习要求

认真阅读实训指导书和《机动车运行安全技术条件》(GB 7258—2012)中侧滑检测的内容及相关检测标准。

二、工具和材料

实验用车、轮胎气压表、轮胎花纹深度计、百分表(两套)、弹簧拉力计、位移调节器。

二、对受检的汽车进行描述

车牌：_____　车型：_____　悬架型式：_____　检测类别：_____

四、步骤

检测时应高度注意设备的运行情况，以免发生意外事故，如发现检测设备运行出现异常情况，应立即停止检测。

1. 试验前仪器及车辆准备

(1) 打开锁止装置，拨动滑板，仪表清零。

(2) 确保车辆轮胎气压、花纹深度符合标准规定，胎面清洁。

乘用车轮胎胎冠上的轮胎花纹深度不允许小于____mm，其他机动车转向轮的胎冠花纹深度不允许小于____mm，其余轮胎胎冠花纹深度不允许小于____mm。

2. 安全注意事项

(1) 车辆通过侧滑检验台时，不得转动转向盘。

车辆通过侧滑检验台时，转动转向盘会对检测产生什么影响_____。

(2) 不得在侧滑台上制动或停车。

(3) 勿使轴荷超过检验台允许载荷的汽车驶到检验台上，以防压坏机件或压弯滑动板。

小车线BY-CH-300A侧滑检验台的最大允许载荷为____kg。

(4) 不要在检验台上进行车辆修理保养工作。

(5) 应保持侧滑台滑板下部的清洁，防止锈蚀或阻滞。

侧滑台计量检定周期为____年。

3. 检验程序

(1) 车辆正直居中驶近侧滑检验台，并使转向轮处于正中位置。

利用侧滑检验台可分析汽车____与____匹配的状况。

(2) 以3～5km/h的车速平稳通过侧滑检验台。

当汽车的前轮前束过小时，滑板将向____移。

(3) 计算机或仪表自动测取最大示值。

侧滑检测台的评价标准为____。

4. 根据实测数据进行评价与分析(不合格原因分析)

检测车辆	行驶方向	侧滑方向	侧滑量/(m/km)	评价与分析(不合格原因分析)

5. 汽车侧滑检验台的日常维护要注意哪些事项：_____
_____
_____
_____
_____。

(续表)

汽车使用性能检测——汽车侧滑检测
学习工作页

6.完成汽车侧滑检验台的自校准

侧滑检验台型号：_____ 制造厂：_____ 出厂编号：_____ 外观情况：_____

滑板	方向	侧滑台示值/(m/km)	百分表示值/mm				示值误差/(m/km)	示值重性/(m/km)
			1	2	3	平均		
左	内	3						
		5						
		7						
	外	3						
		5						
		7						
右	内	3						
		5						
		7						
	外	3						
		5						
		7						

操作人员：_____ 时间：_____ 结论：_____

小组实训总结：

(内容多可背书或附纸填写)

第7章

汽车车轮定位参数检测

情景描述

2010年生产的丰田锐志，行驶里程30 000km，客户反映将方向盘向右打向到底，回位速度慢且不能回位到中间位置，请你根据本章内容帮助客户解决问题。

学习目标

1. 掌握车轮定位的概念、作用；
2. 掌握车轮定位及定位参数的定义及作用；
3. 会用四轮定位仪检测汽车的四轮定位参数并调整四轮定位参数的大小。

交通部通过调查发现，46%的交通事故是由轮胎和转向引起的，而车轮定位对维持驾驶安全、转向稳定和降低轮胎磨损极为重要。车轮定位角度不正确，在紧急制动时会发生跑偏和侧滑，导致事故发生；在正常行驶时会使轮胎寿命大为缩短；在高速行驶时会引起爆胎，从而导致恶性事故发生。

汽车的操纵稳定性对汽车安全的影响越来越重要。汽车不仅具有前轮定位参数，有些高速客车和高级轿车还具有后轮外倾角和后轮前束等参数。这些定位参数的变化会影响汽车的操纵稳定性。因此，通过四轮定位仪对定位参数进行检测，可增强车辆直线行驶时的安全性，同时还能维持车辆的直线行驶，确保转向后转向盘能自动回正，从而增强驾驶操控性。如今，车轮定位参数问题已经引起人们的重视，成为汽车检测项目之一。

7.1 汽车四轮定位的重要性和必要性

正确的车轮定位可以促使系统中的所有部件都处于正常运行状态，提高驾驶安全性及乘坐舒适性，具体体现在以下几个方面。

1. 延长轮胎的使用寿命

在汽车使用中，一组新的轮胎中通常会有一个轮胎在使用不久后发生异常磨损，有时发生在前轮，有时发生在后轮。在大多数情况下，轮胎的异常磨损或跑长途时爆胎都是由车轮定位不准确造成的。

2. 操纵的稳定性

不正确的车轮定位会加剧转向轮甚至整个转向系的摆振；还会造成行驶跑偏、高速时转向发飘、左右牵引、车轮不能自动回正、路面的振动无法被有效吸收等故障。而正确的车轮定位则可以避免或排除上述故障。

3. 减少转向机械和悬架的磨损

由于不同的车轮定位角可以使汽车处于不同的平稳关系中，因此不正确的车轮定位角不仅会加剧车轮的磨损，而且会造成悬架和转向系统传动部分的转动部件，如控制臂衬套、球头销、主销衬套等的非正常磨损。

4. 提高燃油经济性

所有的车轮定位角，都是为了使车轮在行驶中尽可能地垂直于地面，最大限度地减少车轮滑移，减少车轮滚动阻力，提高燃油经济性。正确的车轮定位，还可以保证4个车轮彼此平行，这样可保证最小的滚动阻力，再加上正确的轮胎充气，可确保提高燃油经济性。

5. 得到最佳的行驶平顺性

正确的车轮定位可帮助前、后悬架正常工作，使行驶系、转向系的所有部件处在正确的关系中，使路面的振动被有效吸收，从而使车辆行驶更加平稳。

6. 确保安全驾驶

正确的车轮定位可保证安全驾驶。它可以确保车辆的可操作性、操作的稳定性，使车辆在正常行驶中有正确、迅速的操纵响应。

此外，正确的车轮定位校正是非常重要的。校正不适当，可能会造成转向困难、转向后车轮不能自动回正、行驶跑偏、噪声异常，并加剧轮胎磨损。

综上可知，汽车四轮定位具有一定的重要性和必要性，应加强相关检测，以确保行车安全。在遇到以下情况时需要进行四轮定位：每行驶10 000公里或6个月；直线行驶时车子往左或往右拉；直行时需要紧握方向盘；直行时方向盘不正；感觉车身漂浮或摇摆不定；前轮或后轮单轮磨损；安装新的轮胎；对汽车进行了碰撞事故维修；换装新的悬架或转向等有关配件；新车每行驶3000公里。

7.2　汽车车轮定位

为提高汽车行驶的安全性、平顺性和舒适性，汽车研发部门应合理设计车轮定位角。正确的车轮定位角可以保证汽车转向轻便、转向后能自动回正，并能在汽车转向时、急剧改变车速时、高速行驶时以及在坏路行驶或紧急制动时保证行驶方向的稳定性。

7.2.1　前轮定位

在装配转向轮、转向节和前轴或下摆臂时，应确保相对位置的合理性，这种具有相对位置的装配关系叫做前轮定位。前轮定位包括前轮外倾角、前轮前束、主销后倾角和主销内倾角4个参数。另外，转向梯形、转向不足和转向负前束也是影响装配关系的重要指标参数。

前轮定位的作用有以下几个。

(1) 保证汽车直线行驶的稳定性。在水平面上，前轮定位可确保驾驶员双手离开转向盘后，汽车仍能直线向前行驶，遇到小坑、小包以及拱形路面时仍能保持直线行驶；

在承载后，能确保车轮垂直于路面，扼制转向轮的摆振；在高速行驶时，能确保汽车不会发生转向、发飘的现象。

(2) 当有外力使车轮偏转或驾驶员转向后，前轮定位能保证转向盘自动回正。

(3) 前轮定位可使转向轻便。

(4) 前轮定位可减少转向轮和转向机构的磨损，最大限度地延长轮胎的使用寿命。

1. 主销后倾角

在汽车纵向垂直平面内，主销轴线与通过前轮中心垂线的夹角叫做主销后倾角，如图7-1(a)所示；向垂线后面倾斜的角度称为正后倾角，如图7-1(b)所示；向前倾斜的角度称为负后倾角，如图7-1(c)所示。

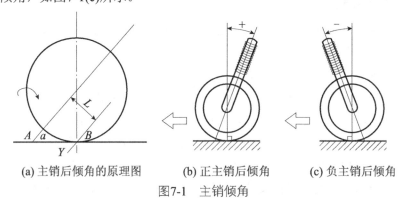

(a) 主销后倾角的原理图　　(b) 正主销后倾角　　(c) 负主销后倾角

图7-1　主销倾角

主销后倾角的作用包括如下两点。

(1) 保证汽车直线行驶的稳定性。按照国内传统的汽车理论，主销后倾角越大，行驶中产生的离心力就越大，防止车轮发生偏转的反向推力也会相应增大，所以主销后倾角越大，汽车直线行驶的稳定性就越好。但是主销后倾角越大，汽车转向时所要克服的反向推力就越大，转向也会愈加困难，所以主销后倾角不能超过3°。

(2) 适当加大主销后倾角是帮助车轮回正的有效方法。转向轮发生偏转时，主销后倾角可帮助转向轮自动回正到中间位置。

2. 主销内倾角

在汽车横向平面内，主销轴线与铅垂线的夹角即为主销内倾角，如图7-2所示。主销内倾角的作用有如下几个。

(1) 帮助转向轮自动回正。前轮是围绕着主销旋转的，而主销是向内倾斜的。主销内倾可降低转向节距离地面的高度，使其距地面更近，其所产生的重力作用可使车辆高度降低，转向轮在转向时沿着倾斜的主销做弧线运动，就和门围绕歪斜的门轴做弧线运动一样，随着转向角和主销内侧倾角的增大，轮胎外侧将逐步增加对路面的压力。当汽车在松软的路面上转向时，主销内倾角越大，转向角越大，转向轮外侧压入地下越多，才有可能实现转向。汽车在柏油、水泥路面上行驶时，地面比轮胎更为坚硬，轮胎不可能陷入地下。于是在地面的反作用力下，转向轮连同它所承载的汽车前部都要抬起一个相应的高度，才能顺利实现转向。

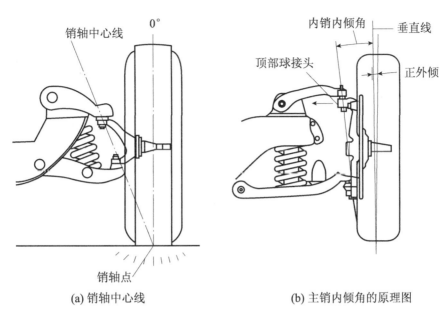

(a) 销轴中心线　　　　　　　　　(b) 主销内倾角的原理图

图7-2　主销内倾角

(2) 便转向轻便。由于前轴重心在主销的轴线上，主销内倾角可缩短主销轴线延长线与路面的交点以及车轮中心地面的交点的距离，从而缩短力臂使转向变轻。主销轴线的延长线距车轮的中心线过近容易使转向发飘，所以传统的后轮驱动汽车的主销轴线的延长线大都设计在距车轮中心线40mm至60mm处。而20世纪70年代以后开发的前轮驱动汽车由于在技术上做了改进，主销内倾角越大，行驶稳定性也越好。

3. 前轮前束

从汽车正上方向往下看，轮胎中心与汽车纵向线之间的夹角为前束角，如图7-3所示。

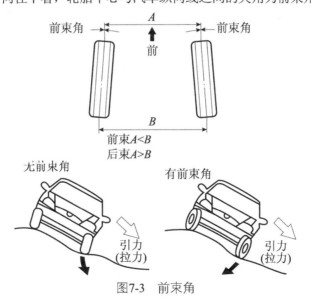

图7-3　前束角

前束的作用是消除由于外倾角所产生的轮胎侧滑。但是，当正前束太大时，轮胎外侧会呈现由于正外倾角太大所形成的磨损状态，胎纹磨损形式为羽毛状；当用手从内侧向外侧抚摸时，胎纹外缘会有锐利的刺手感觉；当负前束太大时，轮胎内侧会呈现由于负外倾角太大所形成的磨损形态，胎纹磨损形式为羽毛状，当用手从外侧向内侧抚摸时，胎纹外缘会有锐利的刺手感觉。

4. 前轮外倾角

从汽车的前方看，轮胎的几何中心线与地面铅垂线的夹角，称为外倾角，如图7-4所示。

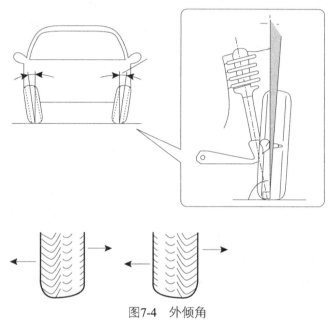

图7-4　外倾角

当轮胎中心线与铅垂线重合时，称为零外倾角，其作用是防止轮胎产生不均匀磨损；当轮胎中心线在铅垂线外侧时产生的夹角称为正外倾角，其作用主要是减轻作用于转向节上的负载、防止车轮滑落、防止由于载荷而产生不需要的外倾角及减小转向操纵力；当轮胎中心线在铅垂线内侧时产生的夹角称为负外倾角，其作用是使内外侧滚动半径近似相等，使轮胎的内外侧磨损均匀，还可以提高车身的横向稳定性。

5. 转向梯形

车辆转弯时，内侧车轮被迫沿着弧形轨迹行驶，且转弯半径小于外侧车轮。如果在设计时使两侧转向臂相互平行，那么转弯时两前轮也将保持平行，极易引发轮胎滑移。如在设计时使前轴、梯形臂、横拉杆构成转向梯形，可使汽车在转向时两前轮产生不同的转向角，通常内侧车轮转向角要比外侧车轮转向角大1°～3°，这样可使两前轮沿着各自方向的弧形轨迹滚动，从而可消除轮胎的滑动，相关工作原理参见图7-5。

转向时，所有车轮运动轨迹的向心线都应相交于一点，此点称为转向心。横拉杆位于前轴后端的等腰梯形叫正方梯形，横拉杆位于前轴前端的等腰梯形叫反梯形。两者在作用上没有区别。

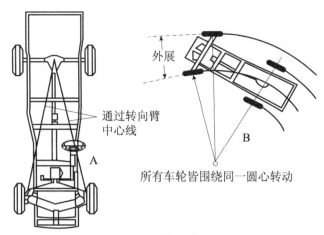

图7-5　转向梯形

6. 转向不足

在试转半径时，转向盘转到止端，并保持不动，节气门开度稳定，车轮的转弯半径在一定的圆周上保持不动，似乎是理所当然的事，但实际上转向不足的汽车(又被称为平稳转向，大部分汽车都采用这种设计)，随着旋转圈数的增加，转弯会逐渐增大，这种特性是由前后轮胎侧偏角不同引起的。由于后轮侧偏角小于前轮侧偏角，在连续做转弯半径测试时，后轮因无法与前轮行进方向保持一致而变慢，所以转弯半径也逐渐增大，出现转向不足。转向不足的好处是当驾驶员转向时，即使实际转向低于自己的设想，也容易修正过来。

7. 转向负前束(转向前展)

转向负前束是指转向时内侧车轮相对于外侧车轮的角度差。转向系的结构使车轮角度随转向角度的变化而变化，该角度的变化由转向梯形来保证。如负前束不正确，将加剧轮胎磨损，并出现转向噪声及转向跑偏。

7.2.2　后轮定位

1. 与后轮定位相关的概念及作用

后轮外倾角：前轮驱动的轿车的后轮通常采用负外倾角。即空载时后轮向内倾斜，承载后或做举升运动时垂直于路面。

前轮驱动轿车通常采用很小的后轮反前束。前轮驱动汽车在行驶中的驱动力使后轮心轴受向后的作用力，导致后轮的前端距离略大于后端距离。

和后轮外倾角一样，前轮驱动汽车后轮的反前束值也比前轮大一倍左右。后轮前束主要是为了使前后车轮以后轮推力为定位基准，使4个车轮保持平行，保证汽车直线行驶的稳定性，从而减少后轮在行驶中的侧滑，以最大限度地延长后轮轮胎的使用寿命。

车辆的几何中心线是指恰好穿过前、后轮中央的假想线。

推力线是与后轮中心线成正90度角的向前延伸的线。汽车受到猛烈冲击或悬架衬套磨损松旷都会使推力线发生偏移。推力线如果和汽车前、后轮几何中心线平行，再配合适当的主销后倾角和主销内倾角，在笔直的公路上，即使驾驶人员的双手离开转向盘，车辆仍可以保持直线行驶。推力角如图7-6所示。

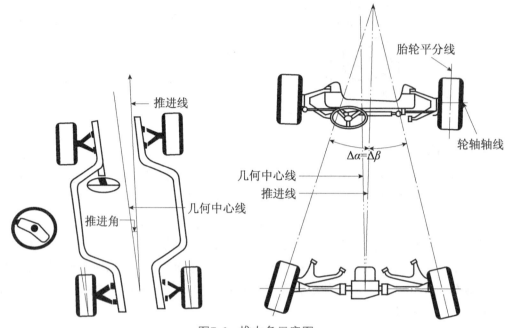

图7-6　推力角示意图

后轮偏向是指向桥壳或后前移动，另一个后轮移动，后轮推力线不再和几何中心线平行。

后轴偏向导致推力线偏离几何中心线，见图7-7和图7-8。推力线偏离几何中心线，不仅会造成行驶跑偏的倾向，而且会加重汽车转向轮胎的侧滑。

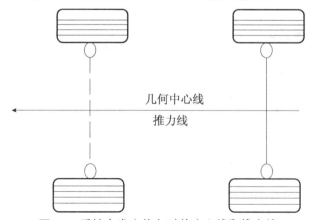

图7-7　后轴未发生偏向时的中心线和推力线

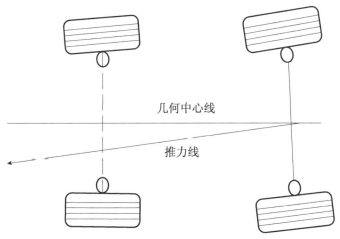

图7-8　后轴偏向造成推力线偏离几何中心线

2. 后轮定位

设置后轮定位可削弱后轴偏向、偏迹的问题在正常行驶和转向中产生的负面影响，保持正确的后轮外倾角和后轮前束。如出现轮胎畸形磨损，特别是在后轮胎冠出现偏磨损(后轮外倾角不对)，后轮胎肩处出现锯齿形磨损(后轮前束严重超差)，以及后轮悬架发生早期磨损时，都应做四轮定位。

设置后轮前束最主要的目的是使后轮推力线和几何中心线重合，设置后轮外倾角最主要的目的就是改善转向的稳定性。

7.2.3　前轮定位与后轮定位的区别

若汽车只做前轮定位(又叫二轮定位)，在定位基准上就可能发生偏差，因为前轮定位是以几何中心线，即两前轮和两后轮之间的中心线为定位基准，而不是以后轮推力线为定位基准的。一旦后轮定位角发生偏差，后轮推力线就会和几何中心线发生偏离，形成推力角，无法保证直线行驶时4个车轮处于平行状态。在直线行驶时，前轮必然脱离定位基准，难以保证行驶的直线性。

四轮定位和前轮定位的最大区别是定位基准的选定。做四轮定位时将后轮推力线当作车轮定位基准线，后轮推力线是后轮总前束的中心线，该基准线由后轮定位角决定。做四轮定位时，应先检测和调整后轮定位。如果后轮定位角不对，而后轮定位在设计上又是可以调整的，则需要更换那些变形的零部件，即负责车轮定位的悬架上的部件，常见的有摆臂、减震器以及导向装置。在后轮定位调整完毕后，后轮推力线和几何中心线重合，再以该参考线为基准，对每一个前轮进行测量调整，可以保证4个车轮在直线行驶时处于平行状态，转向系处于几何中心，从而满足车辆在设计时的动力学条件，达到车辆在设计时的性能要求。

任何机械式的定位装置都只能做前轮定位，而无法做后轮定位和四轮定位。

7.3 汽车车轮定位参数检测原理

四轮定位仪是专门用来测量车轮定位参数的设备。四轮定位仪可检测的项目包括：前轮前束值/角(前轮前束角/前张角)、前轮外倾角、主销后倾角、主销内倾、后轮前束值/角(后轮前束角/前张角)、后轮外倾角、车辆轮距、车辆轴距以及转向20°时的前张角、推力角和左右轴距差等。目前，常见的国产或进口四轮定位仪可以用来检测上述全部项目。

在检测项目中，车轮前束值/角、车轮外倾角、主销后倾角和主销内倾角统称为前轮定位，又称前轮定位四要素，各种前轮定位仪都能完成与其相关的检测任务。但汽车的操纵稳定性不仅仅由前轮定位来保证，后轮定位也起着至关重要的作用，所以，最好使用四轮定位仪检测和调整。

目前，常用的四轮定位仪有接线式、光学式、电脑拉线式和电脑激光式4种，它们的测量原理是一致的，只是采用的测量方法(或使用的传感器的类型)及数据记录与传输的方式不同，下面介绍四轮定位仪可检测的几个重要项目的测量原理。

7.3.1 车轮前束和推理角的测量原理

测量前束时，必须保证车体摆正且方向盘位于中间位置，为了保证车轮前束值(或前束角)的测量精度，无论是拉线式、光学式还是电脑式的四轮定位仪，在检测车轮前束之前，常通过拉线或光线照射或反射的方式形成一个封闭的直角四边形，如图7-9所示。

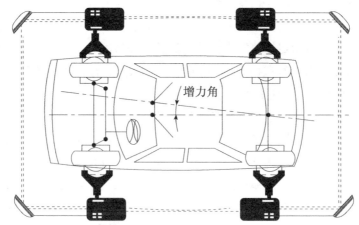

图7-9 计算机激光式四轮定位仪运用激光束形成一个封闭的直角四边形

然后，将待检车辆置于此四边形中，通过安装在车轮上的光学镜面或传感器，不仅可以检测前轮前束、后轮前束，还可以检测左右车轮的同轴度(即同一车轴上的左右车轮的同轴度)及推力角。因为四轮定位仪系统采用的传感器不同，测量方法亦有所不同，这里仅就光敏三极管式传感器来说明车轮前束的测量原理。

光敏三极管为近红外线接收管，是一种光电变换器件，它的结构与外形如图7-10所示。它的工作状态为：不加电压，利用P-N结在受光射时产生正向电压的原理，把它作为微小光电池。在光敏三极管后面接一些用于接收信号的元件，以便及时对光敏三极管所获得的信号进行分析处理。

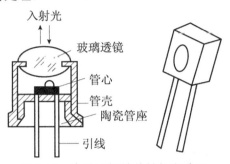

图7-10 光敏三极管的结构和外形

安装在两前轮和两后轮上的光敏三极管式传感器均有光线的接收和发射(或反射)功能，通过它们之间的发射和接收刚好能形成类似于图7-11所示的四边形。在传感器的受光面上等距离地将光敏三极管排成一排，当光敏三极管的不同位置接收到光线照射时，该光敏管产生的电信号就代表了前束角或推力角的大小。它的测量原理如图7-12所示。

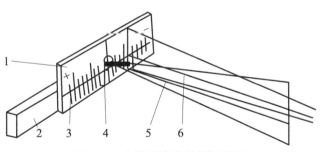

图7-11 车轮前束角的测量原理

1-刻度盘 2-投射器支臂 3-光敏三极管 4-激光盘 5-投射激光束 6-接收激光束

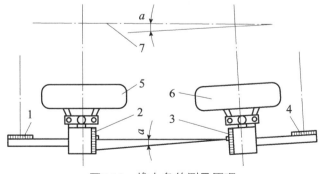

图7-12 推力角的测量原理

1~4-光线接收器 5-前轮 6-后轮 7-汽车纵向轴线 a-推力角

依据上述检测原理，可以检测出位于该四边形内的待检车辆前后轴的平行度(即推力角的大小和方向),其检测原理如图7-12所示。同理,通过安装在后轮上的传感器,我们也可以检测出后轮前束(后轮前束角)的大小和方向。

7.3.2 主销后倾角和主销内倾角的测量原理

车轮外倾角、主销后倾角和主销内倾角这三个参数的测量都是关于角度的测量,除了光学式四轮定位仪测量车轮外倾角和车轮前束时不采用测量角度的传感器之外,其余各种类型的四轮定位仪均采用测量角度的传感器,包括车轮前束角也可以用角度传感器直接或间接测量。

以套筒扳手为例,先将扳手杆垂直立于桌面上,扳手接杆与视线垂直并使扳手接杆保持水平,此杆即为转向节轴(面向车头看为左前轮轴)。将扳手杆下端向自己面前偏转一个角度γ,即形成主销后倾角,然后由此位置绕扳手手柄轴线分别向里、向外各转动λ角,这时就会发现扳手接杆绕水平面分别向上、向下偏转了λ角,测量原理如图7-13所示。

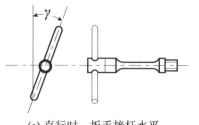
(a) 直行时,扳手接杆水平

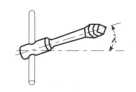
(b) 向内转向时,扳手接杆向上偏转

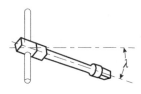
(c) 向外转向时,扳手接杆向下偏转

图7-13 主销后倾角的测量原理

主销内倾角的测量原理如图7-14所示,在扳手接杆头部系上一个长接杆,长接杆与扳手接杆垂直。将扳手直立于桌面,使长接杆保持水平位置并与视线垂直,再将扳手柄下端向里偏转一个角度β,即形成主销内倾角,然后由此位置绕扳手手柄轴线分别向左、向右各转角δ,这时又会发现接杆分别沿逆时针、顺时针方向转动了ω角。

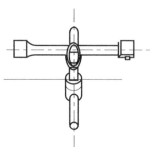
(a) 直行时,长接杆水平

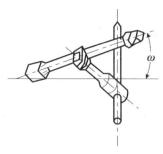
(b) 向左转向时,长接杆向逆时针方向偏转

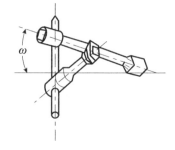
(c) 向外转向时,长接杆向顺时针方向偏转

图7-14 主销内倾角的测量原理

1. 主销后倾角的测量原理

如图7-15所示，以左前轮为例，将车轮向左右各转动$\delta=20°$，ZO为主销轴线，OB为转向节车轮轴线，四边形$DEFG$表示水平面，四边形$HIJK$相对于平面的夹角为主销后倾角。$LMNP$平面是与主销垂直相交的平面，该平面是$HIJK$平面以ST为轴转动β角(主销内倾角)形成的。OD为车轮向左转动20°时转向节轴平面的方向。线段LD、$A'B'$、AB、$A''B''$、MI、FN和KP均是水平面$DEFG$上的铅垂线。

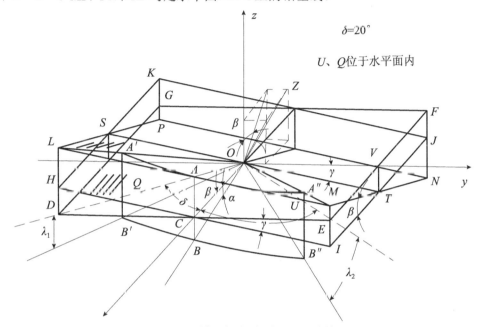

图7-15　主销后倾角的测量原理计算图

由主销后倾角的测量原理计算图可知(推导过程略)

$$\gamma = \Delta\lambda / 2\sin\delta \tag{7-1}$$

式(7-1)表明，当δ为特定角度时，主销后倾角测量角$\Delta\lambda$存在唯一确定关系。通常规定δ转角为20°，$2\sin\delta=0.68404$，故有

$$\gamma = \Delta\lambda / 0.68404 = 1.461\Delta\lambda \tag{7-2}$$

即主销后倾角γ为实际测量角度$\Delta\lambda$的1.461倍。这样，用1.461倍的关系标定仪器，就可直接读取主销后倾角γ。

2. 主销内倾角的测量原理

如图7-16所示，仍以左前轮为例，当车轮向左右转动δ时，ZO为主销轴线，OC为转向节轴线方向，OE为与车轮平面平行且水平的线段。四边形$DEFG$表示水平面，四边形$HIJK$相对于水平面的夹角γ为主销后倾角。四边形$LMNP$为与主销垂直相交的平面，该平面是$HIJK$平面以ST为轴转动δ角(主销内倾角)形成的。OE是车轮向右转动$\delta=20°$时垂直于转向节轴线且在水平面内的线段，OF是车轮向左转动$\delta=20°$时垂直于转向节轴线且在水平面内的线段。

由主销内倾角的测量计算图可知(推导过程略)

$$\beta = \Delta\omega / 2\sin\delta \qquad (7\text{-}3)$$

上式表明，当δ为特定角度时，主销内倾角β与测量角$\Delta\omega$存在唯一确定关系。通常规定δ转角为$20°$，$2\sin\delta = 0.68404$，故有

$$\beta = \Delta\omega / 0.68404 = 1.461\Delta\omega \qquad (7\text{-}4)$$

即主销内倾角β为实际测量角度$\Delta\omega$的1.461倍。这样，用1.461倍的关系标定仪器，就可以直接读取主销内倾角β。

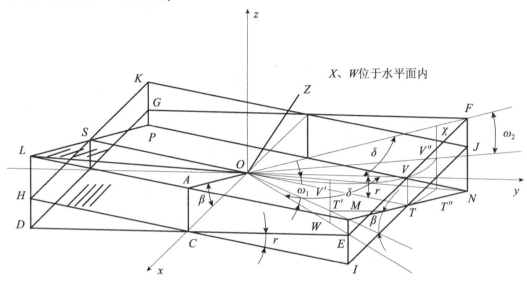

图7-16 主销内倾角的测量原理计算图

经过上述两部分的分析推导，我们了解了主销后倾角、主销内倾角的测量原理。但必须指出，在上述两部分推导过程中提及的λ_1、ω_1为车轮向右转动$20°$时，传感器所测得的实际角度值；λ_2、ω_2为车轮向左转动$20°$时，传感器所测得的角度值。在实际测量中，只要按照公式(7-2)、(7-4)换算即可。现在常见的四轮定位仪在出厂前就已用上述两式对仪表进行了标定，因此，可直接读取主销倾角的实际测量值。

虽然四轮定位仪的类型有所不同，但它们测量主销倾角的原理是相同的，只是它们各自采用的测量角度的传感器不同而已。为了便于理解四轮定位仪的测试过程及检测方法，下面简单介绍几种常见的测量角度的传感器。

(1) 光电编码器。基本上可以分为两大类：圆光栅编码器和绝对式编码器。它们的优点是：结构紧凑、信号质量好、稳定可靠和抗干扰能力强。

(2) 光电电位器式角度传感器。它的优点是：没有金属丝电刷造成的摩擦力矩、分辨率高、寿命长、扫描速度快；缺点是：输出电阻大、输出信号要经过阻抗匹配变换器。

另外，用于测量角度的传感器还有电感式倾斜传感器、小型双轴斜度传感器和电位式传感器。

7.3.3　转向20°时前张角的测量原理

　　汽车在使用时，由于前轮的碰撞冲击、长期在不平的路面上行驶和经常采用紧急刹车，对车辆的冲击作用都可能引起转向梯形的变形，因此会造成汽车在转向行驶过程中前轮异常磨损、操纵性变差，并间接影响汽车的动力性和燃油经济性。

　　为了检测汽车的转向梯形臂与各连杆是否发生变形，在四轮定位仪中均设置了转向20°时前张角的检测项目。它的测量方法为：让被检车辆前轮停在转盘中心处，右轮沿直线行驶方向向右转动20°时开始测量，左轮沿直线行驶方向左转动20°时开始测量(该转向角可直接通过转盘上的刻度读出)。具体操作方法为：右前轮向右转20°，读取左前轮下的转盘上的刻度X，则20°−X即为所要检测的转向20°时的前张角。

　　一般汽车在出厂时都已给出20°−X的合格范围，将测量值与出厂值进行比较即可检测出车辆的转向梯形臂与各连杆是否发生了变形，如果超出标准值或左右转向前张角不一致，则说明该车的转向梯形臂和各连杆已发生了变形，需要进行校正、调整或更换梯形臂和各连杆。

7.4　车轮定位参数调整方法

　　汽车四轮定位参数是汽车操纵稳定性的关键参数，一旦四轮定位参数与标准值发生变化，就会引发一系列的车辆行驶故障，如表7-1、表7-2所示。

表7-1　四轮定位不良引起行驶故障

定位角度	故障状况	
主销后倾角	太大	转向时方向盘沉重
	太小	直行时方向盘摇摆不定； 转向后方向盘不能自动归正
	不等	直行时车子往小后倾角边拉
车轮外倾角	太大	轮胎外缘磨损；悬架构件磨损
	太小	轮胎内缘磨损；悬架构件磨损
	不等	直行时车子往大外倾角边拉
前束角	太大	两前轮外缘磨损，且整个轮胎面呈锯齿状磨损； 方向盘漂浮不定
	太小	两前轮内缘磨损，且整个轮胎面呈锯齿状磨损； 方向盘漂浮不定

表7-2　行驶故障及可能原因

行驶故障	可能的原因
方向盘太重	后倾角太大
方向盘发抖	车轮静态或动态不平衡；车轮中心点偏心产生凸轮效应；发动机不平衡；制动盘薄厚不均

(续表)

行驶故障	可能的原因
偏向行驶	左右后倾角或外倾角不相等；车身高度左右不等；左右轮胎气压不等；左右轮胎尺寸或花纹不相同；轮胎变形或不良；转向系统发卡；制动片发卡
方向盘不正	后轮前束不良，造成推进线偏离；转向系统不正
轮胎块状磨损	车轮静态不平衡，后轮前束不良
轮胎单边磨损	外倾不良
轮胎锯齿状磨损	前束不良
凹凸波状磨损	车轮动态不平衡；后轮前束不良

1. 前轮前束的调整方法

对于横梁式前桥，可先松开横拉杆两端接头上的夹紧螺栓，用管钳向后转动横拉杆，使横拉杆伸长或缩短；对于双摆臂式前悬架，由于其横拉杆分为左、右两部分，所以对左、右两边应分别进行调整。当前束呈内八字时，胎纹外缘呈毛状磨损，轮胎内缘快速磨损，方向盘漂浮不稳定；当前束呈外八字时，胎纹内缘呈毛状磨损，轮胎外缘快速磨损，方向盘漂浮不稳定。

2. 前轮外倾角的调整方法

对于横梁式前桥，可采用压床校正前桥的方法调整其前轮外倾角；对于球接头双摆臂式前悬架，可采用在车架和上摆臂轴的安装部位插入垫片的方法调整前轮外倾角。如果外倾角太大，会导致轮胎外缘磨损、悬架配件磨损；如果外倾角太小，会导致轮胎内缘磨损、悬架配件磨损；如果外倾角不等，直线行驶时汽车易往大外倾角边拉。

3. 主销后倾角的调整方法

对于横梁式前桥，可采用在梁上弹簧座和弹簧之间插入楔形垫片的方法进行调整；对于球接头双臂式前悬架，可采用在车架和上摆臂的轴连接处插入垫片的方法进行调整，也可以通过支撑杆来调整。主销后倾角一般不超过$2°\sim3°$，如果主销后倾角太大，转向时方向盘太重；如果主销后倾角太小，直线行驶时方向摇摆不定，转向后方向盘不能自动归正；如果主销后倾角不等，直线行驶时车易往小后倾角边拉。它的作用是形成回正的稳定力矩。主销后倾的工作原理：由于主销后倾，在车轮转向时，地面产生一个阻碍车轮转向的力，这个力可形成一个绕主销轴线的力矩，该力矩方向与车轮转向相反，也称回正力矩。

4. 主销内倾角的调整方法

主销内倾角一般是在悬架结构设计时确定的，不需要调整。主销内倾角一般不大于$8°$，其作用是确保转向操纵轻便和车轮自动回正。自动回正的原因是汽车前部重力发生作用，其原理是：当转向车轮在外力作用下，由中间位置偏转一角度时，车轮的最低点将陷入路面以下，但实际上，车轮下边缘不可能陷入路面以下，而是将转向车轮连同整个汽车前部向上抬起一个相应的高度，这样汽车本身的重量可使转向车轮恢复到原来的中间位置。

课后总结

路试情景描述中提及的丰田锐志，车速为15km/h，将方向盘向右打到底，然后轻扶方向盘，让其自动回位，发现方向盘不能及时回到中间位置，车辆继续向右偏行。考虑到此车装备了电动方向机，可用诊断仪进行方向机扭矩校正，但故障现象依然存在。将车辆举升，检查轮胎气压正常，轮胎也无严重磨损，前悬架与车身、方向机连接构件无松动，但发现右侧车轮钢圈上有撞击的痕迹。因此，用四轮定位仪检测，定位数据如表7-3所示。

表7-3 丰田锐志故障车四轮定位数据

定位角	左	右	标准数据
前轮外倾角	-0° 23′	0° 26′	0° 00′ ±0° 45′
前轮前束	2.9mm	3.6mm	0.5mm±1.0mm
前轮总前束	6.5mm		1.0mm±2.0mm
主销后倾角	7° 08′	5° 24′	6° 55′ ±0° 45′
主销内倾角	9° 09′	9° 16′	9° 00′ ±0° 45′
后轮外倾角	-1° 00′	-0° 50′	-° 51′ ±0° 44′
后轮前束	-1.00mm	1.6mm	1.5mm±1.0mm
后轮总前束	0.6mm		3.0mm±2.0mm
几何推进角	-0° 06′		0° 00′

通过四轮定位数据可知，右侧的主销后倾角明显小于标准值，继续检查右前的悬架构件，发现右前悬架下叉臂与转向节球销连接孔处有撞击脱漆的痕迹，因此怀疑右前悬架下叉臂变形，导致右侧主销后倾角变小，于是更换右前悬架下叉臂，再做四轮定位。

结果显示主销外倾角恢复至标准值范围内(主销后倾角：左侧为7° 11′、右侧为6° 40′)，并且将前轮前束调整到左侧为0.5mm、右侧为0.4mm、总前束为0.9mm。路试车辆，方向盘向左、向右打到底后都能及时回位到正常的中间位置。

 学习工作页

汽车使用性能检测——汽车车轮定位仪参数检测
学习工作页

学习目的与要求：①能够做好检验前仪器及车辆的准备工作；②能够严格遵守操作安全注意事项；③能够按照操作规范要求，完成汽车车轮定位工作；④能够进行车轮定位仪的日常维护和常见故障排除工作；⑤能够完成汽车车轮定位仪的自校准工作。 学习内容：①检测线上车轮定位仪的构造和原理及类别；②《营运车辆综合性能要求和检验方法》(GB 18565—2001)中，车轮定位参数检测的相关内容。 教学方式：现场演示操作结合车辆过线检测，记录相关数据并进行分析	姓名：_____ 日期：_____ 第_____周 星期___ 第___节	班级：_____ 学号：_____

汽车使用性能检测——汽车车轮定位仪参数检测
学习工作页

一、预习要求

认真阅读实训指导书中汽车四轮定位仪部分的内容和《营运车辆综合性能要求和检验方法》(GB 18565—2001)中，车轮定位参数检测的相关内容。

二、工具和材料

实验用车、止动块、传感器定位支架、方向盘固定架、制动辅助支架、维修手册、水平校正仪。

三、对受检的汽车进行描述

车牌：_____ 车型：_____ 悬架型式：_____ 检测类别：_____

四、步骤

检测时应高度注意设备的运行情况，以免发生意外事故，如发现检测设备运行出现异常情况，应立即停止检测。

1. 定位前车辆检查(每完成一项请在括号内打"√")

(1) 检查轮胎是否有异常磨损、轮胎尺寸或型号是否匹配、轮胎花纹是否一致、是否有严重磨损。( )

(2) 测量汽车高度，一般维修手册上都会给出高度限定和具体的测量方法。( )

(3) 检测底盘。举升车辆后，检查转向系所有部件，如转向臂衬套、上支撑、摇臂、随动臂、中央拉杆、转向横拉杆的各端、球头销以及减振器等是否工作正常。检查万向联轴节是否松动，是否有异响、粘连及防护套是否破裂等。( )

(4) 在对各定位角进行调整前，必须先修理或更换已损坏的部件。( )

2. 定位要求(每完成一项请在括号内打"√")

(1) 将车辆安置在定位举升器上，车轮应停放在转角盘与后滑板中心位置。( )

(2) 根据轮胎规格调整卡具并安装到位，卡臂应卡在同一花纹内并挂上安全钩。( )

(3) 润滑后安装传感器到对应车轮，连接通信电缆并拔掉固定销。( )

(4) 将举升器举升到一个安全可调整的高度，打开定位仪，调整传感器水平并激活传感器。( )

(5) 根据提示循序进行定位及检测。( )

(6) 各定位参数的调整方法应符合车型"维修手册"的要求。( )

(7) 定位结果应予以保存和打印。( )

3. 根据实测数据进行评价与分析(不合格原因分析)

检测参数	调整前	标准值	调整后	评价
前轮总前束				
左前轮前束				
右前轮前束				
左前轮外倾				
右前轮外倾				
左前轮主销内倾				
右前轮主销内倾				
左前轮主销后倾				
右前轮主销后倾				
后轮总前束				
左后轮前束				
右后轮前束				

(续表)

汽车使用性能检测——汽车车轮定位仪参数检测
学习工作页

检测参数	调整前	标准值	调整后	评价
左后轮外倾				
右后轮外倾				
左后轮主销内倾				
右后轮主销内倾				
左后轮主销后倾				
右后轮主销后倾				

评价与分析(不合格原因分析):

4.汽车车轮定位仪的日常维护要注意哪些事项: _____

_____。

5.完成汽车车轮定位仪的自校准

单位			设备名称			
型号规格		制造厂		出厂日期		出厂编号
校准仪器			温度		相对湿度	

外观及性能 合格□/不合格□	校准前设备状态 正常□/不正常□	校准后设备状态 正常□/不正常□

标准值 (单位)	仪表示值(单位)				示值误差 /%	标准值 (单位)	仪表示值(单位)				示值误差 /%
	1	2	3	平均值			1	2	3	平均值	

技术依据		结论	合格□/不合格□
校准员:	核验员:	校准日期	

小组实训总结:

第8章

汽车车轮平衡检测

情景描述

刘司机不经意磕碰了汽车轮胎，车辆行驶一段时间后，发现老是轻微跑偏。细心的他发现，在汽车车轮的轮毂边缘上，有多个大小不等的铅块，自那次剐蹭之后少了几个。今天他来到检测站，希望检测员对车辆进行检测。

学习目标

1. 掌握车轮不平衡的危害、原因；
2. 掌握离车式车轮动平衡机的使用方法；
3. 了解就车式车轮动平衡机的使用方法。

汽车车轮是旋转构件。如果车轮不平衡，在高速行驶时会引起车轮上下跳动和横向摇摆，不仅会影响汽车乘坐舒适性，而且会使驾驶员难以控制行驶方向，并会降低汽车的制动性能，从而影响行车安全。此外，车轮不平衡还会大大增加各部件所受的力，加剧轮胎磨损并产生大量的行驶噪声等。因此，汽车在使用和维修中必须进行车轮平衡试验和校准。

8.1　汽车车轮平衡检测基础知识

随着道路条件的改善和汽车技术水平的提高，汽车行驶速度越来越快，车轮不平衡对汽车性能会产生巨大的影响。由于车轮不平衡质量产生的不平衡力的大小和方向在不断变化，一方面会使整车有上下跳动的趋势，引起垂直方向的振动，影响汽车行驶平顺性；另一方面会引起转向轮横向摆动，影响汽车操纵稳定性和行驶安全。车轮不平衡还会加剧轮胎、转向机构、行驶系及传动系统零部件的冲击和磨损，缩短其使用寿命。因此，在汽车正常使用一定时间后，尤其是在对轮胎、轮辋进行了修补、修复或更换新轮胎后，一定要对车轮进行动平衡检测，测定不平衡质量的大小和相位，并进行校正。

8.1.1　汽车车轮的基本结构

车轮是介于轮胎和车桥之间承受负荷的旋转组件，其功用是安装轮胎，承受轮胎与车桥之间的各种载荷的作用。

汽车的车轮是由轮胎、轮毂组成的一个整体。但由于制造上的原因，使这个整体各部分的质量分布不可能绝对均匀。当汽车车轮高速旋转后，就会形成动不平衡状态，导致车辆在行驶中出现车轮抖动、方向盘振动的现象。为了避免这种现象或消除已经出现的这种现象，就要使车轮在动态情况下通过增加配重的方法，校正各边缘部分的平衡。这个校正的过程就是人们常说的动平衡。如图8-1所示，轮毂通过圆锥滚子轴承装在车桥或转向节轴径上，用于连接车轮与车桥；轮辋用于安装和固定轮胎；轮辐用于将轮毂和轮辋连接起来，并通过螺栓与轮毂连接起来。

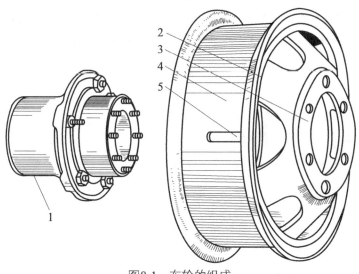

图8-1　车轮的组成

1-轮毂　2-挡圈　3-轮辐(辐板式)　4-轮辋　5-气门嘴出口

1. 轮辐

按轮辐结构的不同，车轮可以分为两种形式：辐板式车轮和辐条式车轮。

1) 辐板式车轮

目前，普通轿车和轻、中型货车普遍采用辐板式车轮，这种车轮由挡圈、轮辋、辐板和气门嘴伸出口组成。车轮中用以连接轮毂和轮辋的钢质圆盘称为辐板，大多是冲压制成的，少数和轮毂铸成一体，后者主要用于重型汽车。

货车辐板式车轮如图8-2所示。辐板与轮辋通过焊接或铆接的方式固定成为一个整体，辐板通过螺栓安装在轮毂上，辐板上的孔可以减轻质量，有利于制动鼓的散热，方便于接近气门嘴，同时可作为安装时的把手。6个孔加工成锥形，以便在用螺栓把辐板固定在轮毂上时对正中心。

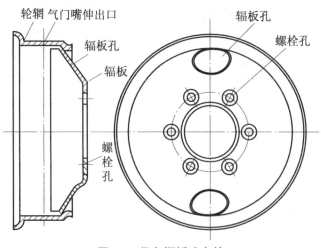

图8-2　货车辐板式车轮

货车后桥负荷比前桥大得多，为使后轮轮胎不致过载，后桥一般装用双式车轮，即在同一轮毂上安装两套辐板和轮辋，如图8-3所示。为了防止在汽车行驶中固定辐板的螺母自行松脱，汽车两侧车轮上的辐板固定螺栓一般采用旋向不同的螺纹，左侧用左旋螺纹，右侧用右旋螺纹。目前，在一些载货汽车(如黄河JNll50D型汽车)上，采用了球面弹簧垫圈，可以防止螺母自行松脱，故汽车左右车轮上固定辐板的螺栓均可采用右旋螺纹，从而减少了零件。

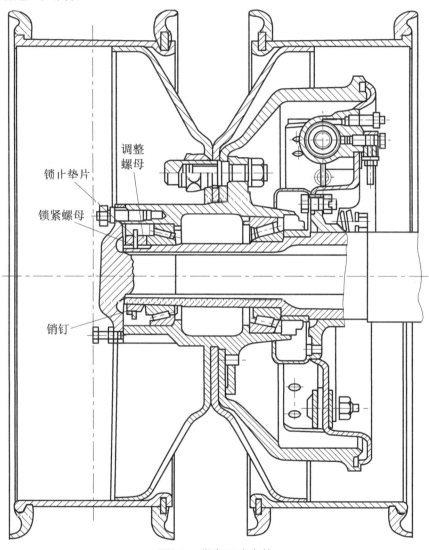

锁止垫片

调整螺母

锁紧螺母

销钉

图8-3 货车双式车轮

轿车辐板所用的板料较薄，常冲压成起伏多变的形状，以提高其刚度，如图8-4所示。目前，广泛采用的轿车车轮为铝合金车轮，如图8-5所示，且多为整体式，即将轮辋和轮辐铸成一体。它具有质量轻、尺寸精度高、生产工艺好、美观大方的优点，可以明显改善车轮的空气动力学特性，降低汽车油耗。

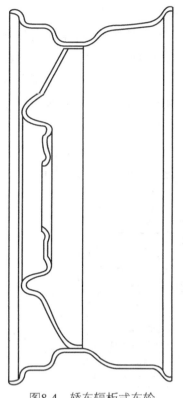

图8-4 轿车辐板式车轮

图8-5 轿车铝合金车轮

2) 辐条式车轮

按辐条结构的不同，辐条式车轮又分为钢丝辐条式车轮和铸造辐条式车轮，如图8-6所示。钢丝辐条式车轮的结构与自行车车轮完全一样，由于其价格昂贵、维修安装不便，故仅用于赛车和某些高级轿车上。另外，辐条式车轮还不能与无内胎轮胎组合使用。铸造辐条式车轮常用于重型货车上，辐条与轮毂铸成一体，轮辋是用螺栓和特殊形状的衬块固定在辐条上的，为了使轮辋和辐条很好地对中，在轮辋和辐条上都加工出配合锥面。

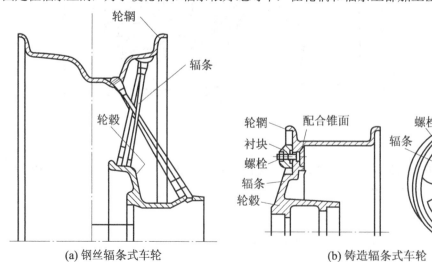

(a) 钢丝辐条式车轮　　　　(b) 铸造辐条式车轮

图8-6 辐条式车轮

2. 轮辋

1) 轮辋的类型和结构

轮辋用于安装和固定轮胎。轮辋的常见结构形式有：深槽轮辋、平底轮辋和对开式轮辋。此外，还有半深槽轮辋、深槽宽轮辋、平底宽轮辋、全斜底轮辋等。

深槽轮辋如图8-7(a)所示，这种轮辋主要用于轿车及轻型越野车，适宜安装尺寸小、弹性较大的轮胎，因为尺寸较大、较硬的轮胎很难装进这样的整体轮辋内。深槽轮辋有带肩的凸缘，用以安放外胎的胎圈，其肩部通常略向中间倾斜，倾斜部分的最大直径被称为轮胎胎圈与轮辋的着合直径。为便于外胎的拆装，将断面的中部制成深凹槽。深槽轮辋的结构简单、刚度大、质量较轻。

平底轮辋如图8-7(b)所示，多用于货车。它的挡圈是一个整体，且用一个开口锁圈来防止挡圈脱出。在安装轮胎时，先将轮胎套在轮辋上，而后套上挡圈，并将它向内推，直至越过轮辋上的环形槽，再将开口的弹性锁圈嵌入环形槽中。东风EQ1090E和解放CA1091型汽车均采用这种形式的轮辋。

对开式轮辋如图8-7(c)所示。这种轮辋由内外两部分组成，其内外轮辋的宽度可以相等，也可以不相等，两者用螺栓连成一体。拆装轮胎时拆卸螺栓上的螺母即可。图中所示挡圈是可拆的。有的无挡圈，而由与内轮辋制成一体的轮缘代替挡圈，内轮辋与辐板焊接在一起。这种轮辋主要用于载重量较大的重型货车和大型客车。

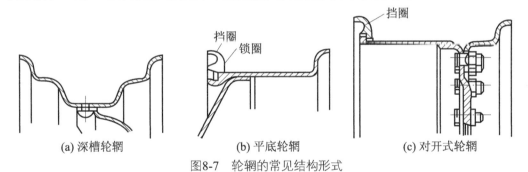

(a) 深槽轮辋　　　　　(b) 平底轮辋　　　　　(c) 对开式轮辋

图8-7　轮辋的常见结构形式

近几年来，为了适应提高轮胎负荷能力的需要，国内外的相关制造企业均朝宽轮辋的方向发展，如美国的货车已全部采用宽轮辋，欧洲各国在积极普及宽轮辋，我国也处于由窄轮辋向宽轮辋的过渡阶段。实验表明，采用宽轮辋可以提高轮胎的使用寿命，并可改善汽车的通过性和行驶稳定性。

2) 国产轮辋规格的表示方法

国产轮辋规格用一组数字、字母和符号组合表示，分为几部分，各部分的含义及具体内容如下所述。

(1) 轮辋宽度代号。以数字表示，一般取小数点后两位，单位为英寸(当以"mm"表示时，要求轮胎与轮辋的单位一致)。

(2) 轮辋高度代号。用一个或几个字母表示，如C、D、E、F、J、K、L、V等。轮辋常用代号及相应高度值(mm)见表8-1。

表8-1 轮辋的高度代号及高度值

C	D	E	F	G	H	J	K
15.88mm	17.45mm	19.81mm	22.23mm	27.94mm	33.73mm	17.27mm	19.26mm
L	P	R	S	T	V	W	
21.59mm	25.40mm	28.58mm	33.33mm	38.10mm	44.45mm	50.80mm	

(3) 轮辋结构型式代号。用符号"×"表示一件式轮辋;用"-"表示多件式轮辋。一件式轮辋是指轮辋为整体式的,只有一件;而多件式轮辋由轮辋体、挡圈、锁圈等多个部件组成。

(4) 轮辋直径代号。以数字表示,单位为英寸(当以"mm"表示时,要求轮胎与轮辋的单位一致)。

(5) 轮辋轮廓类型代号。用几个字母表示,每个代号所表示的轮辋轮廓类型如图8-8所示。

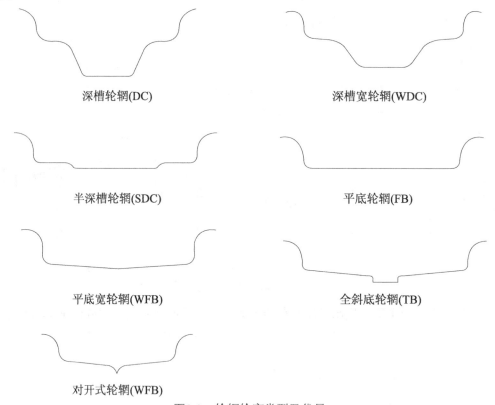

深槽轮辋(DC)　　　　深槽宽轮辋(WDC)

半深槽轮辋(SDC)　　　　平底轮辋(FB)

平底宽轮辋(WFB)　　　　全斜底轮辋(TB)

对开式轮辋(WFB)

图8-8 轮辋轮廓类型及代号

对于不同型式的轮辋,以上代号不一定同时出现。例如,解放CA1092型汽车轮辋的规格为6.5-20,表明该轮辋宽度为6.5inch,轮辋直径为20inch,属于多件式轮辋;上海桑塔纳轿车轮辋的规格为5.5J×13,表明其轮辋宽度为5.5inch,轮辋高度为17.27mm,轮辋直径为13inch,属于一件式轮辋;上海桑塔纳2000GSi轿车轮辋的规格为6J×14,表明轮辋宽度为6inch,轮辋高度为17.27mm,轮辋直径为14inch,属于一件式轮辋。

8.1.2 轮胎规格的表示方法

轮胎的尺寸标注如图8-9所示。

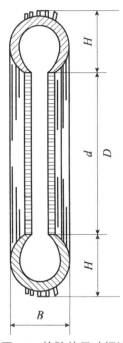

图8-9 轮胎的尺寸标注

D-轮胎外径 *d*-轮胎内径或轮辋直径 *B*-轮胎宽度 *H*-轮胎高度

1. 斜交轮胎的规格

我国和大多数国家一样，斜交轮胎的规格用B-d表示，载货汽车斜交轮胎和轿车斜交轮胎均以英寸(inch)为单位。例如，9.00-20表示宽度为9.00英寸、内径为20英寸的斜交轮胎。

2. 子午线轮胎的规格

下面以上海桑塔纳2000GSi轿车轮胎的规格"195/60 R 14 85 H"为例进行说明。

(1) 195表示轮胎宽度为195mm，货车子午线轮胎的宽度一般以英寸(inch)为单位。

(2) 60表示扁平比为60%，扁平比为轮胎高度*H*与宽度*B*之比，有60、65、70、75、80五个级别。

(3) R表示子午线轮胎，即"Radial"的第一个字母。

(4) 14表示轮胎内径为14英寸(inch)。

(5) 85表示荷重等级，即最大载荷质量。荷重等级为85的轮胎的最大载荷质量为515kg。常见的荷重等级及对应的最大载荷质量见表8-2。

表8-2　荷重等级及对应的最大载荷质量

荷重等级	最大载荷质量/kg	荷重等级	最大载荷质量/kg
71	345	99	775
72	355	100	800
73	365	101	825
74	375	102	250
75	387	103	875
76	400	104	900
77	412	105	925
78	425	106	950
79	437	107	975
80	450	108	1000
81	462	109	1030
82	475	110	1060
83	487	111	1095
84	500	112	1129
85	515	113	1164
86	530	114	1200
87	545	115	1237
88	560	116	1275
89	580	117	1315
90	600	118	1355
91	615	119	1397
92	630	120	1440
93	650	121	1485
94	670	122	1531
95	690	126	1578
96	710	124	1627
97	730	125	1677
98	750		

(6) H表示速度等级，表明轮胎能行驶的最高车速。常见的速度等级及对应的最高车速见表8-3。

表8-3　速度等级及对应的最高车速

速度等级	最高车速/(km/h)	速度等级	最高车速/(km/h)
L	120	T	190
M	130	U	200
N	140	H	210
P	150	V	240
Q	160	Z	240以上
R	170	W	270以下
S	180	Y	300以下

另外，在轮胎规格前加"P"表示轿车轮胎；在胎侧标有"REINFORCED"表示经强化处理；"RADIAL"表示子午线胎；"TUBELESS"(或TL)表示无内胎(真空胎)；"M+S"(Mud & Snow)表示适用于泥地和雪地；"→"表示轮胎旋向，不可装反。

8.1.3 车轮不平衡理论分析

车轮不平衡质量m在高速旋转时所形成的不平衡力F在水平方向的分压力F_h(见图8-10)将牵动转向轮在力矩$F_h \cdot L$(见图8-11)的作用下左右摆动，影响汽车的操纵稳定性，当干扰力矩$F_h \cdot L$的主频在一定的车速下接近汽车的悬架或操纵系的共振频率时，将诱发汽车摇头或转向器抖动。

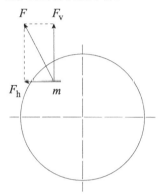

图8-10 车轮的不平衡力

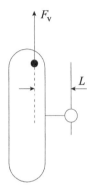

图8-11 不平衡力对转向的影响

不平衡力F在垂直方向的分力F_v，是激发车身角振动的主要干扰力，当其频率f超过7Hz时，乘员的不舒适感便会十分明显。同样，当其接近车身的自振频率时，不仅会激发强烈的振动和噪声，而且车辆的疲劳强度和使用寿命也将相应下降，车辆运行的舒适性和平顺性必然遭到严重破坏。

跳振旋转的车轮对地面的冲击力为正常载荷的几十倍，将加剧轮胎的噪声和不均匀磨损。不平衡车轮旋转时形成等幅定周期振动，驾驶员在这种单调的外界刺激下，易产生困愈感，从而极易造成交通事故。

引起车轮不平衡的主要原因有以下几个。

(1) 前轮定位不当，尤其是前束和主销倾角的定位不当，不仅会影响汽车的操纵性和行驶稳定性，而且会造成轮胎偏磨，这种胎冠的不均匀磨损与轮胎的不平衡将形成恶性循环，最终导致车轮不平衡，同时它也可能是车轮定位角失准的信号。

(2) 轮胎和轮辋以及挡圈等因几何形状失准或密度不均匀而先天形成的质心偏离。

(3) 因轮毂和轮辋存在定位误差导致安装中心与旋转中心难以质合。

(4) 维修过程中的拆装破坏了原有的整体综合质心。

(5) 轮辋直径过小，运行中的轮胎相对于轮辋在圆周方向滑移，从而发生波状不均匀磨损。

(6) 车轮碰撞造成的变形引起的质心位移。

(7) 轮胎翻新中因定位精度不高导致新胎冠厚度不均匀而使质心改变。

(8) 高速行驶中因制动抱死引起纵向和横向滑移，从而造成局部的不均匀磨损。

为了对车轮平衡作业有一个更深入的了解，我们来研究一下车轮平衡与飞轮、陀螺仪、汽轮机转子等旋转体平衡的不同之处。

(1) 轮胎为弹性体，为了避免高速旋转时离心力引起的变形干扰平衡进程，其平衡转速不能太高，一般为200r/min，这一转速远低于平衡机支承系统的固有频率，即所谓的"硬支承系统"。但车轮工作转速远低于这一转速，因离心力与转速的平方成正比，在低速状态下，微小的不平衡质量在高速时将形成很大的干扰力。这就要求在进行车轮平衡作业时必须精心操作，使其达到更高的精度。

(2) 根据检测类型的不同，如在汽车检测线上，车轮不能卸离车体，只能在其工作状态下会同安装系统紧固件及制动鼓等实现平衡，即所谓的"就车平衡"。

(3) 一般被平衡的旋转体都是金属件，可以用去除金属的方法来补偿平衡量。因此有的平衡机还具备激光不停车去除金属的功能，以达到在旋转中一次性完成除去金属、检测和补偿平衡量的目的。而车轮只能加补质量，且加补位置一般只能选择轮辋周边或内侧。

(4) 一般旋转机件在制造出厂前，实现一次平衡即可。除特殊情况外，在使用中极少有参数变化。而车轮在使用和维修过程中常常会导致一些影响平衡的参数发生变化，因而对汽车车轮的平衡状态必须进行定期检测。对维修维护后的车轮以及事故碰撞后的车轮，更需进行例行检测。

8.2 车轮就车式动平衡机结构与检测原理

汽车检测线针对汽车整车进行不解体检测，并且各工位和各检测项目必须按照一定的节奏连续进行作业，因而车轮是不可能拆离车桥的，必须就车对其平衡状态进行检测。交通部第29号令《汽车运输业车辆综合性能检测站管理办法》(1991年)已规定，就车平衡机为A级汽车综合性能检测站车轮平衡检测的指定设备。

就车平衡机的工作原理如前所述，不平衡车轮是在原车桥上振动的，而不平衡力传感器应装在车桥支架内，连同制动鼓和车轮紧固件甚至传动系统(驱动轴)一起进行平衡，因此，就车平衡机能真正解决车轮实际使用中的平衡问题。

8.2.1 就车式车轮平衡机的结构

除力传感器外，电测系统、光电相位装置、显示仪表板和摩擦轮驱动电机等均装在一个驱动小车内。车桥支架是一个复杂的力传感器，它有两种形式，一种供轻型小客车使用，如图8-12中所示；另一种为中型车而设计，如图8-13所示，支架高度可由顶杆和销钉来调整，以适应不同车型的要求。支架在车桥下就位，车桥压下后，小轮弹簧即被压下缩入，底板直接接触地面，以增强支架的承载能力，车体质量和不平衡振动力的主要部分由应变梁通过支柱和底板传向地面，小部分由传感器感知，达到对不平衡力进行采样的目的。应变梁可以减小传感器受力以避免压损，更重要的是，要求应变梁尽可能无损耗地将不平衡力传递给传感器。因此，应变梁应由应变性能良好的材料制成，在使用中应严格避免锤击和加热，因为任何能够改变应变梁弹性模数的操作都将危及应变梁的线性，从而完全破坏电测系统软件所预设的标定系数。

图8-12 就车增衡机作业图

1-光电传感器 2-手柄 3-仪表板 4-驱动电机 5-摩擦轮 6-传感器支架 7-被测车轮

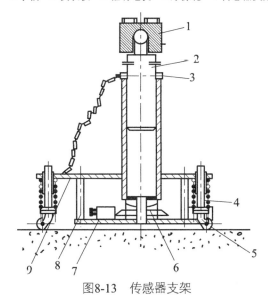

图8-13 传感器支架

1-顶靴 2-顶杆 3-销钉 4-弹簧 5-脚轮 6-传感器 7-底板 8-支柱 9-应变梁

传感器支架的安装位置随被测车型和操作人员的习惯及现场条件而定，完全是随机的，因此就车平衡机电测系统的计算机软件必须具有自标定功能。这一功能是智能化的，它能根据事先设定的已知不平衡量值(一般为30g)推算出支架支点与车轮的悬臂和轮毂直径等参数，这是就车平衡机的一大特点。

驱动小车前下部靠近被测轮胎处有一个光电传感器组，它包括一个强光源和两个光电管，如图8-14所示。强光用以照射轮胎上的反光标志，为光电管提供相位信号以供计算机识别，计算机根据两个光电管接受反光信号的前后顺序来判断车轮的旋转方向。

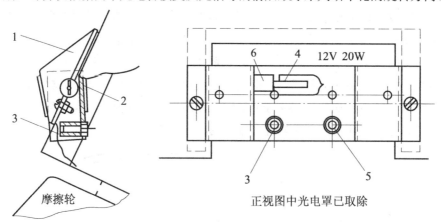

图8-14　就车车轮平衡机光电传感器组

1-光电罩　2-光电线路板　3-光电二极管　4-指形灯　5-光电二极管　6-灯座

8.2.2　就车式车轮平衡机的检测原理

车轮就车平衡时，平衡机对车轮实施平衡，只在一个平面内(即车轮外侧)加装平衡重即可完成，也就是不考虑不平衡质量在车轮宽度上的分布，即忽略不平衡质量在轮宽上形成的力矩，这就是静平衡。静平衡的车轮可视为旋转中心支承在一个弹性体(应变梁)上的无厚度圆盘。

图8-15中，不平衡质量 m 假设集中在 r 处，以角速度 ω 旋转时在应变梁 y 方向产生应变力 $F \cdot \cos\omega t$，在此力的作用下，应变梁在 y 方向按二阶系统模式振动，其方程为

$$M\frac{\mathrm{d}^2 y}{\mathrm{d}t^2} + c\frac{\mathrm{d}y}{\mathrm{d}t} + ky = F \cdot \cos\omega t \tag{8-1}$$

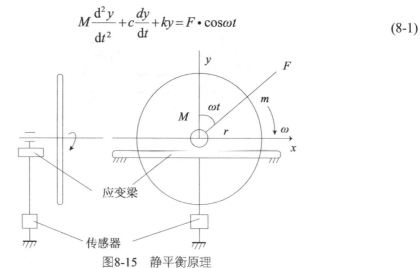

图8-15　静平衡原理

式中：M——系统质量；c——应变梁的阻尼；k—— y 方向的刚度。因阻尼很小，可以忽略不计，则式(8-1)可简化为

$$M\frac{\mathrm{d}^2 y}{\mathrm{d}t^2}+ky=F\cdot\cos\omega t \tag{8-2}$$

将位移$y=y_0\cos\omega t$，离心力$F=m\cdot r\cdot\omega^2$代得

$$M(-\omega^2\cdot y_0\cos t\omega t)+k\cdot y_0\cos\omega t=m\cdot r\cdot\omega^2\cdot\cos\omega t \tag{8-3}$$

整理后得

$$y_0=\frac{mr\omega^2}{k-M\omega^2}=\frac{\dfrac{mr\omega^2}{k}}{1-\left(\dfrac{\omega}{\sqrt{\dfrac{k}{M}}}\right)^2} \tag{8-4}$$

由振动学可知$\sqrt{\dfrac{k}{M}}$为系统的固有频率ω_0，代入得

$$y_0=\frac{\dfrac{mr\omega^2}{k}}{1-\left(\dfrac{\omega}{\omega_0}\right)^2} \tag{8-5}$$

对于硬支承系统，ω_0远大于ω(一般$\omega/\omega_0<<0.3$)，则上式可近似为

$$y_0\approx\frac{mr\omega^2}{k}=\frac{F}{k} \tag{8-6}$$

由式(8-6)可见，平衡机的应变位移与车轮的不平衡力成正比，它是轮胎平衡机正确工作的重要理论依据，检测线上使用的就车式车轮平衡机就是按照这一原理工作的，这一结论同样也适用于下面讨论的车轮动平衡机。

平衡的目的在于确定不平衡的量值及其相位。基于这一点，车轮平衡机的工作原理与通用平衡机并无差异，但车轮平衡机是将车轮通过悬臂梁固定于转轴之上的，不平衡信号只能从悬臂梁固定端的平面上采集(见图8-16)，通过对不平衡信号进行处理，可获得不平衡力及力矩的信息，这与通用平衡机可以从左右两个平面独立地采集不平衡信号相比，难度要大得多(见图8-17)。

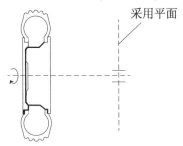

图8-16　车轮平衡机示意图

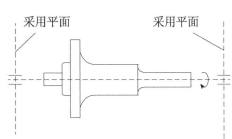

图8-17　通用平衡机示意图

8.3 离车式车轮动平衡机结构与检测原理

8.3.1 离车式车轮平衡机的结构

离车式车轮平衡机按动平衡原理工作，即可用于检测不平衡力，也可用于测定不平衡力矩，由于车轮拆离车桥装于平衡主轴上，一切结构和安装基准都已确定，所以无需自标定过程。因此，平衡机的构造和电测系统都较简单，在进行平衡操作时，只要将被测车轮的轮辋直径和轮胎宽度以及安装尺寸输入电测电路即可完成平衡作业，平衡机仪表即会自动显示轮胎两侧的不平衡质量 m_1 和 m_2 及其相位。

离车式平衡机的主轴采用卧式布置，故称为卧式平衡机，如图8-18所示。卧式平衡机最大的优点是被测车轮装卸方便，机械结构和传感装置也较简单，造价也较低廉，因此深受修理维护厂家的欢迎，同时也是制造厂家的首选机型。但由于车轮在悬臂较长的主轴上易形成很大的静态力矩，会影响传感系统的初始设定状态，尤其是垂直传感器的预紧状态，因此长时间使用后精度难以保证，零漂也较大，但其平衡精度仍然能满足一般营运车辆的要求，其灵敏度能达到10g。

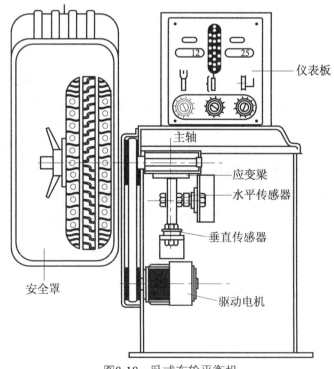

仪表板

主轴

应变梁

水平传感器

垂直传感器

安全罩

驱动电机

图8-18　卧式车轮平衡机

立式平衡机的主轴采用垂直布置，虽然装卸车轮不如卧式平衡机方便，但其车轮重量直压在主轴中心线上，不但不会形成强大的力矩，而且垂直传感器受到的静载反而比车轮重量还小。应变件是一块与工作台面同等大小的方形应变板，水平传感器设计成左右各一个，比卧式平衡机的单个水平传感器的力学结构要稳定得多，方形应变板上开有多个空槽以减小应变板的刚性，从而大大地提高了传感系统的灵敏度。因此，立式平衡机的精度极高，灵敏度可达到3g，且具有良好的重复性和稳定性。

离车式平衡机的参数显示和操作系统因采用CRT显示或发光二极管显示，其外形结构差异很大，但其基本操作内容大同小异。前者显示形象美观，设有屏幕提示，操作方便，但造价较高；后者结构简单，工作可靠，参数调整方便，成本低廉。如图8-19所示，就是最为典型的一种操作面板，旋钮8设定轮胎宽度B，旋钮7设定轮辋直径D，旋钮6则设定安装尺寸C。对于立式平衡机而言，C是胎面至顶面安全罩的距离(安全罩转下处于工作状态)；对于卧式平衡机而言，C值是胎面至平衡机箱体的距离。B、C、D三个参数相当于原理图(图8-22)中的b、c、D三个值，C值是一个当量值，是图中c值伸向机体外的部分，其余部分已固化在电算电路中。

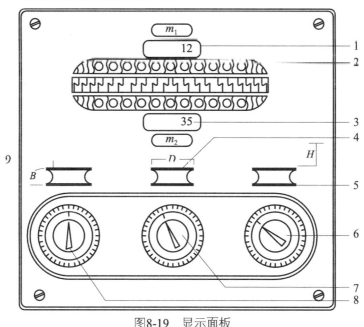

图8-19 显示面板

1-上平衡量 2-平衡相位指示 3-下平衡量 4-轮辋直径
5-安装位置 6-安装位置设定 7-轮辋直径设定 8-轮胎厚度设定 9-轮胎厚度

车轮由专用定位锥和紧固件安装就绪后即可启动电机实施平衡，待转数周期累积足够时，上下(或左右)不平衡值m_1和m_2即有数字显示，届时即可停车。待车轮完全停止后即可用手转动车轮，这时发光二极管会随转动而左右(或上下)跳闪，如将上排光点调至中点，这时就可在车轮的轮辋平面正对外缘(操作者方向)处加装m_1，显示的平衡重见图8-20，然后，再用同样的方法加装m_2值平衡重。加装完毕后，进行第二次试验，观察剩余不平衡量是否满足法规要求。具体的操作步骤各机型略有差异，使用者应按所用机型的使用说明书进行操作。

车轮在平衡机主轴上的定位至关重要，为了确保不同形式和不同规格的车轮的中心都能与主轴中心严密重合，所有离车式车轮平衡机均配有数个大小不等的定位锥体。锥体内孔与主轴高精度配套，外锥面与轮辋中心孔紧密接合，并由专用快速蝶形压紧螺母紧压于主轴定位平台上。注意车轮的外侧应向下(立式平衡机)或向内(卧式平衡机)。

为了方便用户，离车式平衡机都随机配备一个专用卡尺，以方便用户测量轮辋直径*D*和轮胎宽度*B*，因为轮胎宽度用直尺是难以测量的。为了适应不同的计量制式和不同国家的要求，平衡机上的所有标尺一般都同时标有英制和公制刻度。

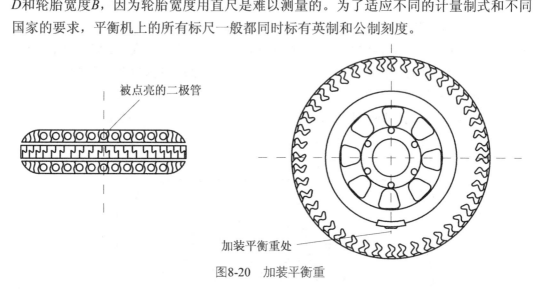

图8-20　加装平衡重

1. 平衡重

车轮平衡机的平衡重也称配重。目前，通常使用卡夹式配重和粘贴式配重两种形式。卡夹式配重多用于轮辋有卷边的车轮；对于铝镁合金轮辋，因无卷边可夹，则使用粘贴式配重，通常使用不干胶将其外弯面粘贴于轮辋内表面。

标准的配重有两个系列。一个系列以盎司(oz)为基础单位，分9档，最小为14.2g(0.5oz)，最大为107.1g(6oz)，间隔为14.2g(0.5oz)；另一种以克(g)为基础单位，分14档，最小为5g，最大为80g，60g以上的每10g分为一档。

2. 几点重要说明

(1) 离车式平衡机的主轴固定装置和就车式平衡机的支架上都装有精密的位移传感器和易碎裂的压电晶体传感器，因此严禁冲击、敲打主轴或传感器支架。

(2) 在检修平衡机时，传感器的固定螺栓不得任意松动。因为这类螺栓不是一般的紧固件，需由它向传感晶体提供必要的预紧力，当这一预紧力发生变化时，电算过程将完全失准。

(3) 商业系统供给的配重最小间隔为5g，因此过分苛求车轮平衡机的精度和灵敏度并无太大的实际意义。在特殊情况下，如高速轿车和赛车，则可使用特制的平衡重块。

(4) 必须明确平衡机的机械系统和电算电路都是针对在正常使用条件下平衡失准或轻微受损但仍能使用的车轮而设计的，而因交通事故严重变形的轮辋或胎面大面积剥离的车轮是不能上机进行平衡作业的。一方面，不平衡量过大的车轮旋转时产生的离心力可能损伤平衡机的传感系统；另一方面，超值的不平衡力可能溢出电算范围而使设备

"拒绝"工作。

(5) 当不平衡量超过最大配重时可并列使用两个以上配重，但这时要注意，因多个配重占用较大的扇面会使其有效质量低于实际质量，因而其在扇面上所处位置的实际半径R_2小于计算半径R_1。如图8-21所示，这种情况不仅会影响该面的平衡力，而且还波及左右两面的力矩平衡(即动平衡量)。因此，在使用多个平衡重时须慎重处理。

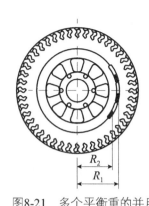

图8-21 多个平衡重的并用

8.3.2 离车式车轮动平衡原理

离车式车轮平衡机按动平衡原理工作，在汽车修理和维护作业中，因车轮已拆离车桥，平衡检测工作都在离车式平衡机上进行。与静平衡不同，动平衡将轮胎视为一个宽度为b的回旋体，动平衡原理如图8-22所示。

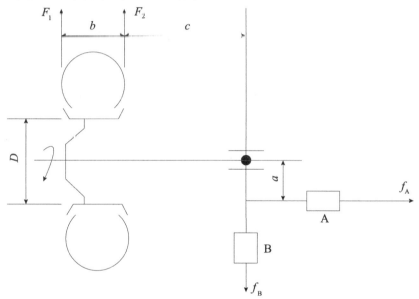

图8-22 动平衡原理图

在动平衡中，假设将不平衡质量m分为m_1和m_2两部分，集中在轮辋的边缘处，该两平面称为校正面，旋转时将形成两个离心力，图中的F_1和F_2为这两个离心力在传感器平面上的投影，当$F_1 \neq F_2$或$F_1 = F_2$，但两者相位不同时，不仅会形成不平衡力，还会形成不平衡力矩，因而动平衡机必须设置两个相互垂直的传感器A和B以采集支反力f_A和f_B，建立系统的动静力学平等方程式，以求取F_1和F_2，从而计算不平衡质量m_1和m_2。

$$\sum x = 0$$
$$f_B = F_1 + F_2$$
$$\sum M_0 = 0$$
$$f_A \cdot a = F_1 \cdot (b+c) + F_2 \cdot C$$

解出F_1和F_2为

$$F_2 = \frac{1}{b}(f_B(b+c) - f_A \cdot a)$$

$$F_1 = F_2 - f_B \tag{8-7}$$

式(8-7)是车轮动平衡机的基本检测依据,式中支反力fA和fB由传感器A和B测得,a为平衡机的结构参数,使用者只要将被检车轮的宽度b和轮辋直径D以及在平衡机上的安装尺寸c(由平衡机制造厂家随机提供的专用工具测得)键入解算电路,平衡机解算电路自会按照式(8-7)运算出离心力$F1$、$F2$,再依据$F=m \cdot r \cdot \omega2(r=D/2)$计算不平衡质量$m1$和$m2$。根据《汽车二级维护质量评定标准》(DB 44/86—1996)车轮动不平衡量的评定标准:车轮外径≤700mm,其不平衡值≤600g·cm;车轮外径≥700mm,其不平衡值≤1000g·cm。

传感器接受应变梁的位移(位移传感器)或其相应的位移加速度(加速度传感器),并随着车轮的旋转而转换成交变电量$e(t)$,用公式表示为

$$e(t) = E_0 + E \cdot \sin(wt + \phi) + \sum_{i=2}^{N} E_i \sin(iwt + \phi_i) \tag{8-8}$$

式中:第一项为传感器的直流分量;第二项就是待测不平衡信号的基波分量,其中E为幅值,它与不平衡力的量值成正比,ϕ为初相位,它是确定配重安装位置的主要参数;第三项为各次谐波分量,N为正整数(随机噪声干扰从略)。

测量系统的目的在于抑制传感器输出信号的直流分量和各次谐波,因为它们与不平衡力的量值和相位无关,只有第二项基波分量中的幅值E和初相位ϕ才是平衡机所要检测的目的参数,为解出E和ϕ,可将第二项用三角公式展开,展开后为

$$E \cdot \sin(wt+\phi) = E \cdot \cos\phi \cdot \sin wt + E \cdot \sin\phi \cdot \cos wt$$

$$= R_e \cdot \sin wt + I_m \cdot \cos wt \tag{8-9}$$

式中,$R_e = E \cdot \cos\phi$为同相分量,即信号的实部;$I_m = E \cdot \sin wt$为正交分量,即信号的虚部。

得到这两个分量后,即可计算幅值E和相位角ϕ,相关公式为

$$E = \sqrt{R_e^2 + I_m^2} \tag{8-10}$$

$$\phi = \tan^{-1}\frac{I_m}{R_e} \tag{8-11}$$

现代平衡机大多采用相关滤波法抑制直流分量E_0和谐波分量$\sum E_i \sin(iwt + \phi_i)$,具体操作方法是:由数字电路产生一路正弦基准信号$e_x(t) = E_x \sin wt$和一路余弦基准信号$e_x(t) = E_x \cos wt$($E_x$和$E_y$为基准信号幅值),使之与传感器输出的交变电量$E(t)$相乘,并在足够多的整数周期$NT$($T$为基波信号周期)内积分,再求其平均值,结果由于直流分量和谐波分量的上述积分平均值为零而被消除,传感器输出电信号$e(t)$,式(8-10)中只保留了有用的待测信号$E \cdot \sin(wt+\phi)$,从而得到基波的两个分量为(数学推导从略)

$$R_e = \frac{2}{NT} \int e(t) \cdot \sin wt dt \tag{8-12}$$

$$I_m = \frac{2}{NT} \int e(t) \cdot \cos wt dt \tag{8-13}$$

式(8-8)、式(8-10)也说明车轮平衡机在作业时要等候较长时间才能显示测量结果，这并非由电路计算速度慢所致，而是要累积足够长的周期数NT以提高精度。

课后总结

车辆在行驶中长期跑偏会给轮胎带来风险，严重时会引发爆胎危险。其实，车辆跑偏在大多数情况下是由车主在日常行驶过程中引起的。

 学习工作页

汽车使用性能检测——汽车车轮平衡检测
学习工作页

学习目的与要求：①能够做好检验前仪器及车辆的准备工作；②能够严格遵守操作安全注意事项；③能够按照操作规范要求，完成汽车车轮动平衡机的操作；④能够进行汽车车轮动平衡机的日常维护和常见故障排除工作；⑤能够完成车轮动平衡检测台的自校准。 学习内容：①检测线上车轮动车衡机的构造和原理及类别；②《机动车运行安全技术条件》(GB 7258—2012)和《车轮平衡机的检验》(GB/T 20731—2006)中车轮动平衡机的相关内容。 教学方式：现场演示操作结合车辆过线检测，记录相关数据并进行分析。	姓名：_____ 日期：_____ 第_____周 星期____ 第____节	班级：_____ 学号：_____

一、预习要求

认真阅读实训指导书中车轮动平衡机和《机动车运行安全技术条件》(GB 7258—2012)、《车轮平衡机的检验》(GB/T 20731—2006)中车轮动平衡机的相关内容。

二、工具和材料

实验用车轮、车轮专用定位锥、平衡块、专用卡尺、百分表、校验转子。

三、对受检的汽车进行描述

车牌：_____ 车型：_____ 轮辋类型：_____ 检测类别：_____

四、步骤

检测时应高度注意设备的运行情况，以免发生意外事故，如发现检测设备运行出现异常情况，应立即停止检测。

1.测试前准备

(1) 仪器通电预热、复位调零。

(2) 检查轮胎是否有异常磨损、轮胎尺寸或型号是否匹配、轮胎花纹是否一致、轮辋是否变形。

2.安全注意事项

(1) 就车拆卸车轮时应正确使用工具。

(2) 测试前应清除被测轮胎上的泥沙、石子，防止转动过程中飞溅伤人。

(续表)

汽车使用性能检测——汽车车轮平衡检测
学习工作页

3. 检验程序(每完成一项请在括号内打"√")

(1) 清除被测车轮上的泥土、石子和旧平衡块。(　　　)

(2) 检查轮胎气压，势必要充至规定值。(　　　)

(3) 根据轮辋中心孔的大小选择锥体，仔细装上车轮，用大螺距螺母上紧。(　　　)

(4) 打开电源，检查指示与控制装置的面板是否指示正确。(　　　)

(5) 用卡尺测量轮辋宽度、轮辋直径(也可从胎侧读出)，用平衡机上的标尺测量轮辋边缘至机箱距离，再采用输入或选择器旋钮对准测量值的方法，将以上参数值输入指示与控制装置中去。(　　　)

(6) 放下车轮防护罩，按下启动键，车轮旋转，平衡测试开始，微机自动采集数据。(　　　)

(7) 车轮自动停止或听到"嘀"声后按下停止键，并操纵制动装置使车轮停止旋转，通过指示装置读取车轮内、外不平衡量和不平衡位置。(　　　)

(8) 抬起车轮防护罩，用手慢慢转动车轮。当指示装置发出指示时停止转动。在轮辋的内侧或外侧上部(12点位置)加装指示装置显示该侧平衡块质量。内、外侧要分别进行，平衡块装卡要牢固。(　　　)

(9) 安装平衡块后有可能产生新的不平衡，应重新进行平衡试验，直至不平衡量<5g、指示装置显示"00"或"OK"时为止。(　　　)

(10) 测试结束，关闭电源开关。(　　　)

4. 根据实测数据及曲线进行评价与分析(不合格原因分析)

检测车辆	调整前/g	调整后/g	评价与分析(不合格原因分析)

5. 汽车车轮平衡机的日常维护要注意哪些事项：_____

_____

_____。

6. 完成车轮动平衡机的自校准

单位			设备名称		
型号规格		制造厂	出厂日期		出厂编号
校准仪器			温度		相对湿度

| 外观及性能
合格□/不合格□ | | 校准前设备状态
正常□/不正常□ | | 校准后设备状态
正常□/不正常□ | |

标准值 (单位)	仪表示值(单位)				示值误差/%	标准值 (单位)	仪表示值(单位)				示值误差/%
	1	2	3	平均值			1	2	3	平均值	

技术依据				结论	合格□/不合格□
校准员：		核验员：		校准日期	

小组实训总结：

(内容多可背书或附纸填写)

第 9 章

汽车车速表检测

情景描述

随着道路交通运输条件的改善，尤其是高速公路里程的迅速增加、城市立体交通和城际高速公路的大量建设，汽车的平均行驶速度和运输效率不断提高。然而，车速太高，方向就难以准确控制，遇到紧急情况可能来不及采取措施，还会增加紧急制动距离，因而容易造成交通事故。"十次事故九次快"，说明很多交通事故是由车速过快、遇到紧急情况来不及处理引起的。所以在一些路况不好的路段或在市区内，往往要限制车速，严禁超速行驶。那么汽车车速表如何与实际车速保持一致？

学习目标

1. 了解车速表误差的形成原因及测量原理；
2. 了解车速表检验台的类型、结构；
3. 掌握车速表的国家检测标准；
4. 掌握车速表检验台的检测方法。

汽车车速表反映的数据正确与否，直接关系汽车的安全行驶。为此，车速表要准确可靠，如果车速表的指示误差过大，将导致驾驶员难以正确控制车速，也极容易因对车速的判断失误而造成交通事故。因此，为了提高车辆的使用安全性，国家标准《机动车运行安全技术条件》(GB 7258—2012)规定必须对行驶车辆的车速表进行定期检测校正。

9.1 车速表误差的形成

要监视行车速度，必须依靠车速表，单凭驾驶员的主观感觉或经验是不行的。驾驶员对距离和速度的感觉主要凭借参照物来确定。一般来说，参照物越少，越容易感觉车距偏远、车速较低；参照物越多，越容易感觉车距偏近，车速较快。另外，车辆加速时，驾驶员容易将车速估计过高；而长时间行驶时，驾驶员往往会感觉车速偏低。特别是在雨雪天气中，驾驶员观察到的车间距要比实际间距大，并且车速越高观察误差越大。此外，当驾驶员长时间高速驾车时，也会因适应性增强造成感觉钝化现象，从而放松警惕，极容易发生危险。而对于不经常开车的人来说，更要以车速表指示为准，以保证行车的安全。

传统的车速表是机械式的，典型的机械式里程表连接一根软轴，软轴内有一根钢丝缆，软轴另一端与变速器的某一个齿轮连接，齿轮旋转带动钢丝缆旋转，钢丝缆带动里程表罩圈内的一块磁铁旋转，罩圈与指针连接并通过游丝将指针置于零位，磁铁旋转速度的快慢引起磁力线长短的变化，导致平衡被打破，指针因此被带动。这种车速里程表简单实用，被广泛用于大小型汽车上。不过，随着电子技术的发展，现在很多轿车都使用电子车速表，较为常见的一种是从变速器上的速度传感器获取信号，通过脉冲频率的变化使指针偏转或者显示数字。

车速表由车速传感器(安装在车轮上或变速箱涡轮组件的蜗杆上，有光电耦合式和磁电式两种)、微机处理系统和显示器组成。由传感器传来的光电脉冲或磁电脉冲信号，经仪表内部的微机处理后，可在显示屏上显示车速。里程表则根据车速以及累计运行时间，由微机处理计算并显示里程。

在使用过程中，车速表产生误差的原因主要是车速表本身的故障、损坏和轮胎的磨损。车速表是利用光电、磁电作用，通过指针摆动来显示行驶速度的。车速表内有可转动的活动盘以及转轴、轴承、齿轮、游丝等零件和磁性元件，这些零件在使用过程中的自然磨损以及磁性元件的磁性变化，都会造成车速表的指示误差。

汽车行驶速度v可用下式来计算

$$v \approx 0.377 \frac{r_k n}{i_k i_0} \tag{9-1}$$

式中：v——汽车行驶速度，单位为km/h；r_k——车轮滚动半径，单位为m；n——发动机转速，单位为r/min；i_k——变速器传动比；i_0——主减速器传动比。

由式(9-1)可知，汽车实际行驶速度与车轮滚动半径有关。汽车轮胎在使用过程中，随着行驶里程的增加而逐渐磨损，其滚动半径将日渐减小。在变速器输出转速不变的情况下，汽车的实际行驶速度会随轮胎滚动半径的变化而变化，而车速表的软轴是与变速器或分动器的输出端相连的，因此车速表的指示值与实际车速就会形成误差。

为消除车速表因机件磨损和轮胎磨损形成的指示误差，需借助于车速表检验台对车速表进行校验。

9.2 车速表检验台的结构及检测原理

汽车的行驶速度关系行车安全与运输生产率。为了提高汽车运输生产率，应充分利用车辆性能所能提供的最高车速，但车速如超过汽车性能所允许的界限往往会使汽车失去操纵稳定性，并会导致制动距离过长，从而影响行车安全。此外，车辆的行驶速度还受交通情况与道路条件，以及着眼于经济成本的经济车速的限制。所以，在驾驶汽车时，合理地运用、准确地掌握行车速度，对确保行车安全与高效运用车辆有着重要意义。

9.2.1 车速表检验台的结构

车速表检验台按有无驱动装置可分为标准型与电机驱动型两种。标准型检验台无驱动装置，它靠被测汽车的驱动轮带动滚筒旋转；电机驱动型检验台由电动机驱动滚筒旋转，再由滚筒带动车轮旋转。此外，还有把车速表检验台与制动检验台或底盘测功机组合在一起的综合式检验台。目前，检测站使用最多的是标准型滚筒式车速表检验台。

1. 标准型车速表检验台

标准型车速表检验台主要由滚筒、举升器、测量装置、显示仪表及辅助装置等几部分组成，其结构见图9-1。

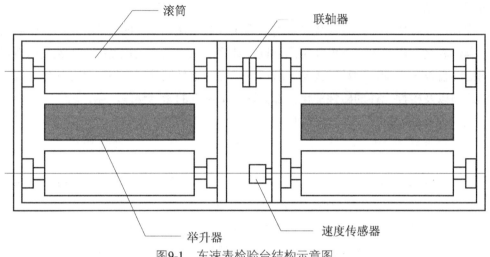

图9-1　车速表检验台结构示意图

1) 滚筒

检验台左右各有两根滚筒，用于支撑汽车的驱动轮。在测试过程中，为防止汽车的差速器起作用而造成左右驱动轮转速不等，前面的两根滚筒是用联轴器连在一起的。滚筒多为钢制，表面有防滑材料，直径多在175～370mm之间。为了标定时换算方便，直径多为176.8mm。当滚筒转速为1200r/min时，滚筒表面的线速度正好对应40km/h。

2) 举升器

举升器置于前后两根滚筒之间，多为气动装置，也有采用液压驱动和电机驱动的方式。测试前，举升器处于上方，以便汽车驶上检验台；测试时，举升器处于下方，以便滚筒支撑车轮；测试后，靠气压(或液压、电机)升起举升器，顶起车轮，以便汽车驶离检验台。

3) 测量装置

测量装置即测量转速的传感器，它的作用是测量滚筒的转动速度。通过转速传感器将滚筒的速度转变成电信号(模拟信号或脉冲信号)，再输入显示仪表。常用的转速传感器有测速发电机式、光电编码器式和霍尔元件式等。

(1) 测速发电机式(见图9-2)。测速发电机是一种永磁发电机，由于制作精密，它能够产生几乎与转速完全成正比的电压信号(属于模拟信号)，通常将它安装在滚筒一端。当滚筒转动时，测速发电机就可以输出与转速成正比的电压。此信号经放大和A/D转换后输入单片机处理。

(2) 光电编码式(见图9-3)。它有一个带孔或带齿的编码盘，安装在滚筒的一端并随滚筒转动。有一对由光源和光接收器组成的光电开关。其中光源一般发出红外光，光接收器多由光敏三极管和放大电路组成，可将收到的光信号转变为电信号。光源和光接收器分别置于编码盘的两侧，并彼此对准。当编码盘转动时，光源发出的光线周期性地被遮住，于是光接收器将收到断续的光信号，并将其转换成一系列电脉冲(脉冲信号)，脉冲频率与滚筒转速成正比。此脉冲信号经过光电隔离等环节之后，也被传入单片机进行处理。

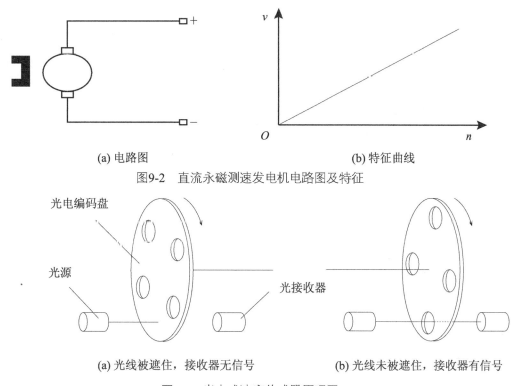

(a) 电路图　　　　　　　　　　　(b) 特征曲线

图9-2　直流永磁测速发电机电路图及特征

(a) 光线被遮住，接收器无信号　　　(b) 光线未被遮住，接收器有信号

图9-3　光电式速度传感器原理图

(3) 霍尔元件式(见图9-4)。霍尔元件式传感器利用霍尔效应原理，将带齿的圆盘固定在滚筒一端，并随滚筒一起转动。当圆盘的齿未经过磁导板时，有磁场经过霍尔元件，因而感应霍尔电动势；当圆盘的齿经过磁导板时，磁场被短路，霍尔电动势消失，所以霍尔元件可以产生与速度成正比的脉冲信号。此脉冲信号同样经过一定的隔离处理后，被输入单片机进行处理。

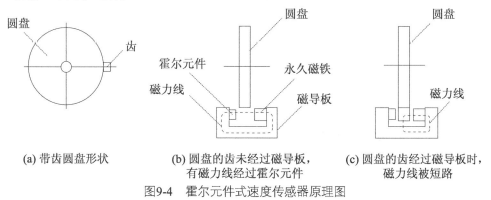

(a) 带齿圆盘形状　　　(b) 圆盘的齿未经过磁导板，　　(c) 圆盘的齿经过磁导板时，
　　　　　　　　　　　　有磁力线经过霍尔元件　　　　　磁力线被短路

图9-4　霍尔元件式速度传感器原理图

4) 显示仪表(或显示器)

目前，大多数检测站使用智能型数字显示仪表，也就是一个单片机系统。来自传感器的信号经放大、A/D转换或经滤波整形后进入单片机进行处理，再输出并显示测量结果。在全自动检测线上，也有直接把速度传感器信号接到工位机(或主控机)上进行处理的情况。

5) 辅助装置

(1) 安全装置。车速检验台滚筒两侧设有挡轮，以免检测时车轮左右滑移损坏轮胎或设备。

(2) 滚筒抱死装置。汽车测试完毕出车时，如果只依靠举升器，可能造成车轮在前滚筒上打滑的现象。为了防止打滑，增加滚筒抱死装置，使其与举升器同步，在举升器升起的同时，抱死滚筒，举升器下降时则放开。

(3) 举升保护装置。车辆在速度检验台上运转时，举升器如突然上升会导致严重的安全事故，因而车速检验台设有举升器保护装置(软件或硬件保护)，以确保当滚筒转速低于设定值后(如5km/h)才允许举升器上升。

2. 电机驱动型车速表检验台

车速表的转速信号多数取自汽车变速器或分动器的输出轴，但对于后置发动机的汽车来说，由于车速表软轴过长，会出现传动精度和寿命等方面的问题，所以转速信号应取自前从动轮。对于这种车辆，必须采用电动机驱动型车速表检验台，测试时，由电动机驱动滚筒与前从动轮同时旋转。这种检验台往往在滚筒与电动机之间装有离合器，如图9-5所示。若检验时将离合器分离，这种检验台又可作为标准型检验台使用。

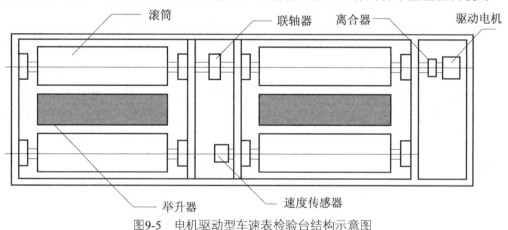

图9-5 电机驱动型车速表检验台结构示意图

9.2.2 滚筒式车速表检测台的测试原理

检测时将汽车驱动轮置于滚筒上，由发动机经传动系驱动车轮旋转，车轮借助于摩擦力带动滚筒旋转，旋转的滚筒相当于移动的路面。以驱动轮在该滚筒上旋转来模拟汽车在路面上行驶时的实际状态，通过测试滚筒的线速度来达到测量汽车行驶速度的目的。

滚筒的线速度、滚筒直径和转速之间的关系可用公式表示为

$$v=\pi\times D\times n\times 60\times 10^{-6} \tag{9-2}$$

式中：v——滚筒的线速度，单位为km/h；

　　　D——滚筒的直径，单位为mm；

　　　n——滚筒的转速，单位为r/min。

车轮的线速度与滚筒的线速度相等，故式(9-2)的计算值即为汽车的真实车速，该值在检验时由检验台上的速度指示仪表显示。

车轮在滚筒上转动的同时，车速表的软轴由汽车变速器或分动器输出轴带动旋转，并在车速表上显示车速值，即车速表指示值。将上述检验台速度指示仪表上显示的真实车速值与车速表显示的车速指示值相比较，即可求出车速表的误差。

9.3 车速表误差产生的原因分析

随着汽车使用年限的增加，车速表的误差往往会逐渐增大。造成车速表失准的原因，主要有两个方面：一方面是车速表本身的问题，另一方面与轮胎的状况有关。

1. 车速表自身的原因

不论是磁电式车速表还是电子式车速表，其主轴都是由与变速器相连的软轴驱动的。对于磁电式车速表(车速表常与里程表合为一体，如图9-6所示)来说，当主轴旋转时，与主轴固定连接的永久磁铁也一起旋转，其磁场会在铝罩上感应涡流，产生的涡流力矩引起铝罩偏转并带动游丝和指针偏转，最后使涡流力矩与游丝的弹性反力矩达到平衡。车速越高，涡流力矩越大，指针偏转的角度也越大。对于电子式车速表来说，主轴的转动会使传感器产生与主轴转速成正比的脉冲信号，经电子线路处理后，传入仪表引起指针偏转或给出数字指示。

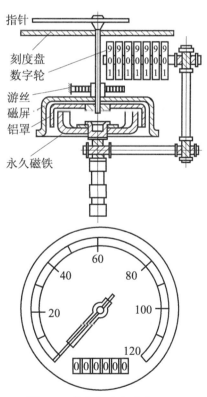

图9-6　磁感应式车速表

当汽车长期使用后，难免会出现车速表内的机械零件磨损变形、里程表软轴松旷、车速传感器发生故障、永磁元件退磁老化等现象，都会导致车速表指示值误差增大，甚至损坏。

2. 轮胎方面的原因

由车速表的工作原理可知，车速表的指示值仅仅与车轮的转速成正比，而汽车行驶

的速度相当于驱动轮的线速度，显然线速度不仅与转速有关，还与车轮的半径有关。

理论上，若驱动轮半径为r，其转速为n，则汽车行驶的线速度的计算公式为

$$v=2\pi \cdot r \cdot n/60 \text{(m/s)}=0.377r \cdot n \text{(km/h)} \tag{9-3}$$

实际上，由于轮胎是一个充气的弹性体，汽车在行驶时，轮胎受到垂直载荷、车轮驱动力和地面阻力等作用会发生弹性变形。另外，轮胎磨损或改装、气压不符合标准(过高或不足)等原因也会影响车轮半径的变化。因此，即使在驱动轮转速不变(车速表的指示也不变)的情况下，上述原因也会引起实际车速与车速表指示值不一致的现象。

课后总结

为保证行车安全，必须随时掌握准确的行行速度。因此，在驾车时为防错觉必须以车速指示表为准，要做到勤查看车速表，并定期进行检查校验，以保持可靠的行车安全状态。

 学习工作页

汽车使用性能检测——汽车车速表检测
学习工作页

学习目的与要求：①能够做好检验前仪器及车辆的准备工作；②能够严格遵守操作安全注意事项；③能够按照操作规范要求，完成汽车车速表的检测；④能够完成车速表检验台的日常维护和常见故障排除工作；⑤能够完成车速表检验台的自校准工作。 学习内容：①车速表检验台的构造和检测原理；②《机动车运行安全技术条件》(GB 7258—2012)中车速表误差检验的相关内容。 教学方式：现场演示操作结合车辆过线检测，记录相关数据并进行分析	姓名：_____ 日期：_____ 第_____周 星期____ 第____节	班级：_____ 学号：_____

一、预习要求

认真阅读实训指导书中车速表检验台和《机动车运行安全技术条件》(GB 7258—2012)中车速表误差检验的相关内容。

二、工具和材料

实验用车、安全三角挡块、采样遥控、转速仪。

三、对受检的汽车进行描述

车牌：_____   车型：_____   驱动型式：_____   检测类别：_____

四、步骤

检测时应高度注意设备的运行情况，以免发生意外事故，如发现检测设备运行出现异常情况，应立即停止检测。

1.检验前仪器及车辆准备(每完成一项请在括号内打"√")

(1) 检验台滚筒表面清洁，无异物及油污，仪表清零。(   )

(2) 车辆轮胎气压、花纹深度符合出厂标准规定；车辆清洁，轮胎清洁不得有泥、砂等杂物。(   )

(3) 检查滚筒上是否粘有油、水、泥等杂物，若有应予以清除。(   )

(4) 检查举升器动作是否自如，气缸(或油缸)有无漏气(或漏油)，如有故障应予以修理。(   )

(5) 检查信号线的连接情况，若有接触不良或断路应予以修复。(   )

(续表)

汽车使用性能检测——汽车车速表检测
学习工作页

2. 安全注意事项

(1) 测速时车辆前、后方及驱动轮两旁不准站立人员。

(2) 检验结束后,检验员不可采取任何紧急制动措施使滚筒停止转动。

(3) 对于不能在车速表检验台上检验的车辆,可通过路试检验车速表指示误差。

列举哪些车辆不能在检验台上检验＿＿＿＿＿＿＿＿＿＿＿＿＿＿＿＿＿＿＿＿＿＿＿。

路试检验车速表指示误差所用的仪器有哪些＿＿＿＿＿＿＿＿＿＿＿＿＿＿＿＿＿＿。

3. 检验程序

(1) 将车辆正直驶上检验台,驱动轮停放在测速滚筒的中间位置。

(2) 降下举升器或放松滚筒锁止机构,在非驱动轮前部加止动块(前轮驱动车使用驻车制动);检验台架所采用的举升器是＿＿＿＿＿＿＿＿＿＿形式。

(3) 对于标准型车速表检验台:启动汽车,缓慢加速,当车速表指示40km/h时,维持3～5s测取实际车速,检测结束,减速停车。

车速表检验台可分为＿＿＿＿＿＿＿和＿＿＿＿＿＿＿两种。

标准型车速表检验台的结构有＿＿＿＿＿＿、＿＿＿＿＿＿、＿＿＿＿＿＿、＿＿＿＿＿＿。

(4) 举起举升器或锁止滚筒,将车辆驶出检验台。

当车速表指示为40km/h时,实际车速应为＿＿＿＿＿＿。

4. 根据实测数据进行评价与分析(不合格原因分析)

检测车辆	车速表指示值 /(km/h)	实际车速值 /(km/h)	评价标准值 /(km/h)	评价与分析 (不合格原因分析)

5. 完成车速表检验台的自校准

车速表检验台型号:＿＿＿＿＿ 制造厂:＿＿＿＿＿ 出厂编号:＿＿＿＿＿ 外观情况:＿＿＿＿＿

$V=40$km/h示值误差

1			2			3		
车速表示值/(km/h)	转速值/(r/min)	示值误差/%	车速表示值/(km/h)	转速值/(r/min)	示值误差/%	车速表示值/(km/h)	转速值/(r/min)	示值误差/%
V_0	n	δ	V_0	n	δ	V_0	n	δ

4			5			6		
车速表示值/km/h	转速值/r/min	示值误差/%	车速表示值/km/h	转速值/r/min	示值误差/%	车速表示值/km/h	转速值/r/min	示值误差/%
V_0	n	δ	V_0	n	δ	V_0	n	δ

$\delta=$

操作人员:＿＿＿＿＿＿＿ 时间:＿＿＿＿＿＿＿ 结论:＿＿＿＿＿＿＿

小组实训总结:

(内容多可背书或附纸填写)

第10章

汽车前照灯检测

情景描述

某客户夜间行车时，发现自己驾驶的汽车前照灯灯光亮度不够而且照射方向不准，他认为这会严重影响夜间的行车安全。那么，应如何诊断和维修?

学习目标

1. 了解前照灯检测的相关标准;

2. 掌握前照灯检测的基本原理;

3. 了解前照灯检测设备的分类;

4. 了解前照灯检测的方法及要求;

5. 具有分析前照灯检测结果的能力。

前照灯是汽车在夜间或在能见度较低的条件下，为驾驶员提供行车道路照明的重要设备，而且也是驾驶员发出警告、进行联络的灯光信号装置，所以前照灯必须有足够的发光强度和正确的照射方向。由于在行车过程中，汽车受到振动，可能导致前照灯部件的安装位置发生变动，从而改变光束的正确照射方向。同时，灯泡在使用过程中会逐渐老化，反射镜也会受到污染而使其聚光性能变差，导致前照灯的亮度不足。这些变化，都会使驾驶员对前方道路的情况辨认不清，或在对面来车交会时造成对方驾驶员眩目等，从而导致事故的发生。因此，前照灯的发光强度和光束的照射位置被列为机动车运行安全的检验项目。

10.1 汽车灯光基础

前照灯是汽车的主要照明装置。前照灯的配光性能应使其远、近光均具有足够的发光强度，且近光不眩目。

机动车上所用的照明装置都是电光源形式。电光源是指当通以电流使金属物体(灯丝)发热产生热能并转变为光能后，通过辐射的方式向外界发光的器件。常见的各种灯光是一种电磁波，它以 3×10^5 km/s 的速度沿直线传播。电磁波的波长范围很广，车上各种照明装置所发出的光线均为可见光，其波长范围为 380～780nm。

10.1.1 光的物理量与单位

(1) 电光源功率。电光源功率是指加在灯泡灯丝上的端电压和流经灯丝的电流的乘积。它的单位是瓦特，简称"瓦"，用符号W表示。灯丝的电功率越大，它的发光强度就越大，灯就越亮。

(2) 发光强度。发光强度表示光源发出的光的强弱程度。它的单位是坎德拉，简称

"坎",用符号cd表示。国际单位制(SI)规定:一个单色光源在给定方向上发出频率为540×10^{12}Hz、波长为0.550μm的光,在此方向上的辐射强度为1/683(单位W/sr,瓦特每球面度),则此光源在该方向上的发光强度为1cd。

(3) 光通量。光通量是指光源在单位时间内发出的总的可见光能量。它的单位是流明,用符号lm表示。1lm规定为:发光强度为1.02cd的点光源,在单位立体角内发出的光通量。

(4) 照度。照度表明受光物体被光源照明的程度。它的单位是勒克斯,用符号lx表示。1lx为1lm的光通量均匀分布在1m^{2}表面上所产生的光照度,也等于1.02cd的点光源在半径为1m的球面上产生的光照度。若用S代表被照明的面积,ϕ代表照射到物体上的光通量,则照度用公式表示为

$$E=\varphi/S \tag{10-1}$$

10.1.2 发光强度和照度的关系

在照明灯发光强度不变的情况下,物体离开光源越远,被照明的程度越差,说明被照明物的照度的变化和光源的距离有关,如图10-1所示。在不计光源大小的情况下(看做点光源),照度与离开光源距离的平方成反比,与光源的发光强度成正比,简称倒数二次方法则。

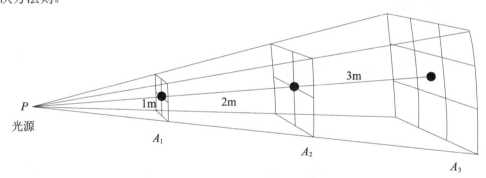

图10-1 发光强度与照度的关系

即

$$照度 (lx) = \frac{发光强度(cd)}{离开光源距离的平方(m^2)} \tag{10-2}$$

如把前照灯看做点光源,其发光强度为15 000cd,受照物体距前照灯100m,则受照物体上得到的照度为:15 000/100^2=1.5/x。一般人眼能看清物体时,该物体所需的最低照度约为(0.2+0.01L)lx,式中L为灯与物体间的距离(m)。现距离为100m,按该式计算所需照度为1.2lx,现物体能得到1.51lx的照度,表明人眼能看见100m远处的物体。该物体得到的照度越大,则人眼看得越清楚;或者说前照灯的发光强度越高,人眼能看清物体的距离就越远。

10.1.3 前照灯的光学特性

前照灯的特性包括配光特性、全光束和照射方向三个方面。

1. 配光特性

配光特性(光束分布)是指受照物体上各部位的照度大小。当汽车前照灯垂直照射到前方的平滑表面后，被照射面上的照度是不均等的，中心区域较高，边缘区域较低。如果把各个照度相同的点用曲线连接起来，即可得到如图10-2所示的等照度曲线图。好的配光特性要求等照度曲线的分布在垂直方向窄、在水平方向宽，且左右对称、不偏向任何一边，上下扩展也不太宽，这被称为对称式配光特性。

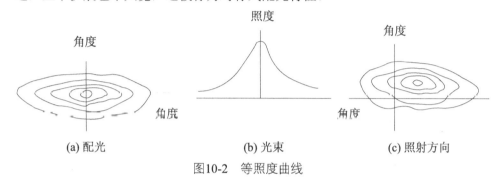

(a) 配光   (b) 光束   (c) 照射方向

图10-2 等照度曲线

还有一种非对称式配光，即光形中有一条明显的明暗截止线(灯光投射到配光屏幕上，眼睛感觉到的明暗陡变的分界线)。非对称式配光有两种： 种是在配光屏幕上，明暗截止线的水平部分在 V-V 线的左半边，右半边为向上呈15°的斜线，如图10-3(a)所示。另一种是明暗截止线的右半边为向上呈45°的斜线，左半边为垂直于 V-V 线、距 h-h 线25cm的水平线，由于明暗截止线呈Z形，亦称Z形配光，如图10-3(b)所示。目前，我国前照灯的近光灯已采用这种Z形配光形式。

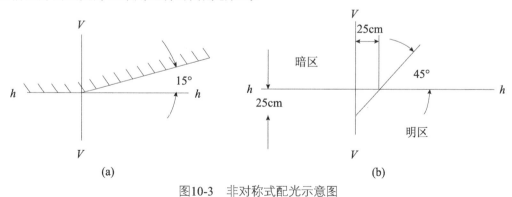

(a)   (b)

图10-3 非对称式配光示意图

V-V 是汽车纵向中心平面在屏幕上的投影线；h-h 是汽车前照灯基准中心高度水平线

2. 全光束

全光束(发光强度)是指前照灯照射物体后，物体得到的总照度。它可以用明亮度分布纵断面的配光特性曲线来表示，如图10-2(b)所示。该断面的积分值，即该曲线的旋转体积就是全光束，可以认为它是光源所发出的光的总量。因为受照物体得到的照度或全光束与发光强度有关，因此，全光束的特性常用光源发光强度来表述。

3. 照射方向

如果把前照灯光线最亮的地方看做光轴的中心，则它对水平和垂直坐标轴交点的偏离就表示它的照射方向，如图10-2(c)所示。光轴的中心与水平、垂直坐标轴交点的距离，就是光束照射的偏移量。

由于汽车前照灯不是一个理想的点光源，除透过前照灯散光玻璃各点的光线不均匀之外，还有和主光轴相交的光线，因此前照灯的实际照射方向与上述点光源的照射方向有一定的差异。但是主光轴上的光线大部分都是穿过散光玻璃中心直射的，因此，在离开散光玻璃足够远的地方，可以近似地看做由点光源发出的散射光线，根据倒数二次方法则，随着偏离光源距离的增加，照度是递减的。

如图10-4所示，为前照灯主光轴照度随距离变化的曲线。可以看出，距离超过5m时，实测值和理论计算值基本一致；距离为3m时，约产生15%的误差。可见距离越远，得到的测量值越准确。但由于受场地限制，在用前照灯检测仪测量时，通常在距前照灯前方3m、1m、0.5m、0.3m处进行测量，并将该测量值当作前照灯前方10m处的照度，换算成发光强度进行指示。

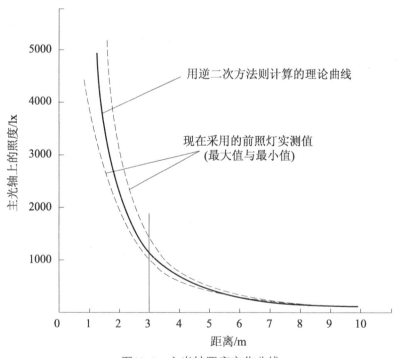

图10-4　主光轴照度变化曲线

10.2 前照灯的检测及评价方法

10.2.1 前照灯的检测方法

汽车前照灯的检测方法主要有前照灯检测仪检测法和屏幕法。

1. 前照灯检测仪检测法

汽车前照灯检测仪采用能把吸收的光能转变成电流的光电池作为传感器,按照前照灯灯光照射光电池产生的电动势或电流的大小和比例,来测量发光强度和光轴偏斜量(光束的照射位置)。

光电池是一种光电变换器件,当光线照射到光电池的受光面时,光电池就会产生电动势,光线越强,电动势就越大。如果将它接入回路就会产生相应的回路电流,回路电流的大小即可反映照射到光电池上的光的强弱。

在进行前照灯检验时,可采用聚光透镜将前照灯灯光聚送到光电池上,再经过适当的信号处理,以达到对前照灯发光强度与光轴偏移量的检测目的。

采用四象限光电池组测量光轴位置的原理如图10-5所示。左右一对光电池检测光轴的左右位置,如果光轴偏离了中心位置,则左右光电池受到的光照度不等,就会产生一个偏差信号并输出,使得左右偏斜指示计的指针偏离零点,其偏移量即反映了光轴的左右偏斜量。同理,通过上下一对光电池,可以检测光轴的上下偏斜量。通过调节机构,可适当调整光线照射光电池的光照位置,从而使偏斜指示计的指针指向零位,此调节量即反映了光轴的偏斜量。

此外,也可认为光电池受到最强的光照,光电池产生与受光强弱成正比的电流,四块光电池输出电流之和也就表明了前照灯发光强度的大小,如图10-5和10-6所示。利用这一原理制作的前照灯检测仪有多种型式。

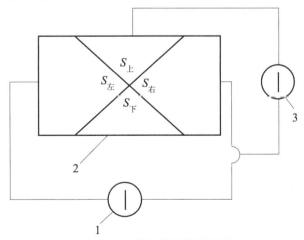

图10-5 光轴偏斜量检测原理

1-左右偏斜指示计 2-光电池 3-上下偏斜指示计

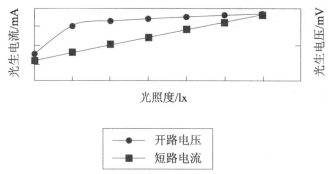

图10-6 光电池的光照度与电流和电压的特性曲线

2. 用屏幕法检测光束照射位置

汽车空载停在水平坚硬的场地上，允许乘一名驾驶员，轮胎气压应符合汽车制造厂的规定。在距前照灯10m处设一个专用屏幕，如图10-7所示。专用屏幕应垂直于地面，其上画有三条垂直线和三条水平线，中间垂直线V-V与被检车辆的纵向中心线对正，两侧的垂直线$V_{左}$-$V_{左}$和$V_{右}$-$V_{右}$分别为被检车辆的左右前照灯的中心线，水平线h-h与被检车辆的前照灯的中心等高，距地面高度为H(mm)，其值视被检车型而定。中间水平线的高度为H_1，与被检车辆的前照灯远光光束中心的规定上限值(0.9H)等高；下方水平线的高度为H_2，与被检车辆的前照灯近光光束中心的规定上限值(0.8H)等高。标准规定远近光光束中心高度的偏差范围分别为0.05H与0.2H，即其下限值分别为0.85H和0.6H。

检测时，先遮盖一边的前照灯，然后打开前照灯的近光开关，未遮盖的前照灯的近光明暗截止线转角或光束中心应落在由高度为0.6H、0.8H(H_2)的两条水平线及距汽车纵向中心线为S/2+100(mm)、S/2-100(mm)的两条垂直线所围出的矩形面积内，否则表明近光光束照射位置不合格。用同样方法检测另一边前照灯近光光束的照射位置。因为我国规定"车辆夜间行驶会车时使用近光灯"，所以近光光束照射位置正确与否，直接关系夜间行车的安全。故在检测双光束前照灯时，以检测近光光束为主。

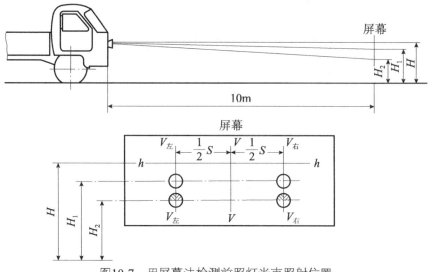

图10-7 用屏幕法检测前照灯光束照射位置

对于远光单光束前照灯，则要检测远光光束的照射位置，检测方法与前文所述相同，但其光束中心应落在高度为0.85H、0.9H(H_1)的两条水平线及距汽车纵向中心线为S/2+100(mm)、S/2-170(mm)[右灯为S/2+170、S/2-170]的两条垂直线所围成的矩形面积内，方为合格。

用屏幕法检测前照灯，其方法简单易行，有一定的实用价值，但它只能检测光束的偏斜方向和偏斜量，不能检测发光强度，而且为适应不同车型的检测，需经常更换屏幕，检测效率低，同时需占用较大面积的场地。

10.2.2 汽车前照灯检测的评价指标

1. 远光光束发光强度要求

机动车每只前照灯的远光光束发光强度应达到表10-1的要求。并且，同时打开所有前照灯(远光)时，总的远光光束发光强度应符合《汽车及挂车外部照明和光信号装置的安装规定》(GB 4785—2007)的规定，总的最大远光发光强度应不超过225 000cd。测试时，电源系统应处于充电状态。

表10-1 前照灯远光光束发光强度最小值要求

机动车类型		检查项目					
		新注册车			在用车		
		一灯制/cd	二灯制/cd	四灯制/cd[a]	一灯制/cd	二灯制/cd	四灯制/cd[a]
三轮汽车		8000	6000	—	6000	5000	—
最大设计车速小于70km/h的汽车		—	10 000	8000	—	8000	6000
其他汽车		—	18 000	15 000	—	15 000	12 000
普通摩托车		10 000	8000	—	8000	6000	—
轻便摩托车		4000	3000	—	3000	2500	—
拖拉机运输机组	标定功率>18kW	—	8000	—	—	6000	—
	标定功率≤18kW	6000[b]	6000	—	5000[b]	5000	—

a. 四灯制是指前照灯具有4个远光光束；采用四灯制的机动车，其中两只对称的灯达到两灯制的要求时视为合格。
b. 允许手扶拖拉机运输机组只装用一只前照灯

2. 光束照射位置要求

检验前照灯近光光束的照射位置时，应使前照灯照射在距离10m的屏幕上，乘用车前照灯近光光束明暗截止线转角或中点的高度应为0.7H～0.9H(H为前照灯基准中心高度，下同)，其他机动车(拖拉机运输机组除外)应为0.6H～0.8H。机动车(装用一只前照灯的机动车除外)前照灯近光光束的水平方向位置向左偏移的距离应小于等于170mm，向右偏移的距离应小于等于350mm。

对于轮式拖拉机运输机组装用的前照灯近光光束的照射位置，按照上述方法检验时，要求屏幕上光束中心点的离地高度应小于等于0.7H；对水平位置的要求是向右偏移的距离应小于等于350mm，不得向左偏移。

检验前照灯的远光照射位置时，对于能单独调整远光光束的前照灯，当前照灯照射在距离10m的屏幕上时，对屏幕光束中心离地高度的要求是：乘用车为0.85H～0.95H(但不得低于前照灯近光光束明暗截止线转角或中点的高度)；其他机动车为0.8H～0.95H。对机动车(装用一只前照灯的机动车除外)前照灯远光光束的水平位置要求为：左灯向左偏移应小于等于170mm，向右偏移应小于等于350mm；右灯向左或向右偏移均应小于等于350mm。

10.3 前照灯检测仪原理与结构

10.3.1 前照灯检测仪原理

汽车前照灯近光光束的光形是非对称的(参见图10-8)，且由于制造工艺的制约，前照灯近光光束的明暗截止线不可能像理想中的那样呈现明暗陡变的变化(见图10-8)，而是在明区和暗区之间有一个逐渐变化的过程(见图10-9)。而且，明暗截止线的转角点也不可能非常清晰。这些都给前照灯近光光束照射位置的准确测量带来了很大困难。此外，前照灯近光光束在受照区中的照度要低于远光光束，而通常前照灯的检测都是在白天进行的，如何排除室内环境背景光的影响，也是一个需要解决的问题。

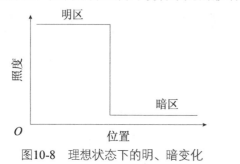

图10-8 理想状态下的明、暗变化　　图10-9 实际状态下的明、暗变化

为了解决以上难题，可在技术方面采取以下几个措施。

1. 缩短检测距离

检测距离是指前照灯检测仪光接收箱正面至被检前照灯的距离。通常情况下，在远光自动式前照灯检测仪中，这个检测距离为3m；在远、近光全自动汽车前照灯检测仪中，这个距离缩短为1m，有的厂家(比如比利时的L.E.T)将其缩短为0.5～0.7m。缩短距离之后，仪器光接收箱接收到的前照灯近光光束的照度更强，从而增加了明、暗区的对比度，进而有利于近光光形的分析与处理。

2. 采用CCD图像传感器技术

CCD图像传感器全自动前照灯远近光检测仪，是在自动跟踪光轴式远光检测仪的基础上，结合CCD图像传感器和先进的图像处理技术发展而来的，可以对汽车前照灯的

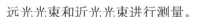

远光光束和近光光束进行测量。

常见的CCD图像传感器全自动前照灯检测仪有两种类型：一种检测仪在透镜的前后安装了两个CCD摄像机，分别负责光轴的跟踪和前照灯配光性能以及照射方向的分析；另一种检测仪在透镜后安装了一个CCD摄像机，用于前照灯配光性能和照射方向的分析，而对光轴的跟踪仍沿用以前的光电池方法。

10.3.2　CCD图像传感器前照灯检测仪的结构

下面以QD-1003型全自动前照灯检测仪为例(见图10-10)，详细阐述远、近光全自动检测仪的工作原理及结构。

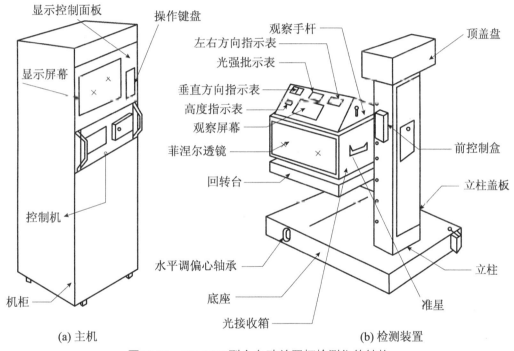

(a) 主机　　　　　　　　　　　(b) 检测装置

图10-10　QD-1003型全自动前照灯检测仪的结构

1. 光接收箱结构

光接收箱的光学系统结构如图10-11所示。

(1) 大口径菲涅尔透镜。对被检前照灯光束进行会聚。

(2) 半反射镜。将会聚后的入射光分成两路，一路穿过半反射镜到达光传感器A，另一路反射到屏幕及光传感器B。

(3) 小菲涅尔透镜。将穿过半反射镜的入射光再次会聚，缩短物理光程，减小光接收箱尺寸。

(4) 光传感器A。由4个光电池组合而成，检测入射光的偏移情况。

(5) 屏幕。入射光由半反射镜反射投影在屏幕上，形成光斑。屏幕由半透光材料制成。

(6) 光传感器B。由5个光电池组合而成，检测入射光的偏移情况及发光强度。

(7) CCD摄像机。把屏幕上形成的光斑图形拍摄下来，传入计算机进行处理。

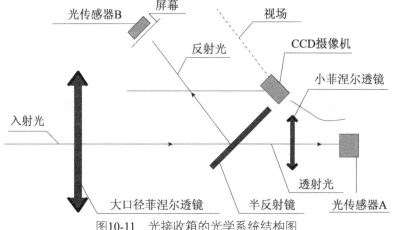

图10-11　光接收箱的光学系统结构图

2. 光接收箱及其回转机构

光接收箱及回转机构如图10-12所示。

(1) 接收箱。装有图10-12所示的光学系统的全部部件。

(2) 上下回转支轴。作为光接收箱在做上下方向回转时的支点。

(3) 上下回转支架。通过左右回转支轴(在上下回转支架中部，图中未能画出)与托架相连接。

(4) 托架。通过左右回转支轴与上下回转支架连接，使上下回转支架连同光接收箱可在水平方向回转。托架可沿仪器立柱上下移动，使光接收箱上下移动。

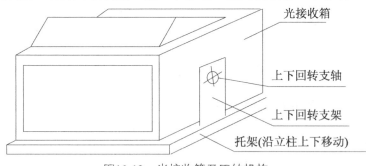

图10-12　光接收箱及回转机构

3. 立柱和底座

支承光接收箱，并使其可沿水平方向(沿导轨)和垂直方向(沿立柱)左右或上下移动，详见使用说明书。

4. 主机

主机装有工业控制计算机，用以对CCD摄像机传输过来的图像信号进行分析处理，并求出测量结果。同时，还负责对有关检测参数、条件进行设定，指挥检测装置按规定程序开展检测工作。

10.4 前照灯检测仪的测量及不合格原因分析

10.4.1 远光测量步骤

(1) 开亮汽车前照灯远光。

(2) 仪器从导轨起始端向前照灯方位运行，使用仪器立柱上垂直安置的8个光电器件探测前照灯光束的位置，仪器在自动控制系统的作用下，使光接收箱进入前照灯光照区。

(3) 前照灯光束进入光接收箱经透镜会聚后，一路到达光传感器A，如果落在光传感器A上的光斑偏下(见图10-13)，则D的输出大于U的输出，仪器驱动光接收箱往下运动，直到D的输出与U的输出相等时为止。光接收箱左右方向的移动的控制同理。

(4) 前照灯光束进入光接收箱经透镜会聚后，另一路光束经半反射镜反射后到达光传感器B(穿过屏幕)。如果落在光传感器B上的光斑偏上(见图10-14)，则U的输出大于D的输出，仪器驱动光接收箱以上下回转支轴为中心向下回转，直到U的输出与D的输出相等为止。同理，也可对光接收箱左右方向的回转移动进行控制。

(5) 当测量结束时，前照灯光束中心的方向与光接收箱光学中心线的方向重合，此时，光接收箱回转的角度(在水平方向及垂直方向)表征了前照灯远光光束的偏移角度，如图10-15和图10-16所示。

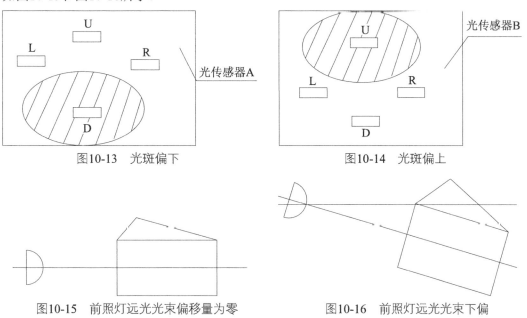

图10-13 光斑偏下　　　　　　　　　图10-14 光斑偏上

图10-15 前照灯远光光束偏移量为零　　　图10-16 前照灯远光光束下偏

(6) 当测量结束时，光传感器B中部安放的光强检测传感器将输出光强度信号，从而得出被检前照灯的远光光强数值。

(7) 测量结束。被检前照灯基准中心的高度用公式表示为

$$H=h+Ltg\theta \tag{10-3}$$

式中：h——光接收箱光学中心高度(由高度传感器测出)；

    L——检测距离；

    H——被检前照灯基准中心高度。

10.4.2 近光测量步骤

(1) 在完成远光测量后，锁定光接收箱的位置。

(2) 将汽车前照灯转为近光。

(3) 近光光束经透镜会聚，由半反射镜反射到屏幕上。

(4) 如果近光光束明暗截止线转角点(中点)的照射位置与远光光束中心的照射位置相同，则投影到屏幕上的光斑的明暗截止线转角点(中点)将落在屏幕的原点上，如图10-17所示。此时，近光明暗截止线转角点的照射位置的偏移量等于远光光束的中心偏移量A。

(5) 如果近光光束明暗截止线转角点(中点)的照射位置与远光光束中心的照射位置不相同，则投影到屏幕上的光斑的明暗截止线转角点(中点)将偏离屏幕原点一段距离，如图10-18所示。此时，近光明暗截止线转角点的照射位置的偏移量等于远光光束中心偏移量A与屏幕偏移量δ_A之和。

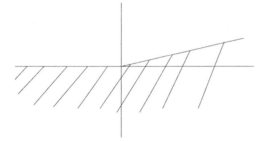

图10-17 明暗截止线转角点落在屏幕原点

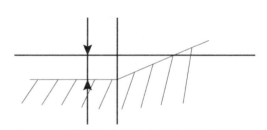

图10-18 明暗截止线转角点偏离屏幕原点

(6) 对准光轴后，利用CCD对进入仪器光接收箱经过聚光镜聚光后聚集在平面屏幕上的机动车前照灯远光光斑进行拍摄，再利用高性能计算机和先进的图像处理技术对整个平面的光斑进行量化分析处理，找出其光束中心。不同偏角的光束其光学中心成像在平面上的位置也不同，不同光强的点其在图像上的灰度也不同。光强越强的点，光斑越亮；光强越弱的点，光斑越暗。求出明暗截止线转角点偏离屏幕原点的距离后，可求出δ_A的数值，最后求出近光光束明暗截止线转角点照射位置的偏移量，用公式表示为

$$\alpha = A + \delta_A \tag{10-4}$$

式中：A——远光光束中心偏移量；

    δ_A——近光明暗截止线转角点照射方向与远光光束中心照射方向的差值。

10.4.3 前照灯不合格的原因分析

前照灯不合格有两种情况：一是前照灯发光强度不足；二是前照灯照射位置偏斜。

1. 前照灯发光强度不足

前照灯发光强度不足，原因包括以下几方面。

1) 前照灯亮，但是发光强度不足

(1) 检查前照灯反光镜的光泽度，是否有昏暗、镀层老化剥落或发黑现象；

(2) 检查灯泡是否光度偏低，质量型号是否符合要求；

(3) 检查蓄电池端电压是否偏低，应先保证蓄电池电量充足再检测端电压；

(4) 检查前照灯电路中的保险丝、导线接头、前照灯开光或继电器触点是否松动，电路中负荷是否超过要求；

(5) 检查发电机的输出电压是否过低。

2) 前照灯全部不亮

(1) 蓄电池端亏电；

(2) 前照灯电路断路，包括导线老化断裂、总开关损坏、线路接口松动、总保险丝熔断等；

(3) 前照灯灯泡的灯丝烧断。

3) 其中某个前照灯不亮

(1) 变光开关或自动变光器损坏；

(2) 前照灯电路中的导线有断路；

(3) 前照灯灯泡的灯丝烧断。

4) 前照灯灯泡经常烧坏

电路短路或发电机输出电压过高。

2. 前照灯光束照射位置偏斜

前照灯光束照射位置偏斜，原因包括以下几方面。

(1) 前照灯的安装位置不当。前照灯可能因为使用过程中的强烈振动而错位，造成光束照射位置偏斜超标，可以通过调整安装螺钉及螺丝使其达到要求位置。

(2) 前照灯的安装支架变形损坏。由于使用过程中的振动、撞击，造成前照灯安装支架变形损坏，导致前照灯光束照射位置偏斜，可以通过调整或维修安装支架使其达到要求位置。

课后总结

由情景描述中的故障现象可知，该车的前照灯灯光亮度不够，而且照射方向不准。原因是前照灯的发光强度不足和光束照射位置偏斜。使用前照灯检测仪测试后发现，光束发光强度不足，但线路的输入电压足够，所以故障可能出现在灯泡及反光镜上。经筛查，由于灯内进水，造成反光镜污浊，清理维修后，发光强度达到要求。再次检测，光束照射位置仍然向上偏斜，分析可能的原因是灯泡的安装位置不当或前照灯的安装支架变形损坏。经排查，前照灯的安装支架完好，确定是灯泡的安装位置不当，调整螺丝后，问题解决。

学习工作页

汽车使用性能检测——汽车前照灯检测
学习工作页

学习目的与要求：①能够做好检验前仪器及车辆的准备工作；②能够严格遵守操作安全注意事项；③能够按照操作规范要求完成汽车前照灯的检测与调整；④能够完成前照灯检测仪的日常维护和常见故障排除工作；⑤能够完成前照灯检测仪的自校准工作。 学习内容：①全自动前照灯检测仪的分类、构造和工作原理；②《机动车运行安全技术条件》(GB 7258—2012)中汽车前照灯检验的相关内容。 教学方式：现场演示操作结合车辆过线检测，记录相关数据并进行分析。	姓名：_____ 日期：_____ 第_____周 星期____ 第____节	班级：_____ 学号：_____

一、预习要求

认真阅读实训指导书中前照灯检验仪和《机动车运行安全技术条件》(GB 7258—2012)中汽车前照灯检验的相关内容。

二、工具和材料

实验用车、光源校正仪。

三、对受检的汽车进行描述

车牌：_____　车型：_____　灯制型式：_____　检测类别：_____

四、步骤

检测时应高度注意设备的运行情况，以免发生意外事故，如发现检测设备运行出现异常情况，应立即停止检测。

1.检验前仪器及车辆准备(每完成一项请在括号内打"√")

(1) 检测仪受光面应清洁。(　)

(2) 对于手动式前照灯检测仪应检查其电池电压是否在规定范围内。(　)

(3) 轨道内应无杂物，仪器移动轻便。(　)

(4) 前照灯应清洁。(　)

(5) 车辆电源充电状态正常。(　)

2.安全注意事项

(1) 停车位置要准确，车身纵向中心线要垂直于前照灯受光面。

以NHD-6101前照灯检测仪为例，要求检测距离为_____m。

(2) 前照灯检测仪正在移动或将要移动时，严禁车辆通过。

(3) 检测完毕后车辆要及时驶离，车身不得长时间挡住轨道。

3.检验程序

用自动式前照灯检测仪检验时：

(1) 车辆沿引导线居中行驶至规定的检测距离处停止，车辆的纵向轴线应与引导线平行，如不平行，车辆应重新停放，或采用车辆摆正装置进行拨正。

(2) 置变速器于空挡，车辆电源处于充电状态，开启前照灯的远光灯。

(3) 向自动式前照灯检测仪发出启动测量的指令，仪器自动搜寻被检前照灯，并测量其远光发光强度及远光照射位置偏移值。

(续表)

汽车使用性能检测——汽车前照灯检测
学习工作页

注：前照灯远光照射位置偏移值检验仅针对远光光束能单独调整的前照灯。远光光束能单独调整的前照灯是指手工或通过使用专用工具能够在不影响近光光束照射角度的情况下调整远光光束照射角度的前照灯。通常情况下，远近光束一体的前照灯的远光光束照射角度不能单独进行调整。

机动车每只前照灯的远光光束的发光强度应达到如下要求。最高设计车速小于70km/h的汽车：两灯制≥8000cd，四灯制≥6000cd；其他汽车：两灯制≥_____cd，四灯制≥_____cd。远光光束水平位置要求：左灯向左偏移≤_____mm，向右偏移≤_____mm，右灯向左或向右偏移≤_____mm。

(4) 被检前照灯转换为近光光束，自动式前照灯检测仪自动检测其近光光束明暗截止线转角(或中点)的照射位置偏移值。

(5) 按上述(3)、(4)步骤完成车辆所有前照灯的检测。

(6) 在对并列的前照灯(四灯制前照灯)进行测验时，应遮盖与受检灯相邻的灯。

四灯制是指_____。

4. 根据实测数据进行评价与分析(不合格原因分析)

检测项目		左灯	右灯	评价与分析(不合格原因分析)
远光灯	发光强度			
	左右偏差			
	上下偏差			
近光灯	左右偏差			
	上下偏差			
灯高				

5. 汽车前照灯检验台的日常维护要注意哪些事项：

_____

_____

_____

_____

_____

6. 完成汽车前照灯检验台的自校准

前照灯检测仪型号：_____ 制造厂：_____ 出厂编号：_____ 外观情况：_____

发光强度光轴偏移值(角)为零时发光强度示值误差

校准器 /kcd	前照灯检测仪示值/kcd				示值误差 /%
	1	2	3	平均	
8					
10					
15					
20					
30					

操作人员：_____ 时间：_____ 结论：_____

(续表)

汽车使用性能检测——汽车前照灯检测
学习工作页

标准器光轴偏移角/°		前照灯检测仪示值/°					示值误差	示值间差
		0	上	下	左	右		
A1	上1°							
	左2°							
A2	上1°							
	右2°							
A3	上2°							
	左2°							
A4	上2°							
	左2°							
B1	上0.5°							
	左1°							
B2	上0.5°							
	右1°							
B3	上1°							
	左1°							
B4	上1°							
	左1°							

操作人员：＿＿＿＿＿＿＿　　　时间：＿＿＿＿＿＿＿　　　结论：＿＿＿＿＿＿＿

小组实训总结：

(内容多可背书或附纸填写)

第11章

汽车喇叭声级检测

情景描述

一辆雷克萨斯RX轿车的喇叭声音出现异常，仔细听，好像还夹杂着摩擦声，这究竟是什么原因造成的？对此"病症"应如何"诊治"呢？

学习目标

1. 了解汽车喇叭声的产生机理；
2. 掌握汽车喇叭声级计的结构和检测原理。

汽车喇叭声级是衡量汽车性能的重要指标之一，同时将汽车喇叭声级限制在一定范围内也是车辆生产、维修及车辆安全性能检测部门的一项重要工作。汽车安全检测作为对汽车安全性能状况进行检验和测试的一种技术，能从源头上预防和降低汽车在使用过程中产生的环境噪声等污染。

11.1 汽车喇叭声的基本理论

汽车喇叭不是一个经常使用的装置，在使用时，如不能正常鸣响或发出奇怪的响声，轻者令人恼怒，重者不利于安全。另外，过高分贝的喇叭声，容易形成噪声源，而汽车喇叭所发出的噪声的程度绝大多数都与车辆的使用情况有关。这些噪声对人的听觉器官有一定的刺激作用，不仅会对驾驶员和乘客产生危害，同时还会影响周围环境中的其他人，给公众正常的工作和生活带来伤害，这就是交通噪声污染。从保证行车安全的目的出发，汽车喇叭必须有适度的响度，但汽车行驶时发出的各种声响，会使汽车成为一个噪声源；从减轻噪声对人的听觉器官的刺激、防止噪声对人造成危害的角度出发，噪声的响度越低越好。

11.1.1 声学的基础知识

声音的物理参数包括如下几个。

1. 声波的频率

频率f(Hz)处于20～20 000Hz时人能感觉得到，称为声波；低于20Hz的声波称为次声；高于20 000Hz的声波称为超声。次声和超声不能引起人耳鼓膜的振动，是人耳听不到的声音。

声波频率的高低会对声调产生影响，频率越高，声调越高；频率越低，则声调越低。这就是人们所说的高音和低音。

人耳能听到的频率为1000 Hz时的声音称为纯音。

2. 声压

声压P表示某一声波作用在单位面积上的压力大小，它的单位是帕(Pa)。

1个标准大气压力为1.013×10⁵Pa。声压要比大气压小得多，一般在2×10⁻⁵～20Pa之间。

正常人的耳朵在声波频率为1000Hz时(纯音时)能感觉到的最弱声压为$2×10^{-5}$Pa，此声压称为基准声压P_0，或称听阈声压；当声压达到20Pa时，人的耳朵会产生疼痛的感觉，故称痛阈声压。

声压的大小可用以度量声音的强弱。声压越大，则声音越强(越响)；声压越小，则声音听起来越弱(低)。

3. 响度

响度(N)是指人耳接受客观声压和频率后，主观产生的感觉量，单位是方(phon)。

11.1.2 声音的评价指标

因为人耳能听到的声音的频率很宽、强弱的范围很广，故用声压、响度等参数来表示声音很不方便。大量试验证明，人耳对声音强弱变化的感觉，与声压绝对值的变化无关，而与声压的相对强弱变化量有关。

因此，声音的强弱指标可用"级"来表示，称之为分贝(dB)。所谓级是指实际量与基准量比值的对数，是一种只做相对比较的无量纲单位。在声学中，引出声压级、响度级等概念，可将客观存在的声音物理量与人耳感觉的主观量用"级"的概念统一起来。

1. 声压级L_p

大多数声学测量仪器可直接测量声源的声压，因此，声压级是声学中最常用的级，可用公式表示为

$$L_P = 20 \lg \frac{P}{P_0} \tag{11-1}$$

式中：P_0——基准声压，取$2×10^{-5}$W/m²。

影响声压级的因素包括声源距离、空气的吸收和周围环境的声压。

2. 响度级L_n

响度级是对人耳听到的声音的主观感觉量的物理描述，因此，它是同时考虑声音的声压级和人耳对不同频率的声音的响应的主观评价量，单位为"方"，方是频率为1000Hz时纯音的声压级数值。例如，某纯音的声压级L_p为30dB，则它的响度级为30方。

人耳是一种特定的听觉器，它对各种频率的声音有不同的选择性和响应度。人耳对高频的声音要比对低频的声音更加敏感，所以感觉到的声音更响。因此，声源的声压级与人耳听到的响度级是有区别的。只有当声源频率为1000Hz时，响度级才与声压级相同，或者说，频率不是1000Hz的两个声音虽然听起来一样响，但其声压级却不一样。

那么，对于1000Hz以外的响度级应如何确定呢？可把与它的响度一样的1000Hz纯

音的声压级数值作为它的响度级数值，这需要通过等响度曲线(见图11-1)来确定。例如，频率为100Hz、声压级为45dB的声音，响度级是30方；频率为3000Hz、声压级为25dB的声音，响度级也是30方。

从图11-1可以看出，人最敏感的频率范围是2000～5000Hz，对低频则不太敏感。响度和响度级的关系用公式表示为

$$N = 2^{\frac{L-40}{10}} \tag{11-2}$$

也就是说，当响度级为40方时，其响度为1方。

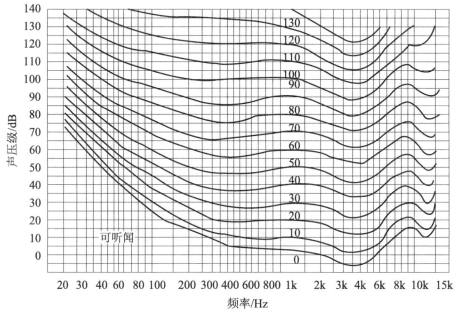

图11-1　等响度曲线

3.声级计权

由于上述不同声频对响度的影响，在用仪器测量声音的响度时，必须使测量仪器具有和听觉一样的频率响应特性，称之为计权。一般情况下，对听觉的修正情况有A、B、C三个计权特性。A、B、C计权对听觉的修正曲线见图11-2。

其中，A计权特性是模仿人耳40方的等响度曲线设计的，它比较符合人耳对噪声的感觉，对低频声音有较大幅度的衰减。在进行汽车和发动机噪声测试时，大多采用A计权声级仪。因此，从A计权声级仪上读取的声压级数，通常注明测量条件，如单位为dB，记为dB(A)。

机动车(手扶拖拉机运输机组除外)应设置具有连续发声功能的喇叭，关于喇叭声级，在距车前2m、离地高1.2m处测量时，发动机最大净功率(或电动机最大输出功率总和)为7 kW以下的摩托车为80～112dB(A)，其他机动车为90～115dB(A)。

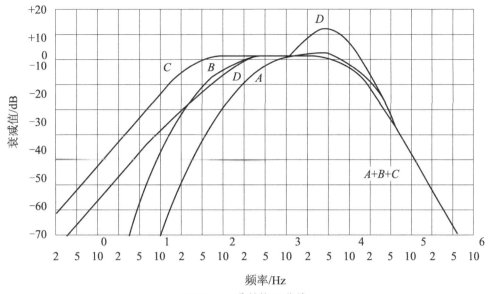

图11-2 听觉修正曲线

11.2 声级计的结构与原理

11.2.1 声级计的结构

声级计是用于测量汽车噪声级和喇叭声响的最常用的仪器，它由话筒、听觉修正线路(网络)、放大器、指示仪表和校准装置等组成。声级计内设有听觉修正线路，测量时可根据工作需要(被测声音的频率范围)选用适当的修正(计权)网络，测得与人耳感觉相适应的噪声值。

声级计是测量声压级大小的仪器。按供电电源种类的不同，可以分为交流式和直流式两种，其中直流式声级计因操作、携带方便，所以比较常用。如图11-3所示，为衡阳产的HY104型声级计的外形图。

声级计主要由传声器、放大器、衰减器、计权网络、检波器和指示装置等组成，其原理框图如图11-4所示。

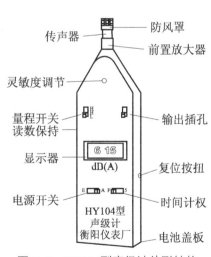

图11-3 HY104型声级计外形结构

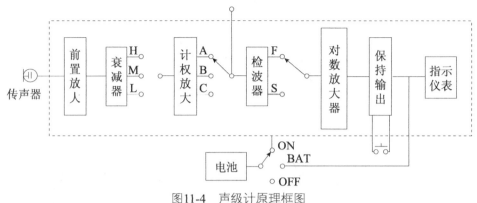

图11-4 声级计原理框图

1.传声器

传声器也叫话筒,是将声压信号转变为电信号的传感器,是声级计中的关键元件之一。常见的传声器有晶体式、驻极体式、动圈式和电容式数种。其中,电容式传声器是噪声测量中常用的一种,其结构见图11-5。它主要由金属膜片和靠得很近的金属电极组成,这两者实质上形成了一个平板电容器。在声压的作用下,膜片反复变形,使两个极板之间的距离不断发生变化,于是极板间的电容也不断改变。这就为所接的输入电路提供了一个交变电信号,信号的大小与声压成一定比例。

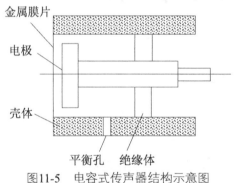

图11-5 电容式传声器结构示意图

电容式传声器具有动态范围大、频率响应特征好和灵敏度高等特点,因而广泛应用于噪声测量。

2.前置放大器

由于电容式传声器输出的信号很小,输出阻抗很高,所以需要通过前置放大器将信号进行放大并实现阻抗匹配。

3.衰减器

衰减器用于调整输出信号的大小,可使显示仪表指示到适当的位置。根据量程的选择,衰减程度分为H、M、L三挡。

4.计权网络

声级计与传声器和输出放大器所组成的测量仪,其频率特性相异处,在于声级计加入了规格化的、与人耳听觉特性相近的计权网络。声级计内部基本都设有A、B、C三种计权网络。计权网络由电阻器和电容器组合构成，设置于电路中，可使从传声器到表头的整体频率响应近似于听觉响应。其中，A挡模拟人耳对40方纯音的响度感觉(LA)，能较大限度地衰减低频带声音；B挡模拟人耳对70方纯音的响度感觉(LB)，对低频带具有一定的衰减作用；C挡模拟人耳对100方纯音的响度感觉，因此，可近似代表所测噪声的总声压级。而A挡测定值比较接近人耳对声音的感觉，所以常用A挡声级(LA)代表噪声的大小。国际上也统一采用A计权网络对噪声进行测量。计权网络的频率响应曲线如图11-6所示。

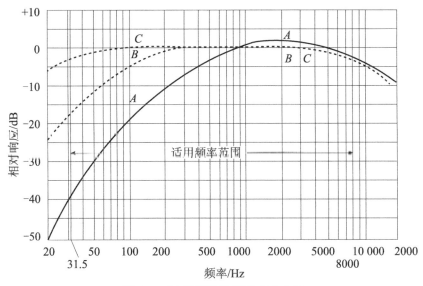

图11-6　计权网络的频率响应曲线

5. 检波电路

检波电路亦称为有效值检波电路，它能将仪表的指示值与信号中各种频率的声音按一定的比例关系显示出来。通过采用这种方式，当能量相同的两个声音叠加时，表头上的指示读数将增加3dB。

另外，为了使声音随时间的变动在某种程度上与人耳的响应相一致，显示电路中还附加了具有一定时间常数的RC电路，并规定了仪表的动态特性，即快(Fast)特性和慢(Slow)特性。快特性的时间常数大体相当于125ms；对于稳态噪声，规定了约1s的时间常数，称为慢特性。

6. 电源

声级计的电源一般采用直流和交流两种方式。对于小型声级计，为便于携带，都采用内装电池的直流电源。

7. 校准信号源

声级计在应用时必须能进行校准。有时使用活塞发声器作为标准声源，输入固定声压进行校准。若传声器的灵敏度无特别变化，则可通过标准电压校验电气系统的放大量，确定总的增益特性。在一般的声级计中，均备有声级计校准用信号发生器，用于声级计的校准，见图11-7。

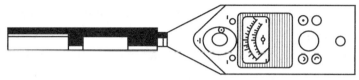

图11-7　声级计校准用信号发生器

11.2.2　汽车喇叭声级检测

为了使汽车喇叭充分发挥警示功能，喇叭声级不能过低；但为了减少喇叭噪声对城市环境的影响，喇叭声级又不能过高。因此，应适当控制汽车喇叭声级。检测汽车喇叭声级时，应将声级计置于距汽车前2m、离地高1.2m处，使话筒朝向汽车，使轴线与汽车纵轴线平行，如图11-8所示。按喇叭连续发声3s以上，读取检测数据。在这种情况下，测得的喇叭声级应在90～115dB(A)之间。

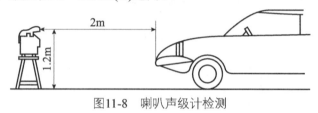

图11-8　喇叭声级计检测

11.2.3　导致检验不合格的原因

(1) 仪器电源电压过低导致仪器工作不良，影响检验结果；

(2) 仪器检测量程选择不正确，导致检验不合格；

(3) 检验人员操作不规范，导致检验不合格；

(4) 外部环境噪音及其他因素导致检验不合格；

(5) 未按规定定期对仪器进行校准，导致数据偏差，影响检验结果。

⫶⫶⫶课后总结

喇叭是汽车的音响信号装置。在汽车行驶过程中，驾驶员应根据需要和规定发出音响信号，警告行人和引起其他车辆注意，以保证交通安全。同时，喇叭还可用于催行与传递信号。喇叭不响或声音嘶哑的主要原因有蓄电池存电不足、喇叭继电器和按钮损坏、喇叭损坏等。

 **学习工作页**

汽车使用性能检测——汽车喇叭声级检测
学习工作页

学习目的与要求：①能够做好检验前仪器及车辆的准备工作；②能够严格遵守操作安全注意事项；③能够按照操作规范要求，完成声级计检测工作；④能够进行声级计的日常维护和常见故障排除工作；⑤能够完成声级计的自校准工作。 学习内容：①检测线上声级计的构造和原理及类别；②《机动车运行安全技术条件》(GB 7258—2012)和《机动车安全技术检验操作规范》(DB 44/T678—2009)中声级计的相关内容。 教学方式：现场演示操作结合车辆过线检测，记录相关数据并进行分析。	姓名：_____ 日期：_____ 第_____周 星期____ 第____节	班级：_____ 学号：_____

一、预习要求

认真阅读实训指导书中汽车喇叭声级计和《机动车运行安全技术条件》(GB 7258—2012)、《机动车安全技术检验操作规范》(DB 44/T 678—2009)中机动车喇叭声级计的相关内容。

二、工具和材料

实验用车、声源校准器。

三、对受检的汽车进行描述

车牌：_____ 车型：_____ 燃料种类：_____ 检测类别：_____

四、步骤

检测时应高度注意设备的运行情况，以免发生意外事故，如发现检测设备运行出现异常情况，应立即停止检测。

1. 声级计检验前准备及注意事项

(1) 仪器使用电池供电时，使用完毕后应立即将电池取出，以免电池漏液而损坏机件。

声级计按供电电源种类的不同可分为_____和_____两种。

(2) 仪器应存放于干燥、温暖的场所，如有可能，最好置于干燥器中。

(3) 在拆装传声器、电池或外接电源时，应事先将电源开关置于"关"位置。

(4) 不要随意取下传声器的保护罩，以免损坏膜片。当发现膜片脏污时，可用脱脂棉蘸以少许三氯乙烯或丙酮轻轻擦拭干净。

(5) 不要用手触摸输入触头，以防人体静电损坏仪器。

(6) 液晶是有机化合物，如果长期暴露于强烈的紫外线辐射下，将会发生光化学反应，因此在使用中应尽量避免日光直接照射在显示器上。

2. 检验程序

(1) 将声级计置于车前2m、离地高1.2m处，且使传声器指向被检车辆的驾驶员位置。

(2) 按使用说明书要求，调整网络开关到"A"级计权和快挡位置。

以HY114型声级计为例，在测量时，量程开关应置于_____挡位。

(3) 检测环境本底噪声应<80dB (A)。

(4) 按喇叭连续发声3s以上，读取检测数据。

根据《机动车运行安全技术条件》(GB 7258—2012)的规定，声级计评价标准为_____dB(A)。

(续表)

汽车使用性能检测——汽车喇叭声级检测
学习工作页

3. 根据实测数据进行评价与分析(不合格原因分析)

检测车辆	实测值	标准值	评价与分析(不合格原因分析)

4. 汽车喇叭声级检验仪的日常维护要注意哪些事项: _____
_____
_____。

5. 完成汽车喇叭声级检验仪的自校准

声级计型号: _____ 制造厂: _____ 出厂编号: _____ 外观情况: _____

声校准器标准值 /dB	声级计示值/dB				示值误差 /dB
	1	2	3	平均	

操作人员: _____ 时间: _____ 结论: _____

小组实训总结:

(内容多可背书或附纸填写)

第12章

车辆排放污染物检测

情景描述

某报刊登：某巴士有限公司540路车牌为粤A13668的公交车，2003年出厂，送到黄石路总站检测站进行检测，采用压燃式发动机在用汽车加载减速法检测，烟度为1.9m-1。

学习目标

1. 了解点燃式发动机排气污染物排放的检验方法(双怠速法)；

2. 了解压燃式发动机排气污染物排放的检验方法(不透光度计和滤纸式烟度计)；

3. 了解点燃式发动机在用汽车简易工况法排气污染物排放和压燃式发动机在用汽车加载减速法排气烟度排放的测试原理；

4. 掌握点燃式发动机在用汽车简易工况法排气污染物排放的试验方法；

5. 掌握压燃式发动机在用汽车加载减速法排气烟度排放的试验方法。

近几年来，我国汽车产业迅速发展，汽车保有量越来越大。汽车主要集中在城市，成为城市大气污染物的主要来源，如图12-1所示。为了有效地控制车辆的尾气排放污染物，国家环保总局颁布了《车用压燃式、气体燃料点燃式发动机与汽车排气污染物排放限值及测量方法(中国III、IV、V阶段)》(GB 17691—2005)。我国实行在用机动车定期检查与维护制度，为适应我国当前各地经济发展水平和污染防治工作方面的差异，特推荐更为科学的、针对轻型汽油车的"稳态工况法、瞬态工况法、简易瞬态工况法和加载减速烟度法"4种有负载的检测法(即"简易工况法")，逐步取代现行的汽油车双怠速检测法和柴油车自由加速烟度法，供各地选择使用。同时，为指导地方采用简易工况法对在用车进行监控，筛选高排放车，国家环保总局又颁布了《确定点燃式发动机在用汽车简易工况法排气污染物排放限值的原则和方法》(HJ/T 240—2005)和《确定压燃式发动机在用汽车加载减速法排气烟度排放限值的原则和方法》(HJ/T 241—2005)两项指导性环境保护行业标准，规定了简易工况的测量方法，并推荐了简易工况的限值。

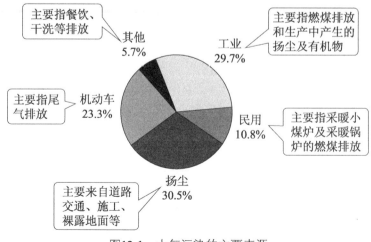

图12-1 大气污染的主要来源

12.1 车辆排放污染物检测基础知识

机动车体积小、流动性大，很多车辆行驶在城市的大街小巷，污染物集中排放在人群之中，污染着千家万户。特别是在上、下班的高峰时间，人潮滚滚、人车并行，遇上红灯信号，一排排汽车被堵在路口，绿灯一亮，汽车喷吐着尾气缓缓前行，众多行人在刺鼻的汽车尾气中前进。与固定污染源相比，汽车尾气排放的高度与人群呼吸带大致相同，排出的污染物长时间在街道、楼群中滞留。由于儿童的个子较矮，故儿童吸入的汽车尾气是成人的两倍，所以说机动车排气污染对人体健康的危害最为直接。

机动车排放的尾气主要是由燃料在燃烧过程中产生的，其成分包括CO、HC、NO_x和碳烟颗粒等有毒有害物质和强致癌物，会对人体产生极大的危害，机动车排污的类别如图12-2所示。

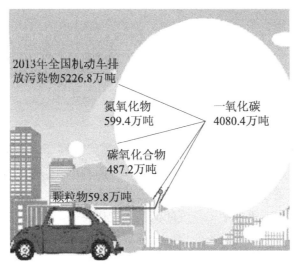

图12-2 机动车排污的类别

1. 一氧化碳(CO)

汽车尾气中的CO是因氧气不足而生成的中间产物。主要是在局部缺氧或低温条件下，由于燃油不完全燃烧而产生的，最终混在废气中排出。当汽车负重过大、慢速行驶或怠速时，燃料不能充分燃烧，废气中的一氧化碳含量会明显增加。吸入过量的一氧化碳会使人产生气急、嘴唇发紫、呼吸困难等反应，甚至会导致死亡。

2. 碳氢化合物(HC)

HC(也称烃类)包括未燃和未完全燃烧的燃油、润滑油及其裂解产物和部分氧化物，如苯、醛、烯和多环芳香族碳氢化合物等两百多种复杂成分。车用柴油机中的未燃HC都是在缸内的燃烧过程中产生的并随排气排放。汽油发动机中未燃HC的生成与排放主要有三种途径：在气缸内的燃烧过程中产生并随废气排出，此部分HC主要是燃烧过程中未燃烧或燃烧不完全的碳氢燃料；从燃烧室通过活塞组与气缸之间的间隙漏入曲轴箱的窜气中含有大量未燃燃料，如果排入大气中也会构成HC排放物；从汽油机的燃油系统蒸发的燃油蒸汽。其中，55%～65%的HC来自排气管排放，20%～25%的HC来自曲轴箱泄漏，15%～20%的HC来自燃料系统的蒸发(燃油蒸发)。HC是引起光化学烟雾的重要物质。

3. 氮氧化物(NO_x)

NO_x大部分是在燃烧过程中的高温条件下生成的，如NO、NO_2、N_2O_3、N_2O_5等，统称为NO_x。氮氧化物的排放量取决于燃烧温度、时间和空燃比等因素。在燃烧排放的氮氧化物中，一氧化氮(NO)约占95%，其余的是二氧化氮(NO_2)。NO是无色无味气体，只有轻度刺激性，毒性不大，浓度高时会造成中枢神经系统轻度障碍，NO可以被氧化成NO_2。NO_2是一种棕红色、具有强烈刺激性的有毒气体，它对人体健康的危害较大。

4. 碳烟颗粒

碳烟颗粒主要来自柴油机，是柴油在燃烧过程中，由于高温缺氧而产生的，是产生臭味和黑烟的主要原因。它对人体健康的危害程度与颗粒的大小及组成有关。颗粒越小(直径小于0.3微米)，悬浮在空气中的时间越长，进入人体后的危害越大。碳烟颗粒除了会对人的呼吸系统造成危害以外，由于其存在孔隙，能黏附SO_2以及未燃的HC、NO_x及苯并芘等有毒物质，因而会对人体的健康造成极大的危害。

5. 光化学烟雾

光化学烟雾主要是因大气中的氮氧化物、碳氢化合物在强烈太阳光的照射下，发生光化学反应而形成的。光化学烟雾是以O_3为代表的刺激性二次污染物，多出现在逆温层和风速低、空气接近停滞状态、阳光充足的气象条件下。一般发生在温度较高的夏季晴天，峰值出现在中午或刚过中午，夜间消失。光化学烟雾呈白色或淡棕色，有特殊气味，对人体有很大的刺激性和毒害作用，曾导致成千上万人受害或死亡。1943年，美国洛杉矶市发生了世界上最早的光化学烟雾事件，此后，北美、日本、澳大利亚和欧洲部分地区也先后出现这种烟雾。1952年，伦敦发生"光化学烟雾"事件，导致4天中死亡人数较常年同期约多4000人，45岁以上的死亡人数约为平时的3倍，1岁以下的死亡人数约为平时的2倍。

在城市，特别是在拥挤的街道上，汽车尾气污染日益严重，空气中90%～95%的CO、80%～90%的HC和NO_x以及大部分颗粒物均来自于汽车(汽油机和柴油机)，成为人类健康和自然环境的最大威胁。

在此背景下，汽车尾气排放检测变得至关重要。然而，在检测过程中，一些不达标的车辆滋生了部分检测人员和车主相互依托、互相作弊的现象，加剧了不合格排放对大气污染的威胁。因此，加强大气污染治理力度、强化对机动车尾气检测源头的监督管理已成为各级领导当前工作的重中之重。

目前，国际上的汽车排放法规主要分为三大体系，即美国排放法规、欧洲排放法规和日本排放法规，其他各国基本上是按照或参考这三大体系来制定本国的排放法规的，我国主要参照的是欧洲排放法规。

12.2 汽油机排放污染物检测

目前,汽油车常用的尾气检测方法主要有:单怠速法、双怠速法、稳态工况检测法和简易瞬态工况法。单怠速法操作简单,但由于检测数据限值较高已被淘汰;双怠速法存在检测达标标准相对较宽,仅检测一氧化碳和碳氢化合物两种污染物,检测数据准确率低、易篡改造成不公正三大弊端;稳态工况检测法从运转循环的角度来看只适用于较低速度的等速运动,和实际情况相比还有较大的差异,比如不能反映减速、怠速、加速等工况下的排放情况,而测量结果的表示和双怠速法相同,即排量大的车排放的污染物总质量要比排量小的车大、对环境的污染也更严重,在一定程度上有失公正;简易瞬态工况法比双怠速法和稳态工况检测法更具科学性,检测数据更真实,是目前世界上最先进的机动车尾气检测技术。

12.2.1 双怠速检测方法

装用点燃式发动机在用汽车排气污染物排放限值引用标准:《点燃式发动机汽车排气污染物排放限值及测量方法(双怠速法及简易法)》(GB 18285—2005)。

双怠速检测是指在汽车空挡条件下,加油至高速和低速时检测污染物的方法。根据两个工况的排放状况基本能够判断车辆排放状况,根据高怠速时的过量空气系数基本能够判断燃料控制情况。而且,国家标准中有相关的完整规定。若为多排气管,取各排气管测量结果的算术平均值作为测量结果;若车辆排气管长度小于测量深度,应使用排气加长管。对于单一燃料汽车,仅对使用的气体燃料进行排放检测即可;对于两用燃料汽车,要求对两种燃料分别进行排放检测。测试过程包括如下几个步骤。

(1) 在发动机上安装转速传感器(转速计)和油温仪;

(2) 发动机由怠速工况加速至额定转速的70%,维持运转30s后降至高怠速工况(轻型车2500±100rpm,重型车1800±100rpm);

(3) 将尾气分析仪取样探头插入排气管深400mm处并固定;

(4) 保持发动机运转稳定,维持高怠速15s后(以转速偏差判断),尾气分析仪开始取值,读取30s内的最高值和最低值,取平均数为高怠速排放测量结果,此过程中的实际转速上下不超过100转;

(5) 发动机由高怠速工况降至怠速工况,待发动机稳定怠速15s后,尾气分析仪开始取值,读取30s内的最高值和最低值,取平均数为怠速排放测量结果。如有多个排气管,取各排气管的平均测量结果。

12.2.2 简易瞬态工况法

轻型点燃式发动机汽车简易瞬态工况污染物排放检测系统(简称VMAS系统)是基于轻型车(总质量为3500kg以下的M、N类车辆)污染物质量排放的测试系统。与基于浓度排放测试的稳态加载污染物排放系统(简称ASM系统)不同的是,ASM只能检测污染物浓度,不能检测污染物的排放总量;而VMAS系统能够直接获取汽车污染物的排放总质量,可以更为准确地模拟车辆的实际工作状况,更客观、公正地判断车辆的排放状态,且道路相关性较好,从而可为城市污染物总量控制提供科学依据。《点燃式发动机汽车排气污染物排放限值和测量方法》(GB 18285—2005)对VMAS简易瞬态工况测量方法作出了相关规定,《汽油车简易瞬态工况法排气污染物测量设备技术要求》(HJ/T 290—2006)对底盘测功机、尾气分析仪、微机控制系统等设备作出了要求,《确定点燃式发动机在用汽车简易工况法排气污染物排放限值的原则和方法》(HJ/T 240—2005)对排放限值的确定原则和方法作出了规定。

1. 简易瞬态工况法VMAS原理

简易瞬态工况法VMAS系统如图12-3所示,由可以模拟加速惯量和道路行驶阻力的底盘测功机、专用汽车排气(五气)分析仪、汽车排气流量仪、电气控制系统、计算机控制软件、助手仪(如电视机)、车辆散热风扇、安全保护装置等组成。

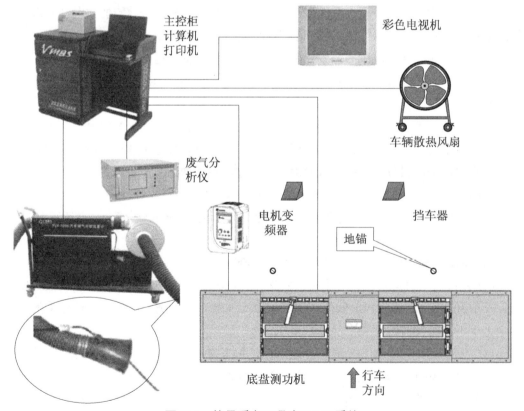

图12-3 简易瞬态工况法VMAS系统

简易瞬态法是一种带负荷的测试方法，其检测结果能较好地反映车辆在道路上的实际排放状况，是科学、先进、实用的检测方法。在测试时，由测功机来模拟汽车的加速惯量和道路行驶阻力，使汽车产生接近实际行驶时的排放量。通过专用汽车排气(五气)分析仪和汽车排气流量仪，测量汽车排出原始气体O2的浓度和混合稀释气体O2的浓度，以此计算稀释前后气体的稀释比，从而可以得到汽车排气的实际流量。再利用气体状态方程，计算出汽油车尾气中NOx、CO、HC在单位时间(路程)内的排放质量(检测结果单位为μ/km)，还可以实时分析车辆在道路负荷工况下排放气体污染物的质量，对于全面评价车辆的排放状况、估算机动车污染物排放总质量及制定切实可行的机动车污染物控制规划具有重要意义。

气体状态方程为

$$PV=MRT/\mu \tag{12-1}$$

式中：P——气体压力(单位：Pa)；

V——气体体积(单位：m^3)；

T——气体温度(单位：K)；

M——气体质量(单位：g)；

μ——1摩尔数气体质量(单位：g/mol)；

R——常数($R=8.31J \cdot mol^{-1} \cdot K^{-1}$)。

2. 简易瞬态工况法测试过程及限值

(1) 根据需要在发动机上安装冷却水和润滑油测温计等测试仪器。

(2) 将驱动轮停在转鼓上，将分析仪取样探头插入排气管中，深度为400mm以上，固定于排气管上。

(3) 按照试验运转循环开始进行试验。

① 启动发动机。a.按照制造厂使用说明书的规定，使用起动装置启动发动机。b.发动机保持怠速运转40s，在40s终了时开始循环，并同时开始取样。

② 怠速。a.手动或半自动变速器：怠速期间，离合器接合，变速器置空挡；为了按正常循环进行加速，车辆应在循环的每个怠速后期，加速开始前5s脱开离合器，变速器置一挡。b.自动变速器：在实验开始时，放好选择器。在试验期间，任何时候不得再操作选择器，除非加速不能在规定时间内完成，方可按手动变速器的要求，操作挡位选择器，或使超速挡进入工作状态。

③ 加速。a.进行加速时，在整个运行工况中，应尽可能地使加速度恒定。b.若加速度未能在规定的时间内完成，如有可能，超出的时间应从工况改变的复合公差允许的时间中扣除，否则，必须从下一等速工况的时间中扣除。

④ 减速。a.在所有减速工况时间内，应使加速踏板完全松开、离合器接合，当车速降至10km/h时，离合器脱开，但不操作变速杆。b.如果减速时间比响应工况规定的时间长，则应使用车辆制动器，以使循环按照规定的时间进行。c.如果减速时间比响应工况规定的时间短，则应在下一个等速或怠速工况中恢复至理论循环规定的时间。

⑤ 等速。a.从加速工况过渡到下一等速工况时，应避免猛踏加速踏板或关闭节气门。b.如要进入等速工况，应采用保持加速踏板位置不变的方法实现。

⑥ 循环终了(车辆停止在转鼓上)。变速器至于空挡，离合器接合，同时停止取样。

简易瞬态工况法测试过程如图12-4所示。简易工况法检测是模拟汽车上路时有负荷的检测，涵盖加速、减速、等速、怠速等各种工况过程，能够如实反映车辆实际行驶时的尾气排放特征。由于瞬态工况能够克服其他检测方法不能检测的电喷车氧传感器故障，因此增加了对尾气排污缺陷的检测。此外，它还能检测一氧化碳、碳氢化合物和氮氧化物三种污染物的排量。简易工况法的实行，使机动车尾气由静态检测上升为动态检测，可以保证机动车尾气排放始终处于合理的水平，从而可有效控制机动车尾气污染，加速淘汰尾气排放严重超标的老旧车辆。同时，可以及时发现尾气排放状况不佳的车辆，使其相关部件得到维修、清洗、更换或调整，从而使车辆恢复正常的工作状态，更加有效地控制机动车对环境的污染。简易瞬态法的测量结果为汽车单位行驶里程的污染物排放量(测量结果单位为g/km)，有利于计算机动车排放因子，以及建立机动车排放清单，有利于对机动车排气污染物实施总量控制。与双怠速检测方法相比，该方法具有误判率较低、能有效防止调校作弊行为、能对汽车的氮氧化物排放进行检测的优点，可为在用车监管提供更加科学、客观的依据。

《确定点燃式发动机在用汽车简易工况法排气污染物排放限值的原则和方法》(HJ/T 240—2005)规定，污染物排放的最低限值为各地方城市开始实施本检测方法时的最低要求；最高限值为经过检测与维护该车种应最终达到的限值标准。各地方城市可在最低限值与最高限值之间根据各自的情况调整本地区的限值标准，也可根据车辆年度型划分不同限值范围。

对于2000年7月1日以前生产的第一类轻型汽车和2001年10月1日以前生产的第二类轻型汽车，可供参考的简易瞬态工况法排放限值见表12-1。

表12-1　简易瞬态工况法排气污染物排放限值I(参考)

基准质量(RM) /kg	最低限值			最高限值		
	CO/(g/km)	HC/(g/km)	NO$_x$/(g/km)	CO/(g/km)	HC/(g/km)	NO$_x$/(g/km)
RM≤1020	41.9	5.9	6.7	22	3.8	2.5
1020<RM≤1470	45.2	6.6	6.9	29	4.4	3.5
1470<RM≤1930	48.5	7.3	7.1	36	5.0	3.8
RM>1930	51.8	8.0	7.2	39	5.2	3.9

对于2000年7月1日起生产的第一类轻型汽车和2001年10月1日起生产的第二类轻型汽车，可供参考的简易瞬态工况法排放限值见表12-2。

表12-2　简易瞬态工况法排气污染物排放限值II(参考)

车辆类型		基准质量(RM) /kg	最低限值		最高限值	
			CO/(g/km)	HC+NO$_x$/(g/km)	CO/(g/km)	HC+NO$_x$/(g/km)
第一类车		全部	12.0	4.5	6.3	2.0
第二类车	I类	RM≤1250	12.0	4.5	6.3	2.0
	II类	1250<RM≤1700	18.0	6.3	12.0	2.9
	III类	RM>1700	24.0	8.1	16.0	3.6

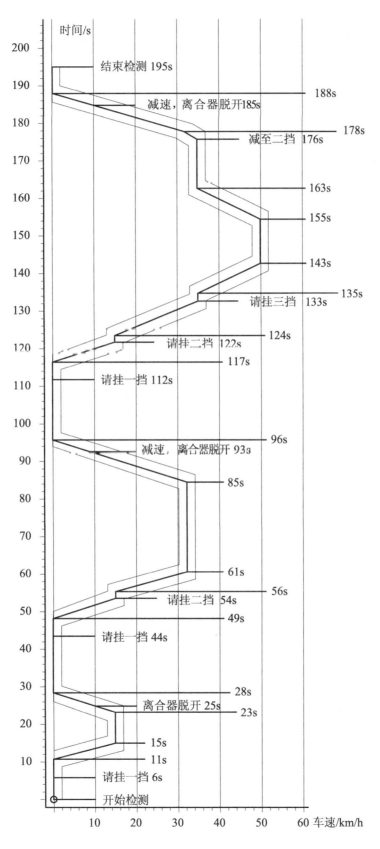

图12-4 简易瞬态工况法测试过程

12.2.3 简易稳态工况法

轻型点燃式发动机汽车简易稳态工况污染物排放检测系统(简称ASM系统)是基于轻型车(总质量为3500kg以下的M、N类车辆)污染物浓度排放的测试系统。它用轻型底盘测功机对被检车辆进行道路阻力模拟加载，在25km/h、40km/h等速工况下检测尾气排放情况。与双怠速测量方法相比，这种检测方法与实际路况的相关性较好，且操作简单、重复性强。《点燃式发动机汽车排气污染物排放限值和测量方法》(GB 18285—2005)提出了ASM稳态工况测量方法，《汽油车稳态工况法排气污染物测量设备技术要求》(HJ/T 291—2006)对底盘测功机、尾气分析仪、微机控制系统等设备作出了要求，《确定点燃式发动机在用汽车简易工况法排气污染物排放限值的原则和方法》(HJ/T 240—2005)对排放限值的确定原则和方法作出了规定。

1. 简易稳态工况法测试原理

ASM工况法试验设备如图12-5所示，由轻型底盘测功机、五气分析仪、电气控制系统、计算机控制软件、助手仪(如电视机)、车辆散热风扇、安全保护装置等组成。

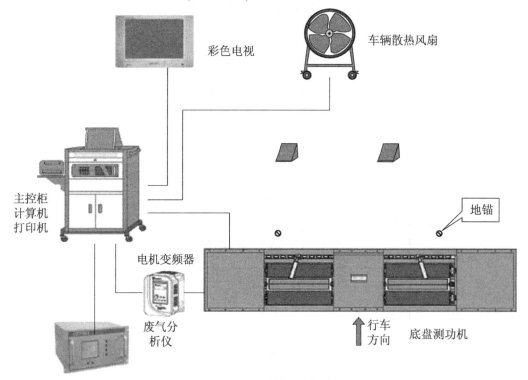

图12-5　ASM工况法设备组成

在进行检测时，将被检车辆驱动轮停放在底盘测功机上，启动车辆，由检验员将车速控制在规定工况速度(25km/h及40km/h)并保持稳定，由电气控制系统控制调节功率吸收装置，当加载到滚筒表面的总吸收功率THP为测试工况下的给定加载值时，车辆带载荷稳定运行。五气分析仪可测量车辆排放尾气中各种成分的含量，通过分析仪自带的环境测试单元可测取温度、湿度、气压参数，从而可计算出稀释系数(DF)，然后计算出校正后的CO、HC、NO排放浓度值，最终给出合格性评价。在测试过程中，控制系统发出操作指令；助手仪(如电视机等)进行显示，引导检验员操作；车辆散热风扇用于对车头吹风散热；安全装置用于确保测试时车辆的运行安全。对于不同车辆，《点燃式发动机汽车排气污染物排放限值及测量方法(双怠速法及简易工况法)》(GB 18285—2005)给出的加载设定功率公式为

$$P_{5025-2} = RM/148 \tag{12-2}$$

$$P_{2540-2} = RM/185 \tag{12-3}$$

式中：RM——基准质量，单位为kg；

P_{5025-2}——滚筒直径为218mm的测功机ASM5025工况设定功率值，单位为kw；

P_{2540-2}——滚筒直径为218mm的测功机ASM2540工况设定功率值，单位为kw。

测功机对车辆加载功率时的指示功率用公式表示为

$$IHP = P - HLP \tag{12-4}$$

式中：IHP——在指定的测试工况下，测功机的指示功率，单位为kw；

P——在指定的测试工况下，根据基准质量计算得到的设定功率值，单位为kw；

HLP——在指定的测试工况下，测功机内部的损耗功率，单位为kw。

2. 简易稳态工况法测试过程及限值

《点燃式发动机汽车排气污染物排放限值及测量方法(双怠速法及简易工况法)》(GB 18285—2005)附录B规定的测试工况，包括ASM5025和ASM2540两种。

在进行检测时，将车辆驱动轮置于测功机滚筒上，将分析仪取样探头插入排气管中，深度为400mm，并固定于排气管上。对于独立工作的多排气管应同时取样。

1) ASM5025工况

车辆经预热后，加速至25km/h，测功机根据测试工况要求加载，工况计时器开始计时(t=0s)，车辆保持25km/h±1.5km/h等速运行5s后开始检测。当测功机转速和扭矩偏差超过设定值的时间大于5s时，检测应重新开始。然后系统开始预置10s之后进入快速检查工况，当计时器显示t=15s时分析仪器开始测量，每秒钟测量一次，并根据稀释修正系数及湿度修正系数计算10s内的排放平均值。运行10s(t=25s)时，ASM5025快速检查工况结束；车辆运行至90s(t=90s)时，ASM5025工况结束，测功机在车速25.0km/h±1.5km/h的允许误差范围内，加载扭矩应随车速的变化做相应的调整，保证加载功率不随车速而改变。扭矩允许误差为该工况设定扭矩的±5%。

在测量过程中，当任意连续10s内第1秒至第10s的车速变化相对于第1s小于±0.5km/h时，测试结果有效。快速检查工况的10s内的排放平均值经修正后如果等于或低于限值的50%，则测试合格，检测结束；否则应持续进行至90s。如果所有污染物连续10s的平均值均低于或等于限值，则该车应判定为ASM5025工况合格，继续进行ASM2540检测；如果任何一种污染物连续10s的平均值超过限值，则测试不合格，检测结束。在检测过程中，如果任意连续10s内的任何一种污染物的10次排放值经修正后均高于限值的

500%，则测试不合格，检测结束。

2) ASM2540工况

车辆从25km/h直接加速至40km/h，测功机根据测试工况要求加载，工况计时器开始计时($t=0s$)，车辆保持40km/h±1.5km/h等速运行5s后开始检测。当测功机转速和扭矩偏差超过设定值的时间大于5s，检测应重新开始。然后系统开始预置10s之后进入快速检查工况，计时器显示$t=15s$时分析仪器开始测量，每秒钟测量一次，并根据稀释修正系数及湿度修正系数计算10s内的排放平均值。运行10s($t=25s$)时，ASM2540快速检查工况结束；车辆运行至90s($t=90s$)时，ASM2540工况结束。测功机在车速40.0km/h±1.5km/h的允许误差范围内，加载扭矩应随车速的变化做相应的调整，保证加载功率不随车速而改变。扭矩允许误差为该工况设定扭矩的±5%。

在测量过程中，当任意连续10s内，第1s至第10s的车速变化相对于第1s小于±0.5km/h时，测试结果有效。快速检查工况10s内的排放平均值经修正后如果等于或低于限值的50%，则测试合格，检测结束；否则应继续进行至90s工况。如果所有污染物连续10s的平均值均低于或等于限值，则该车应判定为合格；如果任何一种污染物连续10s的平均值超过限值，则测试不合格，检测结束。在检测过程中，如果任意连续10s内的任何一种污染物的10次排放值经修正后高于限值的500%，则测试不合格，检测结束。

ASH测试过程如表12-3、图12-6所示。

表12-3　ASM检测过程

工况	运转次序	速度/(km/h)	操作时间/(m/s)	测试时间/s
5025	1	25	5	/
	2	25	15	/
	3	25	25	10
	4	25	90	65
2540	5	40	5	/
	6	40	15	/
	7	40	25	10
	8	40	90	65

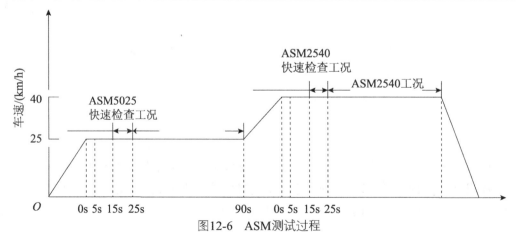

图12-6　ASM测试过程

表12-4和表12-5中规定的最低限值为各地方城市开始实施本检测方法时的最低要求；最高限值为经过检测与维护该车种应最终达到的限值标准。各地方城市可在最低限值与最高限值之间根据各自情况调整本地区的限值标准，也可根据车辆年度类型确定不同限值。

对于2000年7月1日以前生产的第一类轻型汽车和2001年10月1日以前生产的第二类轻型汽车，可供参考的稳态工况法排放限值见表12-4。其中，CO的单位为%、HC的单位为ppm，NO的单位为ppm。

表12-4 稳态工况法排气污染物排放限值

基准质量(RM)/kg	最低限值						最高限值					
	ASM5025			ASM 2540			ASM5025			ASM 2540		
	HC	CO	NO	HC	CO	NO	HC	CO	NO	HC	CO	NO
RM≤1020	230	2.2	4200	230	2.9	3900	120	1.3	2600	110	1.4	2400
1020<RM≤1250	190	1.8	3400	190	2.4	3200	100	1.1	2100	90	1.2	2000
1250<RM≤1470	170	1.6	3000	170	2.1	2800	90	1.0	1900	80	1.1	1750
1470<RM≤1700	160	1.5	2650	150	1.9	2500	80	0.9	1700	80	1.0	1550
1700<RM≤1930	130	1.2	2200	130	1.6	2050	70	0.8	1400	70	0.8	1300
1930<RM≤2150	120	1.1	2000	120	1.5	1850	60	0.7	1300	60	0.8	1150
2150<RM≤2500	110	1.1	1700	110	1.3	1600	60	0.6	1100	50	0.7	1000

对于2000年7月1日起生产的第一类轻型汽车和2001年10月1日起生产的第二类轻型汽车，可供参考的稳态工况法排放限值见表12-5。

表12-5 稳态工况法排气污染物排放限值

基准质量(RM)/kg	最低限值						最高限值					
	ASM5025			ASM 2540			ASM5025			ASM 2540		
	HC	CO	NO	HC	CO	NO	HC	CO	NO	HC	CO	NO
RM≤1020	230	1.3	1850	230	1.5	1700	120	0.6	950	110	0.6	850
1020<RM≤1250	190	1.1	1500	190	1.2	1350	100	0.5	800	90	0.5	700
1250<RM≤1470	170	1.0	1300	170	1.1	1200	90	0.5	700	80	0.5	650
1470<RM≤1700	160	0.9	1200	150	1.0	1100	80	0.4	600	80	0.4	550
1700<RM≤1930	130	0.8	1000	130	0.8	900	70	0.4	500	70	0.4	450
1930<RM≤2150	120	0.7	900	120	0.8	800	60	0.3	450	60	0.3	450
2150<RM≤2500	110	0.6	750	110	0.7	700	60	0.3	400	50	0.3	350

12.3 柴油机排放污染物检测

20世纪90年代初期，我国所执行的在用柴油车排放标准为《柴油车自由加速烟度排放标准》(GB 14761.6—1993)，相应的测试方法为《柴油车自由加速烟度的测量(滤纸烟度法)》(GB/T 3846—1993)。现行的国家标准是由国家环境保护总局于2005年3月2日批准，2005年5月30日发布，2005年7月1日实施的《车用压燃式发动机和压燃式发动机汽车排气烟度排放限值及测量方法》(GB 3847—2005)。新实施的国家标准对使用各类压燃式发动机的机动车排放规定了新要求和限值，为上路机动车的合格排放提供了有效、有力的依据。当前，柴油车尾气排放的检测方法主要有：自由加速法、柴油车加载减速Lugdown法等。其中，自由加速法包括"滤纸烟度法"和"不透光烟度法"。

12.3.1 自由加速法

自由加速工况是指使柴油发动机处于怠速工况(发动机运转，离合器处于接合位置，油门踏板与手油门处于松开位置，变速器处于空挡位置，发动机配有排气制动装置，蝶形阀处于全开位置)，将油门踏板迅速踏到底，维持4s后松开。

1. 滤纸烟度法

滤纸式烟度计总体结构如图12-7所示，滤纸烟度法适用于自1995年7月1日起至2001年9月30日生产的在用汽车，所测得的烟度值应不大于4.5Rb。采用滤纸烟度法时，将柴油发动机处于怠速工况，将油门迅速踏到底，维持4s后松开。滤纸式烟度计的测量原理是，用一个活塞式抽气泵，从柴油机排气管中抽取一定容积的废气，使它通过一张一定面积的白色滤纸，废气中的碳烟存留在滤纸上，将其染黑。用检测装置测定滤纸的染黑度，再由指示装置进行指示。该染黑度即代表柴油车的排气烟度。

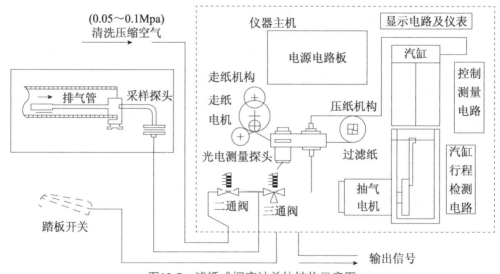

图12-7　滤纸式烟度计总体结构示意图

2. 不透光烟度法

不透光烟度法适用于自2001年10月1日起至《车用压燃式发动机和压燃式发动机汽

车排气烟度排放限值及测量方法》(GB 3847—2005)实施之日生产的汽车,其测量原理如图12-8所示。按要求进行自由加速试验,所测得的排气光吸收系数不应大于以下数值:自然吸气式,2.5m-1;涡轮增压式,3.0m-1。采用不透光烟度法时,将被测气体封闭在一个内表面不反光的容器内。不透光烟度计的显示仪表有两种计量单位,一种为绝对光吸收系数单位,从0趋于∞(m-1);另一种为不透光度的线性分度单位,从0到100%。两种计量单位的量程,均应以光全通过时为0,以光全被遮挡时为满量程。

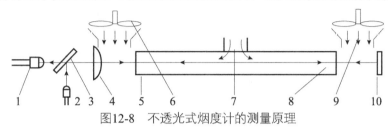

图12-8 不透光式烟度计的测量原理

1-光电转换器　2-绿色发光二极管　3-半反射半透射镜　4-透镜　5-测量室左出口
6-左风扇　7-测量室入口　8-测量室右出口　9-右风扇　10-反射镜

不透光度计操作规程如下所述。

(1) 仪器通电预热15分钟以上,预热结束后,仪器进行自动校准。

(2) 将测量单元放于车辆排气管侧边,并与废气扩散方向垂直,以避免废气进入保护气幕而影响测量结果。至少采用三次自由加速或其他等效方法对排气系统进行吹拂。

(3) 发动机处于怠速状态时,将取样探头固定于排气管内,插入深度为300mm,并使其中心线与排气管轴线平行。

(4) 发动机包括所有装有废气涡轮增压装置的发动机,应使每个自由加速循环的起点均处于怠速状态。对于重型发动机,将油门踏板放开后至少等待10s。

(5) 在进行自由加速测量时,必须在1s内将油门踏板快速、连续地完全踩到底,使喷油泵在最短时间内供给最大油量。

(6) 测量每一次的自由加速时,在松开油门踏板前,发动机必须达到断油点转速。如果没有该数据值,则应达到断油转速的2/3。在测量过程中必须进行检查。应监测发动机转速,或延长油门踏到底后与松开油门前的间隔时间,对于重型汽车,该间隔时间至少应为2s。

(7) 计算结果取最后三次自由加速测量结果的算术平均值。在计算均值时可以忽略与测量均值相差很大的测量值。

3. 自由加速法的利弊

自由加速法的优点是检测操作简便易行、测试仪器价格便宜且便于携带、检测时间短等,因此广泛应用于柴油车的年检、路检。

自由加速法的缺点是:在操作时,对"将油门踏板迅速踏到底"的速度与力度的掌握不同,对"维持4s后松开"的时间长短的掌握不同,导致测量的不确定性较大、重复性差。此外,自由加速不带负荷,不是汽车行驶的真实工况,也不是汽车短时间停驶维持怠速的工况。有时会出现冒黑烟和抽气泵开始抽气的时间不同步的现象，此时无法测到最大烟度值。

12.3.2 柴油车加载减速Lugdown法

加载减速Lugdown法源自我国香港。香港环保署于2000年6月颁布了修订后的柴油车加载减速排放限值和测量方法，把柴油车分为5.5t以下级和5.5t以上级两个级别。它是一种带负荷的测试方法，其检测结果能很好地反映车辆在道路上的实际排放状况，是科学、先进、实用的检测方法。和自由加速法相比，它具有误判率较低、能有效防止调校作弊行为、能对汽车的烟度排放进行检测的优点，可为判断在用车上路排放是否达标提供更加科学、客观的依据。

1. 柴油车加载减速Lugdown法原理

压燃式发动机汽车加载减速工况污染物排放检测系统(简称Lugdown系统)，分为轻型车检测系统与重型车检测系统。轻型车检测系统是基于轻型车(总质量为3500kg以下的压燃式发动机汽车)烟度排放的测试系统，能测试最大单轴轴荷为2750kg的车辆。重型车检测系统是基于重型车(总质量为3500kg以上的压燃式发动机汽车)烟度排放的测试系统，能测试最大单轴轴荷为8000kg以下的车辆或最大总质量为14 000kg的车辆；对于用于3轴6滚筒的底盘测功机，应能测试最大双轴轴荷为22 000kg的车辆。它利用底盘测功机对被检车辆的车速在最接近70km/h的挡位，加载测量，测取与评价VelMaxHp、90%VelMaxHp、80%VelMaxHp工况下的烟度值。与自由加速烟度测量方法相比，这种方法与实际道路的相关性较好。但设备造价较高且要求对被检车辆做好安全防护。

Lugdown工况法试验设备组成如图12-9所示，由底盘测功机、透射式烟度计、电气控制系统、计算机控制软件、助手仪(如电视机)、车辆散热风扇、安全保护装置等组成。

加载减速Lugdown法在三个加载工况点测试烟度。三个测量点分别是最大功率点、最大功率对应转速的90%的转速点和最大功率对应转速的80%的转速点。测试时，将采样探头插入机动车排气管中，插入深度不得低于400mm。然后接好不透光烟度仪。测试数据包括轮边功率、发动机转速和排气烟度。只有轮边最大功率、发动机转速范围和三个工况点测得的光吸收系数k或烟度值均满足标准限值，排放测试才判定为合格。测试设备主要包括底盘测功机、不透光烟度计和发动机转速计，由计算机控制系统集中控制。底盘测功机主要由滚筒、功率吸收单元(PAU)、惯量模拟装置等组成。在具体操作时，不透光烟度计的使用应遵循分流式内置不透光测量的原理。

由于测试和数据采集是完全自动的，不透光烟度计需满足以下技术要求：在采样速率方面，不透光烟度计的采样频率为每秒至少10次；在数据通信方面，不透光烟度计须配备与测功机控制单元的数据采集方式兼容的数据传输装置。控制系统测功机应配备自动控制模块来进行烟度测试。控制模块的软件应能直接控制不透光烟度计和转速传感器，自动完成测试程序。加载减速测试一般应在两分钟内完成，最长不能超过三分钟。控制模块通过监控下述参数来完成测试规程和数据采集：车辆行驶速度，测功机的吸收功率，发动机转速和排气烟度。控制模块应配备实时显示器，显示发动机转速及相应的吸收功率。

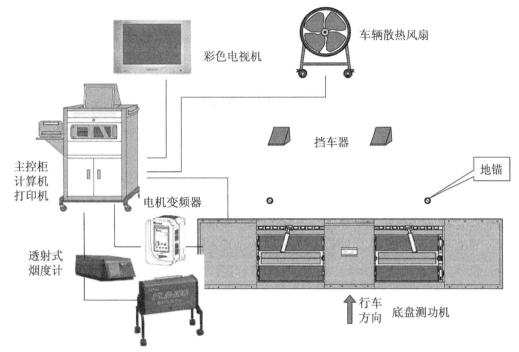

图12-9　Lugdown工况法设备组成

2. 柴油车加载减速Lugdown法试验方法

在进行检测时，应先对车辆进行身份确认和安全检查，对待检车辆完成检测登记后，检测员应将车辆驾驶到底盘测功机前等待检测，并进行车辆的预先检查。检查可分两部分：车辆身份确认和安全检查。如车辆预检不合格，不允许进行检测。

检测员应仔细检查车辆，确认车辆与车辆行驶证相符合。若车辆身份无法确认，不允许参加测试。安全检查用于确定车辆是否适合进行加载减速测试。检测员应彻底检查车辆的状况。如果出现下列情况或缺陷(具体项目见表12-6)，均不能进行检测，待检修合格后才能进行检测。

表12-6　安全检查项目

项目	内容
仪表	里程表失灵；机油压力偏低；冷却液温度表失灵；空气制动阀压力偏低
制动	车辆制动失灵
机动车车身和结构	驾驶员无法在短时间内打开车门；车身的任何部分与车轮或传动轴相接触；在加载和卸载时，车身部件有可能损坏检测设备

项目	内容
发动机系统	无法加满冷却液；冷却系统泄漏；散热器管路有裂缝；冷却风扇损坏或无法正常工作；冷却风扇皮带损坏；发动机机油量不足；发动机工作过程中，机油严重泄漏；机油泄漏到排气系统上；涡轮增压器的润滑油可能泄漏；发动机空气滤清器丢失或损坏，或中冷器严重堵塞；真空管损坏；供油系统(高压油泵或喷油器)出现故障；调速器工作不正常；怠速时排气管排出过浓的白烟、蓝烟；燃料油油位偏低；发动机进排气管松脱；发动机排放系统严重泄漏；发动机异响
变速器	变速器油严重泄漏；变速器异响
驱动轴和轮胎	固定螺钉松动或丢失；轮胎损坏；轮胎橡胶磨损超过厂商设定的警告线；轮胎在行驶中不正常膨胀，或轮胎等级低于70km/h；使用了不符合尺寸的轮胎；轮胎有径向或横向裂纹；轮胎间夹杂其他物体

1) 调整受检车辆

在将车辆行驶上底盘测功机之前，检测员还应对受检车辆进行以下调整：中断车上所有主动型制动功能和扭矩控制功能(自动缓速器除外)，例如中断制动防抱死系统(ABS)、电子稳定程序(ESP)等；关闭车上所有以发动机为动力的附加设备，或切断其动力传递机构；除检测驾驶员外，受检车辆不能载客，也不能装载货物，不得有附加的动力装置。必要时，可以用测试驱动桥质量的方法来判断底盘测功机是否能够承受待检车辆驱动桥的质量。

在检测准备工作中，应特别注意以下事项：对于非全时四轮驱动车辆，应选择后轮驱动方式；对于紧密型多驱动轴的车辆，或全时四轮驱动车辆，不能进行加载减速检测，应进行自由加速排气烟度排放检测。

2) 检测系统的检查

检查检测系统的目的是判断底盘测功机是否能够满足待检车辆的功率要求，以及确定检测系统的工作状态是否正常。

如果待检车辆通过了规定的预检程序，检测员应按以下步骤进行：将待检车辆驾驶到底盘测功机上；举起测功机升降板，并检查是否已将转鼓牢固锁好；小心地将车辆驾驶到底盘测功机上，并将驱动轮置于转鼓中央位置。

注意：除非测功机允许双向操作，否则一定要按测功机的规定方向驶入，否则有可能损坏底盘测功机，当驱动轮位于转鼓鼓面上时，严禁使用倒挡。

放下测功机升降板后，应松开转鼓制动器。待完全放下升降板后，缓慢驾车使受检车辆的车轮与试验转鼓完全吻合；轻踩制动踏板使车轮停止转动，发动机熄火；按照测功机设备商的建议将非驱动轮楔住，系扣车辆安全限位装置。对于前轮驱动的车辆，应采取防侧滑措施。应为受检车辆配备辅助冷却风扇，应掀开大型机动车的动力仓盖板，保证冷却空气流通顺畅，以防止发动机过热。

3) 检测准备

连接好发动机转速传感器，以测量发动机转速；选择合适的挡位，使油门踏板在最大位置时，受检车辆的最高车速尽可能接近70km/h。由计算机判断测功机是否能够吸收受检车辆的最大功率，如果车辆的最大功率超过了测功机的功率吸收范围，不能进行检测。

4) 检测前的最后检查

如受检车辆顺利通过了上述检测，则可以进行下述加载减速排气烟度检测。在开始检测前，检测员必须检查通信系统是否能够正常工作；除检测员外，在检测过程中，其他人员不得在测试现场逗留。如果发动机冷却液温度低于正常温度，应进行发动机预热操作。这时需要将测功机切换到手动控制模式，检测驾驶员应在小负荷下预热发动机，直到冷却液温度达到制造厂规定的正常温度范围为止。

然后，将发动机熄火，变速器置空挡，检查不透光烟度计的零刻度和满刻度。检查完毕后，将合适尺寸的采样探头插入受检车辆的排气管中，注意连接好不透光烟度计，采样探头的插入深度不得低于400mm。不应使用尺寸太大的采样探头，以免受检车辆的排气背压过大，影响输出功率。在检测过程中，必须将采样气体的温度和压力控制在规定的范围内，必要时可对采样管进行适当冷却，但要注意不能使测量室内出现冷凝现象。

3. 柴油车加载减速Lugdown法测试过程及限值

(1) 首先提示检测员检查行驶证，并对车辆的识别号(VIN)或底盘号进行核查，检查结果需输入指定的字段。若检测未通过，则不能继续进行检测。

(2) 使柴油机功率吸收装置(PAU)处于较低的负荷(与速度成线性关系)，其上限的缺省值不得超过10kW(速度为70km/h时)。

(3) 检测员选择合适的挡位，将油门踏板置于全开位置，车速应尽可能接近70km/h。如果两个挡位的接近程度相同，检测时需选用低速挡。对于自动变速车辆，应使用D挡(D-range)进行试验，不得使用超速挡(Over-drive Range)。

(4) 油门踏板全开，待发动机转速稳定后，控制程序将此时的发动机转速设定为最大发动机转速(Max RPM)。并根据输入的发动机标定转速，计算最大功率下的转鼓线速度(VelMaxHP)，其计算公式为

$$VelMaxHP=当前转鼓线速度×发动机标定转速/Max RPM \qquad (12-5)$$

(5) 根据下式确定所需最小轮边功率

$$所需最小轮边功率=发动机标定功率×(100\%-功率损失白分比) \qquad (12-6)$$

如果没有特殊要求，功率损失百分比的默认值是50%。在PAU加载之前，通过输入的发动机标定转速和发动机标定功率确定转鼓表面的最大力和PAU的吸收功率。在进行污染物检测前，应确认转鼓和PAU是否可以接受该力和功率。如果最大力或功率超过了测功机的检测能力，将终止测试。

(6) 如果通过了上述检测，检测控制系统将自动控制PAU开始加载减速过程。

(7) 首先自记录Max RPM转速开始进行功率扫描，以确定实际峰值功率下的发动机转速。在速度控制模式下，当转鼓速度大于计算的VelMaxHP时，速度变化率不得超过

0.5km/h/s；当转鼓速度低于计算的VelMaxHP时，速度变化率不得超过1.0km/h/s。在任何时候，转鼓的速度变化率都不得超过2.0km/h/s。

(8) 真实VelMaxHP的确定。在进行功率扫描时，在功率随发动机转速变化的实时曲线上确定最大轮边功率，并将扫描得到的最大轮边功率的转鼓线速度记为真实的VelMaxHP。

(9) 在获得真实的VelMaxHP之后，继续进行功率扫描过程，直到转鼓线速度比实际的VelMaxHP低20%为止。

(10) 在结束了功率扫描并确定了真实的VelMaxHP后，控制系统立即改变PAU负载，并控制转鼓速度使其达到真实的VelMaxHP值，以进行加载减速检测。系统按照同样的次序完成对以下三个速度段的检测：真实的VelMaxHP、90%的VelMaxHP和80%的VelMaxHP。

(11) 将在三个检测速度段测得的光吸收系数k、发动机速度、转鼓线速度和轮边功率作为检测结果。在每个检测点，在读数之前转鼓速度应至少稳定3s，光吸收系数k、发动机转速和轮边功率则需在转鼓速度稳定后读取5s内的平均值。

(12) 加载检测过程结束后，控制系统应及时提示驾驶检测员松开油门踏板并换到空挡，但是不允许使用任何车辆制动装置。

(13) 在关闭发动机之前，将车辆置于怠速状态至少1分钟，控制系统应自动记录怠速转速数据。

地方在用压燃式发动机在用汽车加载减速法排气烟度排放标准按国家有关法律规定，由省级人民政府批准、发布。省级人民政府可委托其环境保护行政主管部门制定地方排放标准。在确定当地在用压燃式发动机汽车加载减速法排气烟度排放限值时，应遵循相关原则和方法，也可参考采用表12-7中的排放限值。根据生产日期划分的不同类型汽车的排气烟度排放限值范围，最低限值为各地方城市开始实施本检测方法时的最低要求；最高限值为经过检测与维护，该车种应最终达到的限值标准。各地方城市可在最低限值与最高限值之间根据各自情况调整本地区的限值标准，也可根据车辆类型划分不同限值。

表12-7　加载减速法排放限值范围

车型		光吸收系数/m²
轻车型	重车型	
2005年7月1日起生产的第一类轻型汽车和2006年7月1日起生产的第二类轻型汽车	2004年9月1日起生产的重型车	1.00～1.39
2000年7月1日起生产的第一类轻型汽车和2001年10月1日起生产的第二类轻型汽车	2001年9月1日起生产的重型车	1.39～1.86
2000年7月1日起生产的第一类轻型汽车和2001年10月1日起生产的第二类轻型汽车	2001年9月1日起生产的重型车	1.86～2.13

4. 柴油车加载减速Lugdown法实例分析

1) 设定被测车辆参数

发动机参数：额定功率转速(标定转速)为3000rpm；额定功率65kW在三挡时的车辆

参数(假如该车辆在三挡时，最高车速最接近70km/h)；最高车速为80km/h；最高发动机转速MaxRPM为3200rpm；最大功率点车速VelMaxHP为70km/h；最大底盘输出功率为35kW；测功机功率吸收装置较低负荷缺省值为8kW。

2) 测试过程

(1) 计算VelMaxHP。确定所需最小轮边功率，确定最大力矩或功率是否超过了测功机的检测能力。检测员选择三挡，将油门踏板置于全开位置(踩到底)，测功机加载8kW，车速稳定后处于80km/h工况，记录此时的发动机转速MaxRPM=3200rpm，此时测功机的初始负荷为8kW。根据公式"VelMaxHP=当前转鼓线速度×发动机标定转速/MaxRPM"，计算VelMaxHP=80×3000/3200=75(km/h)。通过对所需最小轮边功率进行计算，软件判断测功机可以承载该车辆进行测试。

(2) 功率扫描，确定真实的VelMaxHP。将油门踏板置于全开位置(踩到底)不变，控制系统自动控制PAU对车辆进行加载。随着发动机转速的不断降低(车速也随之降低)，发动机的输出扭矩不断上升(汽车底盘输出功率也在不断上升)，当发动机转速达到3000rpm时，发动机输出功率达到最大值，与此同时汽车底盘输出功率也达到最大值35kW，记录此时车速为真实的VelMaxHP=70km/h。继续进行功率扫描，直到车速比真实的VelMaxHP低20%为止，即从车速70km/h开始一直扫描到56km/h，期间功率一直没有超过35kW这个最大值，这时功率扫描结束。在进行功率扫描期间，由控制系统记录发动机转速和排气污染物曲线。

(3) 加载减速测试。通过功率扫描，确认了真实的VelMaxHP后，控制系统改变PAU负载，并控制车速回到70km/h(真实的VelMaxHP)，以进行加载减速检测。系统按照同样的顺序完成对以下三个速度段的检测：70km/h(真实的VelMaxHP)、63km/h(90%的VelMaxHP)和56km/h(80%的VelMaxHP)。将在三个检测速度段测得的光吸收系数k、发动机转速、车辆车速和轮边功率作为检测结果。在每个检测点，在读数之前车速应至少稳定3s，对于光吸收系数k、发动机转速和轮边功率，应在车速稳定后读取5s内的平均值。

(4) 怠速转速的测试。加载检测过程结束后，控制系统提示驾驶检测员松开油门踏板并换到空挡(注意不要使用车辆制动)。车辆停止后，将车辆置于怠速状态至少1分钟，控制系统应自动记录怠速转速数据。

⋮⋮⋮ 课后总结

《车用压燃式发动机和压燃式发动机汽车排气烟度排放限值和测量方法》(GB 3847—2005)提出了压燃式发动机汽车加载减速法(Lugdown)排放检测方法，《柴油车加载减速工况法排气烟度测量设备技术要求》(HJ/T 292—2006)对底盘测功机、烟度以及控制系统等测量设备作出了要求。《确定压燃式发动机在用车加载减速法排气烟度排放限值的原则和方法》(HJ/T 241—2005)规定了排放限值确定的原则和方法。在本章情景描述中，检验机构应要求该公司进行整改，待符合要求后再进行安全技术检验，以使检测结果符合相关标准的限值要求。

学习工作页

汽车使用性能检测——汽车排放检测(汽油车)
学习工作页

学习目的与要求：①能够做好检验前仪器及车辆的准备工作；②能够严格遵守操作安全注意事项；③能够按照操作规范要求，完成汽油机汽车的排放检测与调整；④能够完成不分光红外线检测仪的日常维护和常见故障排除工作；⑤能够完成不分光红外线检测仪的自校准工作。 学习内容：①汽油机不分光红外线检测仪的结构和工作原理；②《点燃式发动机汽车排气污染物排放限值及测量方法(双怠速法及简易工况法)》(GB 18285—2005)(汽油车)及《在用点燃式发动机轻型汽车排放污染物排放限值(简易瞬态工况法)》(DB 44/632—2009)的相关内容。 教学方式：现场演示操作结合车辆过线检测，记录相关数据并进行分析	姓名：_____ 日期：_____ 第_____周 星期___ 第____节	班级：_____ 学号：_____

一、预习要求

认真阅读实训指导书中汽油机不分光红外线检测仪和《点燃式发动机汽车排气污染物排放限值及测量方法(双怠速法及简易工况法)》(GB 18285—2005)(汽油车)及《在用点燃式发动机轻型汽车排放污染物排放限值(简易瞬态工况法)》(DB 44/632—2009)的相关内容。

二、工具和材料

实验用车、安全三角挡块、标准样气、维修手册。

三、对受检的汽车进行描述

车牌：_____　　车型：_____　　燃料种类：_____　　检测类别：_____

四、步骤

检测时应高度注意设备的运行情况，以免发生意外事故，如发现检测设备运行出现异常情况，应立即停止检测。

1. 测试前的准备

(1) 预热分析仪器，通电一段时间后(以分析仪器厂家的规定为准)达到稳定状态，零位及HC、CO、NO、CO_2的量距读数稳定在精度要求范围内。

(2) 检查车辆发动机怠速运转状况良好。

(3) 检查发动机进气系统应装有空气滤清器，排气系统应装有排气消声器，并不得有泄漏。

(4) 轮胎的规格和气压应符合制造厂的规定。

2. 安全注意事项

(1) 车辆机械状况应良好，无影响安全或引起试验偏差的机械故障，发动机怠速应符合规定。

(2) 车辆的发动机、变速箱和冷却系统等应无液体渗漏。

(3) 检验结束后，抽出取样探头，待仪表回零后再检测下一台车，取样探头不用时要吊挂，防止污染受损。

(4) 对于单一燃料汽车，仅按燃用气体燃料进行排放检测；对于两用燃料汽车，要求对两种燃料分别进行排放检测。

(5) 《点燃式发动机汽车排气污染物排放限值及测量方法(双怠速法及简易工况法)》(GB 18285—2005)规定：对于使用闭环控制电子燃油喷射系统和三元催化转化器技术的汽车，应进行过量空气系数(λ)的测定。当发动机转速为高怠速时，λ值应为1.00±0.03或在制造厂规定的范围内。进行λ测试前，应按照制造厂提供的使用说明书的规定预热发动机。

(续表)

汽车使用性能检测——汽车排放检测(汽油车)
学习工作页

3. 检验程序(双怠速法)(每完成一项请在括号内打"√")

(1) 应保证被检测车辆处于制造厂规定的正常状态,发动机进气系统应装有空气滤清器,排气系统应装有排气消声器,并不得有泄漏。( )

(2) 应在发动机上安装转速计、点火正时仪、冷却液和润滑油测温计等测量仪器。测量时,发动机冷却液和润滑油的温度应不低于80℃,或者达到汽车使用说明书规定的热车状态。( )

(3) 发动机从怠速状态加速至70%额定转速,运转30s后降至高怠速状态。将取样探头插入排气管中,深度不低于400mm,并固定在排气管上。维持15s后,由具有测量平均值功能的仪器读取30s内的平均值,或者人工读取30s内的最高值和最低值,其平均值即为高怠速污染物测量结果。对于使用闭环控制电子燃油喷射系统和三元催化转化器技术的汽车,还应同时读取过量空气系数(λ)的数值。( )

(4) 发动机从高怠速降至怠速状态15s后,由具有测量平均值功能的仪器读取30s内的平均值,或者人工读取30s内的最高值和最低值,其平均值即为怠速污染物测量结果。( )

(5) 若为多排气管,取各排气管测量结果的算术平均值作为测量结果。( )

(6) 若车辆排气管的长度小于测量深度,应使用排气加长管。( )

4 检验程序(简易瞬态工况法)(每完成一项请在括号内打"√")

(1) 根据需要在发动机上安装冷却水和润滑油测温计等测试仪器。( )

(2) 将车辆驱动轮停在转鼓上,将分析仪取样探头插入排气管中,深度为400mm以上,并固定于排气管上。( )

(3) 按照试验运转程序开始进行试验。

① 启动发动机:

a. 按照制造厂使用说明书的规定,使用启动装置,启动发动机。( )

h 发动机保持怠速运转40s。在40s终了时开始循环,并同时开始取样。( )

② 怠速:

a. 对于手动或半自动变速器,在怠速期间,应使离合器处于接合状态,变速器置空挡;为了按正常循环进行加速,应在每个循环的怠速后期,加速开始前5s脱开离合器,变速器置一挡。( )

b. 对于自动变速器,在实验开始时,放好选择器后,在试验期间,任何时候不得再操作选择器,除非出现如下情况:加速不能在规定时间内完成,应按手动变速器的要求,操作档位选择器,或需要操作选择器使超速挡工作。( )

③ 加速:

a. 进行加速时,在整个工况过程中,应尽可能地使加速度保持恒定。( )

b. 若加速度未能在规定时间内完成,如有可能,超出的时间应从工况改变的复合公差允许的时间中扣除,否则,必须从下一等速工况的时间内扣除。( )

④ 减速:

a. 在所有减速工况时间内,应使加速踏板完全松开,离合器接合,当车速降至10km/h时,离合器脱开,但不操作变速杆。( )

b. 如果减速时间比响应工况规定的时间长,则应使用车辆制动器,以使循环按照规定的时间进行。( )

c. 如果减速时间比响应工况规定的时间短,则应在下一个等速或怠速工况时间中恢复至理论循环规定的时间。( )

⑤ 等速:

a. 从加速过渡到下一等速工况时,应避免猛踏加速踏板或关闭节气门。( )

b. 等速工况应采用保持加速踏板位置不变的方法实现。( )

⑥ 循环终了时(车辆停止在转鼓上),变速器至于空挡,离合器接合,同时停止取样。( )

(续表)

汽车使用性能检测——汽车排放检测(汽油车)
学习工作页

5. 根据实测数据进行评价与分析(不合格原因分析)

检测项目	怠速	高怠速	评价与分析(不合格原因分析)
CO/%			
HC/10^{-6}			
λ值			

简易瞬态工况法:

检测车辆	基准质量(RM)/kg	CO/(g/km)	HC/(g/km)	NO$_x$/(g/km)

评价与分析(不合格原因分析):

_____

6. 汽油机不分光红外线检测仪的日常维护要注意哪些事项: _____

_____

_____。

7. 完成汽油机不分光红外线检测仪的自校准

气体测试仪型号: _____ 制造厂: _____ 出厂编号: _____ 外观情况: _____

HC

HC标准值 /10^{-6}vol	气体测试仪示值(10^{-6})				示值误差Δ_a (绝对误差) /10^{-6}vol	示值误差Δ_b (相对误差) /%
	1	2	3	平均		

CO

CO标准值 /%vol	气体测试仪示值(10^{-6})				示值误差Δ_a (绝对误差) /%vol	示值误差Δ_b (相对误差) /%
	1	2	3	平均		

操作人员: _____ 时间: _____ 结论: _____

小组实训总结:

(内容多可背书或附纸填写)

(续表)

汽车使用性能检测——汽车排放检测(柴油车)
学习工作页

学习目的与要求：①能够做好检验前仪器及车辆的准备工作；②能够严格遵守操作安全注意事项；③能够按照操作规范要求，利用不透光度计完成柴油车排放的检测与调整；④能够完成柴油车不透光度计的日常维护和常见故障排除工作；⑤能够完成柴油车不透光度计的自校准工作。 学习内容：①柴油车不透光度计的结构和工作原理；②《车用压燃式发动机和压燃式发动机汽车排气烟度排放限值及测量方法》(GB 3847—2005)和《在用压燃式发动机汽车排气烟度排放限值及测量方法(加载减速工况法)》(DB 44/593—2009)的相关内容。 教学方式：现场演示操作结合车辆过线检测，记录相关数据并进行分析	姓名：_____ 日期：_____ 第_____周 星期___ 第___节	班级：_____ 学号：_____

一、预习要求

认真阅读实训指导书中柴油车不透光度计和《车用压燃式发动机和压燃式发动机汽车排气烟度排放限值及测量方法》(GB 3847—2005)和《在用压燃式发动机汽车排气烟度排放限值及测量方法(加载减速工况法)》(DB 44/593—2009)的相关内容。

二、工具和材料

实验用车、安全三角挡块、标准滤光片。

三、对受检的汽车进行描述

车牌：_____ 车型：_____ 燃料种类：_____ 检测类别：_____

四、步骤：

检测时应高度注意设备的运行情况，以免发生意外事故，如发现检测设备运行出现异常情况，应立即停止检测。

1. 测试前的准备

(1) 仪器通电预热，预热后进行调零及自校准。

(2) 检测前车辆不应长时间怠速，以免燃烧室温度降低或积污。

(3) 检查车辆排气系统的相关部件是否泄漏。

(4) 轮胎的规格和气压应符合制造厂的规定。

(5) 采用至少三次自由加速过程或其他等效方法对排气系统进行吹拂。

2. 安全注意事项

(1) 车辆机械状况应良好，无影响安全或引起检测偏差的机械故障，发动机怠速应符合规定。

(2) 车辆的发动机、变速箱和冷却系统等应无液体渗漏。

(3) 车辆在不进行预处理的情况下也可以进行检测。出于安全考虑，必须确保发动机处于热状态。

(4) 发动机应充分预热。例如：在发动机机油标尺孔位置测得的机油温度应至少为80℃；如果温度低于80℃，发动机也应处于正常运转温度。因车辆结构无法进行温度测量时可以通过其他方法使发动机处于正常运转温度，例如：控制发动机冷却风扇。

3. 检验程序(自由加速不透光烟度法)(每完成一项请在括号内打"√")

(1) 将测量单元放于车辆排气管一侧，使其与废气扩散方向，以避免废气进入保护气幕而影响测量结果。至少采用三次自由加速过程或其他等效方法对排气系统进行吹拂。(   )

(2) 使发动机处于怠速状态，将取样探头固定于排气管内，插入深度为300mm，并使其中心线与排气管轴线平行。(   )

(续表)

汽车使用性能检测——汽车排放检测(柴油车)
学习工作页

(3) 所有装有废气涡轮增压装置的发动机,在每个自由加速循环的起点均处于怠速状态。对于重型发动机,将油门踏板放开后至少等待10s。(   )

(4) 在进行自由加速测量时,必须在ls内将油门踏板快速、连续地完全踩到底,使喷油泵在最短时间内供给最大油量。(   )

(5) 对于每一次的自由加速测量,在松开油门踏板前,发动机转速必须达到断油点转速(如果没有该数据值,则应达到断油转速的2/3)。在测量过程中必须进行检查,应监测发动机转速,或延长油门踏到底后与松开油门前的间隔时间。对于重型汽车,该间隔时间应至少为2s。(   )

(6) 计算结果取最后3次自由加速测量的结果。(   )

4. 检验程序(加载减速工况法)(每完成一项请在括号内打"√")

(1) 车辆驱动轮应位于滚筒上,必须确保车辆横向稳定,驱动轮应干燥防滑。对于前轮驱动车辆,试验前应使驻车制动起作用,并将采样探头插入受检车辆的排气管中,深度不得低于400mm。(   )

(2) 检测员选择合适的挡位,将油门踏板置于全开位置,车速应尽可能接近70km/h。如果两个挡位的接近程度相同,检测时需选用低速挡。对于自动变速车辆,应使用D挡进行检测,不得使用超速挡。(   )

(3) 由电气控制系统控制调节功率吸收装置,逐渐加载扫描测量,得到最大轮边输出功率及对应的轮边转速VelMaxHP,然后检验员继续控制油门开度使其达到最大值,通过电气控制系统调节功率吸收装置。(   )

(4) 车速分别稳定在VelMaxHP、90%VelMaxHP和80%VelMaxHP的工况下,用透射式烟度计分别测得各点的烟度值。(   )

(5) 加载检测过程结束后,控制系统应及时提示驾驶检测员松开油门踏板并换到空挡,但是不允许使用任何车辆制动装置。(   )

(6) 在关闭发动机之前,将车辆置于怠速状态至少1分钟,控制系统应自动记录怠速转速数据。(   )

5. 根据实测数据及曲线进行评价与分析(不合格原因分析)

检测车辆	光吸收系数/m^{-1}	评价与分析(不合格原因分析)

加载减速工况法:

检测车辆	光吸收系数/m^{-1} VelMaxHP	光吸收系数/m^{-1} 90%VelMaxHP	光吸收系数/m^{-1} 100%VelMaxHP	测量最大轮边输出功率	对应发动机转速

评价与分析(不合格原因分析):

_____

6. 柴油机不透光度计的日常维护要注意哪些事项: _____

_____

_____ 。

(续表)

汽车使用性能检测——汽车排放检测(柴油车)
学习工作页

7. 完成柴油机不透光烟度计的自校准

烟度计型号：_____ 制造厂：_____ 出厂编号：_____ 外观情况：_____

烟度卡标准值 /FSN	烟度计示值/FSN				示值误差 /FSN
	1	2	3	平均	

操作人员：_____ 时间：_____ 结论：_____

小组实训总结：

(内容多可背书或附纸填写)

第13章

其他检测项目

情景描述

据某媒体报道，一个综合性能检测站发生一起四驱过检测线变速箱坏死的事故，当事车辆是一辆开了两年、行驶三万多公里的全时四驱进口车，常规检测完毕从检测台下来后，车主发现变速箱坏死。如果你是检测人员，请你推断哪个环节出了问题？

学习目标

1. 了解汽车转向特性检测原理；

2. 了解汽车悬架检测原理；

3. 掌握路试检测的目的和检测项目；

4. 了解第五轮仪测试原理。

汽车综合性能检测是汽车运输业车辆技术管理的主要内容之一，是科学技术进步与技术管理相结合的产物，是检查、鉴定车辆技术状况和维修质量的重要手段，是促进维修技术发展、实现视情修理的重要保证。为了使检测结果更加科学，综合性能检测站也会采用其他一些项目，特别是路试检测以弥补线内检测的不足。

13.1　汽车转向特性检验

转向盘自由转动量，是指汽车转向轮保持直线行驶位置静止不动时，轻轻左右晃动转向盘测得的游动角度。转向盘的转向力，是指在一定的行驶条件下，作用在转向盘外缘的圆周力。这两个参数主要用来诊断转向轴和转向系中各零件的配合状况。该配合状况直接影响汽车的操纵稳定性和行车安全性，因此，对于在用车辆应对上述两项参数进行检测。

13.1.1　转向盘力角仪结构与工作原理

转向盘力角仪，是以微机为核心的智能化仪器，可测得转向盘自由行程和作用在转向盘上的转向力。该仪器由操纵盘、主机箱、连接叉和定位杆4部分组成，仪器结构如图13-1所示。操纵盘由螺钉固定在三爪底板上，底板经力矩传感器与连接叉相连，每个连接叉上都有一只可伸缩长度的活动卡爪，以便与被测转向盘相连接。主机箱固定在底板中央，内部装有接口板、微机板、转角编码器、打印机和电池等，力矩传感器也装在其内部。定位杆从底板下伸出，吸附在驾驶室内的仪表盘上(也可吸附在玻璃或其他位置)。当把转向盘力角仪对准被测转向盘中心，调整好三只伸缩爪长度与转向盘连接牢固后，转动操纵盘，转向力通过底板、力矩传感器、连接叉传递到被测转向盘上，使转向盘转动以实现汽车转向。此时，力矩传感器将转向力矩转变成电信号，定位杆内端连接的光电装置将转角的变化也转变成电信号。这两种电信号由微机自动完成数据采集、转角编码、运算、分析、存储、显示和打印。因此，使用该仪器既可测得转向盘的转向力，又可测得转向盘的自由转动量。

图13-1　转向盘力角仪结构图

13.1.2　不合格原因分析

转向盘自由转动量、最大转向力超标主要有以下几个方面的原因。

(1) 轮胎气压不当。

(2) 前轮定位不准确、前轮轴承磨损。

(3) 转向系万向节磨损、悬架臂球头磨损、转向柱卡滞、滑叉磨损。

(4) 转向系机械结构间隙过大。

(5) T型机松旷。

13.2　汽车转向轮最大转角检测

汽车转向轮最大转角的大小直接影响汽车转弯直径的大小，转向轮的最大转向角应符合汽车原厂规定的有关技术条件。内、外轮转角应符合一定的几何比例关系。汽车转向轮的最大转角用转角仪进行检测。转角仪可测量汽车左、右转向轮的左、右两方向的最大转向角度。将方向盘转向力角仪与转角台配合使用，可检测方向盘的自由转动量及转向盘的最大操纵力；将测量水平和垂直方向车轮角度的传感器卡装在前轮外侧并与转角台配合使用，还可测量前轮定位参数。

转角仪是由机械台架和控制系统组成的，对于全自动检测线上的转角仪，有的还配备确定前轮位置的装置(比如：轮距尺、远红外测距传感器等)。机械台架部分是由两个基本测试单元组成的，如图13-2所示，每个测试单元都能在台架轨道上借助电机的正反转通过减速箱、丝杠的运转而独立地左右移动，以适应不同的汽车轮距和不同的行驶路线。每个测试单元都有一个可以转动的圆盘，该圆盘还可以进行局部的前后左右移动以适应车轮的运动。圆盘的下方连接一个角度传感器，用来记录车轮转动的角度，从而实现对转向轮转角的检测。

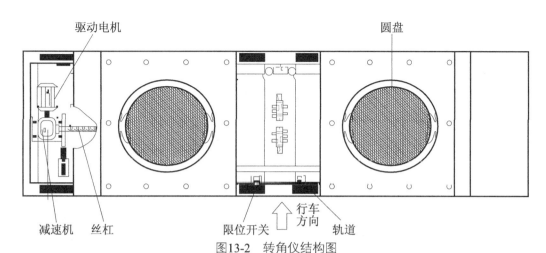

图13-2 转角仪结构图

13.3 汽车悬架装置检测

悬架装置是汽车的一个重要总成，它是将车身和车轴进行弹性连接的部件。汽车悬架装置通常由弹性元件、导向装置和减震器三部分组成。它的主要功能是：缓和由路面不平引起的震动和冲击，以保证汽车具有良好的平顺性；迅速衰减车身和车桥的振动；传递作用在车轮和车身之间的各种力和力矩；保证汽车行驶时必要的安全性和操纵稳定性。

汽车悬架装置最易发生故障的元件是减震器。有故障的减震器会减少行驶中的车轮轮胎的接地力(30%的路程)，甚至会使轮胎不与地面接触，产生的不良后果是：汽车方向盘发飘，特别是曲线行驶难以控制；制动易跑偏或侧滑；车身长时间的余震影响乘坐舒适性；影响车轮轴承、轴接头、转向拉杆、稳定器等部件过载等。

在用汽车悬架装置的检测主要是测试减震器性能，因为减震器和与之相连接的弹性元件等构成了复杂的系统，在评价减震器性能的同时，也就对悬架装置的性能作出了综合评价。检测汽车悬架装置主要使用悬架装置检验台。

目前，悬架装置检验台根据其结构形式可分为跌落式和谐振式两类。

使用跌落式悬架装置检验台开始测试时，先通过举升装置将汽车升起一定高度，然后突然松开支撑机构，车辆自由振动，可用测量装置测量车辆振幅，或者用压力传感器测量车轮对台面的冲击力，对压力波形进行分析，以此评价汽车悬架装置的性能。

谐振式悬架装置检验台的结构原理见图13-3，检验台通过电机、偏心轮、储能飞轮、弹簧组成的激振器，迫使汽车悬架装置产生振动，在开机数秒后断开电机电源，从而电储能飞轮产生扫频激振。由于电机的频率比车轮固有频率高，因此，在飞轮逐渐减速的扫频激振过程中总可以扫到车轮固有频率处，从而使台面与汽车系统产生共振。测量此振动频率、振幅，输出振动波形曲线，可系统地评价汽车悬架装置性能。图13-4为谐振式悬架检验台结构图。

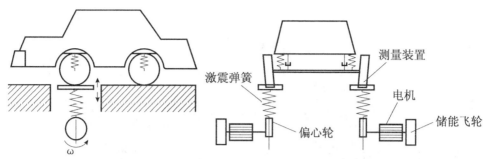

图13-3 谐振式悬架检验台结构原理图

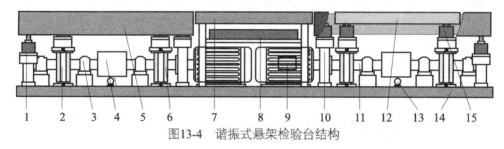

图13-4 谐振式悬架检验台结构

1-外框外侧称重传感器　2-回位弹簧　3-轴承座　4-储能飞轮　5-外框称重台面　6-导向套　7-中间盖板
8-电气控制箱　9-电机　10-台面支撑　11-偏心轴　12-悬架检测台面　13-吊环　14-台架底座　15-悬架检测传感器

13.4 汽车路试检验

路试检验包括路试行车制动性能检验、路试驻车制动性能检验和车速表路试检验。其中，路试行车制动性能检验最为关键，具体项目如表13-1所示。

表13-1 路试检验项目

车型	检验项目		备注
四轮及四轮以上机动车	行车制动	制动距离和制动稳定性，或充分发出的平均减速度、制动协调时间和制动稳定性	通常只对无法上线检验的车辆及对线内检验结果有质疑的车辆进行
	驻车制动	驻车制动性能	
	车速	车速表指示误差	仅在相关管理部门有要求时对全时四驱车辆等无法上线的、车速表指示有误差的车辆进行

1. 行车制动性能检验

路试制动性能检验应在纵向坡度不大于1%，轮胎与地面间的附着系数不小于0.7的硬实、清洁、干燥的水泥或沥青路面上进行。检验时车辆变速器应置于空挡。

对于无法上制动检验台检验的车辆及经台架检验后对其制动性能有质疑的车辆，可通过制动距离或者充分发出的平均减速度和制动协调时间判定制动性能。必要时应安装踏板力计，以检查达到规定制动效能时的制动踏板力是否符合标准。

在试验路面上，按照《机动车运行安全技术条件》(GB 7258—2012)画出规定的试车道的边线，被测车辆沿着试车道的中线行驶。在使用便携式制动性能测试仪进行测试时，当车辆行驶至规定初速度后，置变速器于空挡，急踩制动，使车辆停止，测量充分发出的平均减速度(MFDD)和制动协调时间，并检查车辆有无驶出车道边线。当使用第五轮仪或非接触式速度仪进行测试时，行驶至高于规定的初速度后，置变速器于空挡，当车辆滑行到规定的初速度时，急踩制动，使车辆停止，测量车辆的制动距离和检查车辆有无驶出车道边线。

对于已在制动检验台上检验过的车辆，当制动力平衡及前轴制动率符合要求，但整车制动率未达到合格要求时，可用便携式制动性能测试仪检测。乘用车及其他总质量不大于4500kg的汽车的制动初速度应不低于30km/h，其他汽车、汽车列车及无轨电车的制动初速度应不低于20km/h，急踩制动后测取MFDD及制动协调时间。

2. 驻车制动性能检验

将车辆驶上坡度为20%(总质量为整备质量的1.2倍以下的车辆为15%)、附着系数不小于0.7(混凝土或沥青路面)的坡道上，按正反两个方向保持固定不动，其时间不少于5min，检验车辆的驻车制动是否符合要求。

3. 车速表指示误差

对于全时四驱车辆以及具有驱动防滑控制功能等无法上线检验车速表指示误差的车辆，可采用第五轮仪等仪器进行路试检验，相关车速表指示误差检测仪器如下所述。

1) 第五轮仪

在进行车辆道路试验时，为了测量车辆的行程和速度，可以利用由传动系驱动的里程表和速度表，但这种方法并不准确。因为车辆驱动轮的滚动半径直接受驱动力矩、地面对轮胎的切向反作用力、车轴载荷、轮胎气压及其磨损程度等的影响。此外，车用里程表和速度表的精度也较低。为消除这些因素对测量精度的影响，可在车辆旁边附加一个测量用的轮子，故称第五轮仪，第五轮是从动轮，行驶中无滑转，故能在平坦的路面上精确测量距离。

第五轮仪有两种类型。一种是机械式第五轮仪，它由传动机构、机械记录机构、时间信号发生器(机械式电子时钟机构)等部分组成，有的还附带踏板压力记录机构。机械式第五轮仪现在已被淘汰了。

另一种是电子式第五轮仪，其核心元件是安装在第五轮轮轴上的脉冲信号发生器。有磁电式和光电式两种，目前常见的是磁电式脉冲信号发生器。它实际上是一个磁电式传感器，由磁极、线圈、齿盘、支架等组成，如图13-5所示。其中，齿盘由导磁材料制成，与第五轮的车轴固定连接并随车轮旋转，而由磁极和线圈组成的电磁头固定不动，电磁

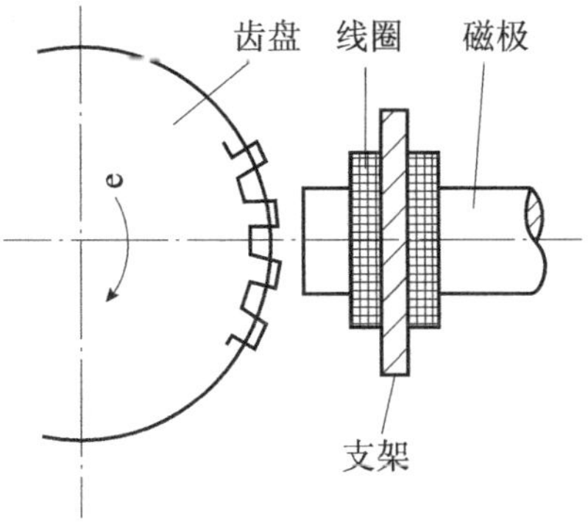

图13-5　磁电式转速传感器

头与齿盘的齿顶间隙约为1mm。当第五轮旋转时，齿盘与电磁头的间隙发生变化，使闭合磁路的磁阻产生变化，导致通过线圈的磁通量发生变化，从而在线圈中感应出一个近似正弦波的信号。该信号经整合后转为矩形波脉冲信号进入测量仪，若齿盘有156个齿，当轮子旋转一周，便会产生156个信号，若轮子的周长为156cm，则每个信号就表示1cm的距离(即1cm/信号)。轮胎圆周长与接地压力和气压有关，应予以修正。脉冲数在修正圆周长后输入计数器，并由晶体振荡器控制时间，可求得速度、距离、时间并显示在仪器上。有三种数据可以输出，继电器输出的信号可作为起始、停止等标志。仪器内设有遥控箱，可以作为外部控制输入端。电子式第五轮仪使用原理如图13-6所示。

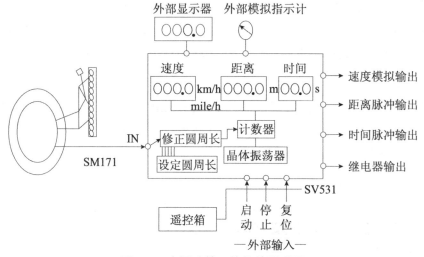

图13-6　电子式第五轮仪的原理图

试验时，需采用夹具将第五轮与试验车辆牢固相连，夹具可视测试车型和连接部位的具体情况进行自制。为减少第五轮的跳动，防止其脱离地面，以保证测量精度，第五轮对地面的压力需保持适中。调节对地压力机构是由壳体、丝杠、丝母、手把、弹簧等组成的，转动手把可调整螺母，从而压缩弹簧以调整车轮对地面的压力。

2) 非接触式车速仪

第五轮仪因其结构上的限制，不适用于180km/h以上的高速测试。有时会因打滑或轮胎气压不稳等使测试精度降低。非接触式车速仪采用光电相关滤波技术，是五轮仪的换代产品，测试范围可达1.5～250km/h。它的核心元件是SF系列空间滤波器，这是一种非常特殊的传感器，可从一般路面上的小石块、砂粒，沥青路面上的各种粒子，或轮胎印在路面上的不规则纹路中，提取特定的反射斑纹(色斑、凸凹斑等)，并进行空间(地面)反射信息处理。

图13-7为空间频率传感器的示意图。它由投光器和受光器组成，投光器将强光射在地面上，由于地面凹凸不平，形成阴暗对比度不同的反射，由受光器中的梳状光电管接受。当单个受光光电管接受路面反射光时，其产生的光电流的频谱如图13-8(a)所示，可见，单个矩形光电管几乎没有滤波作用；如果受光器采用梳状光电管，则只允许与梳状光电管节距相对应的频率处的光电流和低频光电流通过，如图13-8(b)所示，从而产生滤

波作用；若采用差动结构的梳状光电管，则滤波器可滤去低频成分，仅允许与梳形节距相对应的频率成分通过，以实现空间滤波，获得窄带信号，如图13-8(c)所示。

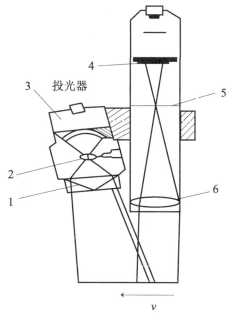

图13-7 空间频率传感器

1-透镜 2-灯 3-反射镜 4-梳状光电管 5-光栅 6-聚光透镜

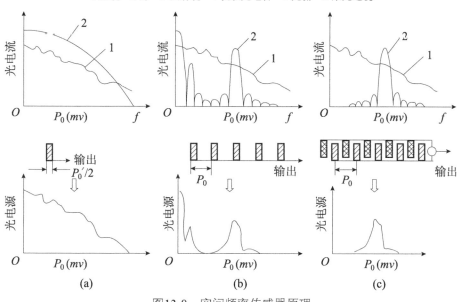

图13-8 空间频率传感器原理

1-反射光空间频谱 2-受光器滤波特性

空间频率传感器就是利用空间滤波原理，来获得车辆行驶时的空间频率的光电流信号的。空间频率 f 与车速 v 的关系为

$$v = \frac{P_0}{m} \bullet f \tag{13-1}$$

式中：P_0——梳状光电管节距；

     m——光学系统放大率。

空间频率传感器将采集到的光电流信号经A/D转换，变成数字量输入车速仪，跟踪滤波器分析中心频率f，通过式(13-1)计算出车速v并作出外部显示。脉冲时钟产生时标信号，根据车速和时间可计算出行驶距离。

非接触车速仪在安装时，受光器的端面距离地面一般为500ram±100ram，并垂直于地面，其侧面的白色记号应与车辆前进方向保持严格一致。

::: 课后总结

对于四驱车辆或者加装了牵引力控制系统的车辆，《机动车安全检验项目和方法》(GA 468—2004)规定：对于全时四驱车辆、具有牵引力控制防侧滑功能等无法上线检测的车速表有误差的车辆，原则上只查看其车速表是否能有效动作，不需要通过路试检验车速表误差。但在相关管理部门或委托检验部门有要求时，应通过路试检测车速表指示误差。

 学习工作页

汽车使用性能检测——汽车悬架特性检测

学习工作页

学习目的与要求：①能够做好检验前仪器及车辆的准备工作；②能够严格遵守操作安全注意事项；③能够按照操作规范要求，完成汽车悬架检验工作；④能够进行悬架检验台的日常维护和常见故障排除工作；⑤能够完成悬架检验台的自校准工作。 学习内容：①检测线上悬架测试台的构造和原理及类型；②汽车悬架检验台的检测及数据分析；③《营运车辆综合性能要求和检验方法》(GB 18565—2001)中汽车悬架特性检测的相关内容。 教学方式：现场演示操作结合车辆过线检测，记录相关数据并进行分析	姓名：_____ 日期：_____ 第_____周 星期____ 第____节	班级：_____ 学号：_____

一、预习要求

认真阅读实训指导书中汽车悬架检验台和《营运车辆综合性能要求和检验方法》(GB 18565—2001)中汽车悬架特性检测的相关内容。

二、工具和材料

实验用车、止动块、标定砝码。

三、对受检的汽车进行描述

车牌：_____   车型：_____   悬架结构：_____   检测类别：_____

四、步骤

检测时应高度注意设备的运行情况，以免发生意外事故，如发现检测设备运行出现异常情况，应立即停止检测。

1. 测试仪器及车辆的准备

(1) 仪器通电预热，检测前检查激振电机工作是否正常，电器信号工作是否正常。

(2) 车辆的装备应符合制造厂技术条件的规定。

(3) 车辆空载。

(4) 轮胎的规格和气压应符合制造厂的规定

(续表)

汽车使用性能检测——汽车悬架特性检测
学习工作页

2. 安全注意事项

(1) 检测时车辆前后不准站立人员；

(2) 检测过程中禁止站立在激振台板上或倚靠在测试车身上。

(3) 没有老师或检测工作人员指导，禁止启动激振电机。

3. 检验程序(每完成一项请在括号内打"√")

(1) 仪器通电预热后，启动智能测控系统进入待检状态。(　　)

(2) 车辆低速(3km/h左右)驶上检测台，车辆轴线与检测台垂直，轮胎位于台面的中央位置。(　　)

(3) 车辆停稳后，发动机熄火，车辆空载，不乘人(含引车员)。(　　)

(4) 按"启动检测"按钮进入检测状态。(　　)

(5) 悬架装置检测台首先启动左电机，激振器迫使汽车悬架产生振动，使车辆悬架装置与检测台达到共振。(　　)

(6) 在共振点过后，电机关闭，振动频率减小，系统自动记录衰减振动曲线及数据。(　　)

(7) 参照(4)、(5)步骤，启动右电机进行激振，检测到悬架性能并记录振动曲线。(　　)

(8) 系统计算并显示动态轮荷与静态轮荷的百分比及其同轴左右轮吸收率的差值。(　　)

4 根据实测数据及曲线进行评价与分析(不合格原因分析)

检测项目	前轴	后轴	评价与分析(不合格原因分析)
左轮轮荷/kg			
左轮吸收率/%			
右轮轮荷/kg			
右轮吸收率/%			
左右轮吸收率之差/%			

5. 汽车悬架检验台的日常维护要注意哪些事项：＿＿＿＿＿＿＿＿＿＿＿＿＿＿＿＿＿＿＿

＿＿＿＿＿＿＿＿＿＿＿＿＿＿＿＿＿＿＿＿＿＿＿＿＿＿＿＿＿＿＿＿＿＿＿＿。

6. 完成汽车悬架特性检验台的自校准

汽车悬架检验台型号：＿＿＿＿＿　制造厂：＿＿＿＿＿　出厂编号：＿＿＿＿＿　外观情况：＿＿＿＿＿

台板	标准值(　　)	汽车悬架检验台示值(　　)				示值误差/%	示值重复性/%
		1	2	3	平均		
左							
右							

操作人员：＿＿＿＿＿＿　时间：＿＿＿＿＿＿　结论：＿＿＿＿＿＿

小组实训总结：

(内容多可背书或附纸填写)

第14章

汽车检测质量控制

情景描述

作为汽车综合性能检测站的工作人员，在营运过程中你该如何保证汽车检测质量，给车主一个公平公正的检测结果？

学习目标

1. 了解机动车检测站的质量管理体系文件；
2. 熟悉汽车检测质量控制的相关内容；
3. 掌握汽车检测质量控制部分内容的制定流程。

汽车综合性能检测站的主要任务是对公路运输车辆的技术状况进行检测诊断，对汽车维修行业维修的车辆进行定期或不定期的质量检测，通过对汽车的动力性、经济性、安全性、可靠性和噪音、排放污染物的检测和评价，为汽车维修质量监督和汽车维修质量纠纷的调节或仲裁提供检测依据，为接受委托的有关车辆和有关部门提供检测结果。为了上述工作的顺利开展，必须对影响检验数据的诸多因素进行全面控制，有效地建立一个完善的检测站管理体系，才能充分发挥检测站的功能，使之规范运作。通过下面的学习，我们将熟悉汽车检测质量控制的要求。

14.1 质量方针和目标

1. 质量方针

通常情况下，企业最高管理者负责正式发布该企业总的质量宗旨和质量方向。

(1) 质量方针是一个企业总的质量宗旨和质量方向，它说明了企业在质量方面所追求的目标以及为达到这个目标所遵循的方向和途径。

(2) 质量方针通常是由一系列具体的质量政策和质量目标所支持的。这些具体的质量政策和质量目标是对企业质量方针的细化。

(3) 质量方针是由企业的最高管理者正式颁布的，但质量方针的实施则与各级管理者以及企业的每一个成员密切相关。

(4) 质量方针是企业总方针的一个非常重要的组成部分，应用简明的语言来表述。例如：公正、科学、准确、诚信。

2. 质量目标

(1) 依据"计量认证/审查认可评审准则"建立并不断完善质量管理体系，确保其持续有效；

(2) 维护检测工作的科学性、真实性、公正性，确保量值的统一和数据的准确；

(3) 检测工作必须做到方法科学、行为公正、真实诚信、结果准确，客户满意率应达到98%以上；

(4) 切实加强仪器设备的日常保养、维护和管理工作，并定期做好仪器设备的日(月)校和送检工作，保证仪器设备的完好率达到100%；

(5) 努力提高检测中心的整体水平，提高全体员工素质，以规范的行为、过硬的技术、优质的服务开展检测工作。

14.2 车辆检测数据质量申诉和处理

客户如对检测结果有不同意见，可即时填写车辆检测质量申诉处理登记表，并将填写好的申诉表交给质量负责人，由质量负责人处理申诉的全过程，组织站内有关技术人员会同申诉人一起对所申诉的内容进行研究，必要时可安排重新检测，由质量负责人在申诉表的下方写上鉴定结论并签名，然后向车主反馈。如车主对鉴定结果仍有异议，车主可直接向当地质量技术监督局和交通主管部门提出申诉，由相关主管部门派人员进行调查，作出结论，并向车主反馈。

检测数据的质量申诉处理由质量负责人全权负责，并向市交委维修处汇报处理意见。受理申诉的范围包括检测站所有检测项目的检测质量。对于申诉人提交的申诉申请，检测站必须在当天受理。

检测中心按照本准则建立完善的申诉和投诉处理机制，处理相关方对其检测和/或校准结论提出的异议，并保存所有申诉和投诉及处理结果的记录，其目的是：满足客户需要、提高客户满意度、时刻关注客户的意见或建议，以改进和保证服务及检测/校准结果的质量；及时解决客户的申诉和投诉，更好地为客户服务。主要由质量管理组和检测组接受申诉和投诉受理，制定并组织实施纠正、预防措施。

当收到针对检测中心检测工作提出的申诉、投诉和其他不满意的信息时，质量管理组应按照《处理客户申诉和投诉的程序》认真进行受理、处理；客户通过信函、电话、传真等不同方式提交申诉和投诉，都应详细记录和存档，并提交给质量负责人批阅。检测组在确认申诉、投诉事实后，应立即主动配合质量管理组组织、制定并实施纠正和预防措施。

质量管理组应针对因检测站工作质量造成的顾客方损失与其商谈，并给予必要的赔偿。当申诉、投诉涉及检测站质量管理体系的适应性、有效性时，质量管理组应报告质量负责人，必要时组织附加审核或建议管理部门评审。质量管理组应将所有申诉或投诉的处理过程和结果及时记录下来，并按规定全面归档。质量管理组和检测组应按《处理客户申诉和投诉的程序》(见表14-1、表14-2)经常主动与客户联系，了解客户的需求和期望，并对收集的信息进行统计分析，确定顾客的需求和期望及需改进的方面，得出定性或定量的结果，并提交管理部门评审。

表14-1　申诉和投诉处理登记表

申诉和投诉处理程序	第×版 第×次修订	
	颁布日期：××××年×月××日	
客户名称		原检测报告编号	
检测项目		电话	
内容与要求		申诉投诉人： 年　月　日
处理意见		质量部负责人： 年　月　日
原因分析		质量部负责人： 年　月　日
纠正措施		责任部门负责人： 年　月　日
批　准		站　长： 年　月　日

表14-2　申诉和投诉处理报告

申诉和投诉处理程序	第×版 第×次修订
	颁布日期：××××年×月××日

送检单位＿＿＿＿＿＿＿＿＿＿＿＿＿＿＿＿＿＿＿＿＿＿＿＿＿＿＿＿＿＿＿＿＿：

　　贵单位于＿＿年＿＿月＿＿日对＿＿年＿＿月＿＿日送检汽车(检测报告编号为＿＿＿＿＿＿＿)
的申诉、投诉，经我站认真调查核实，现将处理意见报告如下：

＿＿＿

＿＿＿

＿＿＿

　　　　　　　　　　　　　经办人：

　　　　　　　　　　　　　日期：

　　　　　　　　　××××机动车检测站

　　　　　　　地址：×××××××××××××

　　　　电话：××××-×××××××× 邮编：××××××

14.3 汽车检测质量控制内容

14.3.1 设施和环境条件

按照规定，检测站的设施和环境条件应满足相关法律法规、技术规范或标准的要求，主要目的是保证检测、校准结果的准确、可靠。因此，必须配置相应的设施和环境条件，设施和环境条件应满足对工作人员的健康安全防护、对环境条件的安全保护等的需要，并不影响检测报告质量。主要由检测组负责组织制定设施及环境条件标准，并负责设施和环境条件的控制和记录；质量管理组负责设施配置的检测和环境条件的核查。

1. 设施要求

(1) 办公及检测场所包括办公室及检测工作区域，要求能源、照明、空调、通风等方面应便于检测工作的正常进行，并应符合相关的健康和安全要求；

(2) 检测车间应配备设备仪器布置图；

(3) 检测组应配备所需的标准物质、检测仪器和必要的辅助设备，用于检测线的仪器设备应有专人保管、维护；

(4) 电源线路走向合理、排列整齐，电器设备均设置漏电开关或接地线；

(5) 配备灭火器、消火栓和防盗网及防雷仪器等必要的安全设施，以防止发生意外情况影响检测工作的正常进行。

2. 环境条件

(1) 检测人员在开展检测工作时，应对检测环境加强控制，确保环境不影响检测结果的有效性和准确性；

(2) 应对营业厅、休息室、检测车间和办公室及其他区域进行合理的隔离，电脑房应配装空调，电源、照明、温度、湿度均应达到要求；

(3) 制定《检测中心管理制度》《安全操作制度》等规章制度，保证公司的正常运作及安全生产；

(4) 未经站长许可和专人陪同，非工作人员不得进入检测工作区域，以免影响检测工作的正常进行，还可避免安全事故的发生；

(5) 检测车间检测线及人行通道之间应设置有效隔离带，并张贴各种安全防火、禁止吸烟、限高、限速、限重等安全警示标识；

(6) 检测车间内禁止随地吐痰，禁止吸烟、吃东西和丢果皮等；

(7) 下班后应切断有关电器设备电源，锁好门窗，以确保安全。

14.3.2 检测和校准方法

检测站按照规定和相关技术规范或标准，采用合适的检测/校准方法，遵循正确的操作程序来开展检测/校准工作，目的是使不同人员在不同时间所进行的检测/校准保持一致，保持适当的计算和数据转换及遵循处理规定，并有效实施。主要由检测组负责检测/校准方法的制定、选用和验证，以及检测设备操作规范和作业指导书的编制；由技术负责人对在用检测/校准方法的有效性进行控制。

检测工作过程包括检测过程、车辆抽检和管理过程、环境条件控制过程、设备管理过程等，应分别制定相关的程序文件。按检测/校准标准和仪器设备的使用方法制定操作规范，检测人员所需的程序文件、操作规范及其他的应用技术文件均由质量管理组负责检查受控状况，并保存在检测现场，以便相关人员取阅。如检测/校准方法出现偏离，按《允许偏离的程序》(见表14-3)执行；如不能按《允许偏离的程序》执行，则按不符合标准的检测工作进行控制。

1. 检测/校准方法的选择

(1) 检测工作严格执行国家、行业和地方标准和方法。

(2) 质量管理组应确保使用的标准、检测/校准方法、操作规范和技术规范是最新的有效版本。

(3) 没有国际、国家、行业和地方规定的检测/校准方法时，可选择由知名的技术组织、有关科技文献或杂志公布的方法；如无此类方法，检测组需制定检测/校准方法并进行验证。检测/校准方法中首先应给出被测样品(或参数)、可要求的量程和允许误差(或不确定度)，如方法适应客户的需求应签订协议，报技术负责人批准后，按《文件控制和管理程序》办理相关手续。

2. 非标准检测/校准方法的制定

检测组指定有实践经验、能熟练操作相关仪器设备的检测人员编制检测方法。

(1) 检测组应制定和检测能力范围相符合的检测程序、操作规范；

(2) 质量监督检测中的抽检应符合《样品的抽取和处置管理程序》；

(3) 申请认证的检测项目按照国家、行业或地方标准制定相应的检测方法，依此结合检测工艺路线和设备特点制定检测程序。

3. 数据控制

(1) 检测人员核准检测记录时，要对数据的计算过程和结果进行校核；

(2) 用计算机进行检测数据的采集、处理、运算、记录、报告、存贮或检索检验数据时，按《检测用计算机及软件控制程序》(见表14-4)的规定执行，确保数据的完整性和保密性。

表14-3　允许偏离审批表

允许偏离的程序		第×版 第×次修订	
		颁布日期：××××年×月××日	
申请部门		申请时间	年　月　日
检测项目			
允许偏离事由			
	检测项目负责人：	年　月　日	
检测车间意见			
	检测车间负责人：	年　月　日	
审批意见			
	质量负责人：	年　月　日	
处理情况记录与跟踪			
	质量负责人：	年　月　日	

表14-4　检测用计算机及软件控制程序

检测用计算机及软件控制程序	第×版 第×次修订
	颁布日期：××××年×月××日
预期要求：	
技术部：	年　月　日
实际功能：	
技术部：	年　月　日
是否符合实际要求或制造商的声明要求：	
技术部：	年　月　日

14.3.3　设备和标准物质

　　检测中心按照规定，配备正确进行检测和/或校准所需的抽样、测量和检测设备及标准物质，并对所有仪器设备进行正常维护。目的是确保检测结果的准确、可靠，对配备正确进行检测所要求的检测仪器设备和标准物质实施有效控制。主要由检测组负责仪器设备及标准物质的购置申请、校准、使用、标识和维护；质量管理组负责组织对拟购仪器设备的论证、订购、验收、建档，和对在用仪器设备的监督管理；办公室负责制订购置设备的资金计划，并在设备验收后建立固定资产台账。

1. 设备及标准物质的配置

(1) 以广东省为例，根据中华人民共和国交通运输部令第29号《汽车运输业车辆综合性能检测站管理办法》《广东省汽车运输车辆综合性能检测站基本条件》的要求，申请计量认证项目须配置相关的设备及标准物质；

(2) 检测仪器设备必须由质量稳定的专业生产厂家提供，主要检测设备和标准物质的供应商须有相应的技术监督部门颁发的制造许可证，优先选用定型的计量器具和标准物质，未经定型的检测仪器设备须提供相关技术单位的验证证明；

(3) 新开展的检测项目所需的仪器设备，由检测组依据检测方法的规定提出购置申请，由质量管理组组织对拟购仪器设备的先进性、可靠性、符合性进行论证，并就仪器设备的名称、型号、测量范围、准确度等级，编制检测项目的能力分析表；

(4) 对于技术革新、仪器设备更新改造项目需要的仪器设备，由质量管理组会同检测组依据最新版本检测标准中的规定要求，对拟购的仪器设备性能和准确度进行论证，并提出购置申请，报经理批准后组织订购；

(5) 根据检测过程中所需的主要检测、校准仪器设备和标准物质，分别生成《检测仪器、设备一览表》和《标准物质表》。

2. 仪器设备的使用

(1) 所有的检测设备在交付使用前，由质量管理组负责制订检测计划并组织实施，必须在通过法定计量检定机构检定合格、检测组办理启用手续后，方可投入使用；

(2) 检测仪器设备应定点放置，所有检测仪器设备由专人操作，操作者必须按照使用说明书及现行有效版本的技术文件中规定的程序实施，这些程序文件应便于现场使用，能帮助检测人员正确操作和使用设备，以确保检测过程的安全和检测结果的准确；

(3) 检测人员在操作仪器设备前后均应检查其状态并做好记录。

3. 设备的管理

(1) 所有的在用仪器设备(包括计算机软件)由质量管理组负责统一编制设备号并张贴在仪器设备的醒目处，作为唯一性标识；所有在用仪器设备应用"三色标识"表明其受控及校准状态，标识上应注明仪器设备的编号、校准(检定)日期、有效期、校准(检定)单位。它的作用主要有以下几个方面。

① 合格——绿色，用于检定合格的检测设备；

② 准用——黄色，用于功能性检查的设备，设备检定合格者或检验(检测)所用量程合格者；

③ 停用——红色，用于检定不合格、校准核查不合格或停用的检测设备，以及超过检定周期或已损坏的设备。

(2) 主要在用仪器设备均规定由专人负责保管、保养、维护等工作，认真填写设备使用记录，确保仪器设备功能正常。

(3) 所有检测仪器设备都要登记在《仪器设备档案表》中，并建立独立的设备档案，质量管理组负责收集、整理与设备相关的资料文件，建立设备档案。

(4) 仪器设备和标准物质的日常使用和维护等的记录工作由检测组组长负责监督，每月审核一次后交质量管理组，质量管理组负责将所有相关设备的记录保存在设备档案中。

4. 标准物质的管理

(1) 标准物质应由有资质的企业生产，应能提供有效的合格证书，并能溯源到国家基准，在有效期内使用。

(2) 标准物质的购置，由检测组申请并列出购置清单，交检测组组长批准，由办公室主任负责安排采购，使用人员办理验收手续后领用。

(3) 设备管理员应按照标准物质的性质及说明对其进行使用和保管。

(4) 过期标准物质应报检测组组长批准后销毁。

5. 仪器设备故障的处理

(1) 存在明显故障或提供结果不准确的、显示混乱不清的、测量误差超标的仪器设备都应停止使用，贴"停用"标识并予以隔离，按《仪器设备维护、保养程序》及时对其进行检查维修，并核查其对已进行的检测工作是否有影响，按《不符合工作控制的程序》执行。送修设备在调试修复后应通过法定计量检定机构检定合格后方可投入使用。

(2) 对经维修仍无法达到原技术要求和检测需要，或随着检测技术要求的提高，其性能已不能满足检测需要的检测设备，检测组按《仪器设备维护、保养程序》的要求执行报废。

14.3.4 量值溯源

量值溯源是指检测中心按照规定，通过一条规定不确定度的不间断的比较链，使测量结果或标准值能与规定的参考标准联系起来的一种特性。保证量值溯源是汽车检测机构结果互认的基础，目的是确保测量结果或标准量值能溯源到国家基准或国际计量基准。主要由质量管理组负责制订检测设备周期检定、校准、核查计划，并组织监督执行，由检测组组长负责检定、校准、核查计划的实施。

量值溯源的内容和要求如下所述。

(1) 所有需检定的检测仪器设备在投入使用前，必须经法定计量检定机构检定，并按《仪器设备期间检定程序》组织实施，检定合格后方可投入使用。

(2) 质量管理组应编制检测设备周期检定计划，并监督仪器设备的定期检定工作。在用设备在接近检定周期前一个月，检测组应制订送检计划并监督实施。

(3) 凡属无法直接进行量值溯源的设备，质量管理组会同相关部门组织有关人员制定校准方法。在用设备在接近检定周期前一个月内由检测组制订送检计划并监督实施。

(4) 影响检测质量的异常修复后，经法定计量检定机构校准或检定合格后方可使用。

(5) 对于不需要检定的检测仪器设备，按照其性质或使用说明书进行功能性检查，做好详细记录，并加强维护。

(6) 对于检定合格的仪器设备，应按《仪器设备期间核查程序》(见表14-5)将相关记录存入设备档案。

(7) 购置的标准物质必须是有证标准物质，必须确保标准物质溯源到国家或国际计量标准，并在有效期内使用。

(8) 对仪器设备进行核查。

① 在仪器设备的两个检定周期之间，为确保检测数据的准确、可靠，应按《仪器设备运行检查程序》对检测设备进行核查；

② 检测设备核查的标准物质须经法定计量检定机构检定合格后，在有效期内使用。

表14-5　仪器设备期间核查程序

仪器设备期间核查程序				第×版 第×次修订			
				颁布日期：××××年×月××日			
仪器设备名称				型号规格			
检查项目				检查日期	年 月 日		
仪器设备				电脑			
标定(核查)值	示值	校核值	示值误差/%	标定(核查)值	示值	校核值	示值误差/%
备注				备注			

14.3.5　抽样和样品处理

检测中心按照相关技术规范或者标准实施样品的抽取、制备、传递、储存、处置等，应注意控制抽样和样品处理过程中的影响因素，以确保检测和/或校准结果的有效性。

在检测过程中，抽样和样品(送检车辆)的代表性、有效性和完整性将直接影响检测结果的准确性，因此必须对送检车辆实施管理。主要由检测组负责送检车辆的收发、标识张贴、管理。

抽样和样品处理的内容和要求如下所述。

(1) 送检车辆以《车辆送检委托书》、车牌号码、车辆类型、车辆发动机号码、车架号码等作为识别标记。

(2) 送检车辆按规定停放在指定位置，送检人员先将送检车辆资料交给检测人员，按《检测车辆管理程序》的要求进行。

(3) 检测组保证从车辆交给检测人员开始到送检车辆交还给送检员期间的车辆安全

(车辆本身有问题或送检人员个人导致的问题除外)。

(4) 在质量监督检测过程中，抽样应符合《样品的抽取和处置管理程序》，见表14-6。

表14-6　样品的抽取和处置管理程序

样品的抽取和处置管理程序		第×版 第×次修订			
		颁布日期：××××年×月××日			
车辆号码		检测类别		核载/(吨/座)	
车型类别		车辆型号			
车主单位					
维修单位					
检测结果分析：					
评价		检测员			
		技术负责人			
		抽检人			

14.3.6 结果质量控制

检测站按照要求，采用合理有效的质量控制手段，监控检测工作过程，利用质量控制程序和质量控制计划监控检测/校准结果的有效性。目的在于监视检测过程并排除导致不合格、不满意的因素以取得准确可靠的数据和结果。采用合理有效的质量控制手段，可监控检测/校准工作过程，预见可能出现的问题，或及时发现问题出现的征兆，使公司可有针对性地采取纠正措施或预防措施，避免或减少不符合标准的结果产生。主要由质量负责人负责质量控制方法的选用、制定，及质量控制方法实施后的审核；由检测组负责质量控制方法的实施、实施过程的数据记录，并根据数据判断质量控制结果；由技术负责人负责对质量控制方法的有效性进行控制，对判断结果进行核查。

结果质量控制的内容和要求如下所述。

(1) 制定《结果质量控制程序》(见表14-7)以监控检测/校准结果的有效性。主要包括(但不限于)以下几项内容。

① 定期使用有证标准物质(参考物质)进行监控和/或使用次级标准物质(参考物质)开展内部质量控制；

② 参加各检测机构间的比对或能力验证；

③ 使用相同或不同方法进行重复检测或校准；

④ 对存留样品进行再检测或再校准；

⑤ 分析一个样品的不同特性结果之间的相关性。

(2) 运用PDCA循环的管理思想对检测过程进行控制。PDCA循环的分析、建立和实施包括以下8个步骤。

① 分析现状，发现品质问题；

② 分析导致产生品质问题的各种因素；

③ 分析影响品质问题的主要原因；

④ 针对主要原因，确定组织，制定问题解决方案；

⑤ 执行：按照解决方案组织实施；

⑥ 检查：把执行结果与要求达到的目标进行对比；

⑦ 标准化：总结成功经验，并加以标准化；

⑧ 把未解决或新出现的问题转入下一个PDCA循环中。

(3) 利用内部手段验证检测工作的可靠性，如盲样检测、留样检测、人员对比、方法对比等；利用外部力量验证检测能力，如检测机构之间的比对和参加能力验证等。在标准更新、人员交替、设备变化和检测质量波动的情况下，尤其应加强技术校核工作。

(4) 检测员应记录并分析质量控制的结果数据，记录方式应便于发现其发展趋势。

(5) 确定质量控制结果是否可接受的判断依据，即对于每项质量控制结果，如在可接受范围以内，则判断为符合要求、可以接受；如在可接受范围以外，则判断为不符合要求、不可接受。

(6) 对于所有被判断为不可接受的质量控制结果，公司应查找原因并采取有计划的纠正措施，消除造成不可接受结果的影响因素。

(7) 质量控制应建立在统计技术的基础上，以大量观测数据为依据。

(8) 检测人员应对观测数据进行监控，以发现其趋势变化，并根据趋势对测量系统作出判断。

(9) 定期有计划地进行评审，以及时发现测量系统的变化情况。

(10) 实施质量控制时，应尽可能在质量控制数据尚未超出预先设定的标准之前采取措施。

表14-7　结果质量控制程序

参考标准和标准物质的管理程序				第×版 第×次修订			
				颁布日期：××××年×月××日			
序号	参考标准或标准物质	购买人员	厂家名称	监督员	设备管理员	批准人	日期
备注							

14.3.7 结果报告

检测中心应按照相关技术规范或者标准以及规定的程序，及时出具检测和/或校准数据和结果，并保证数据、结果以及出具的检测报告的准确性、客观性、真实性，以维护企业自身的形象和声誉。综合性能检测报告由交通运输主管部门统一编制和核验；由授权签字人负责检测报告的签发；由检测组负责检测报告的发放和检测报告副本的存档。

结果报告的内容和要求如下所述。

(1) 道路运输车辆技术等级评定及二级维护质量考核检测报告均由交通运输主管部门统一编制，检测报告应信息充足、填写完整、签名齐全、文字简洁、字迹清楚、数据准确、结论正确。其他未作规定的检测报告格式、内容应满足客户的要求或检测方法中的规定，并提供足够的信息，其信息来源于检测原始记录。

(2) 检测报告采用法定计量单位。

(3) 检测报告由检测人员按原始记录输入计算机或由计算机自动采集数据后，在主控电脑室打印，检测报告应由授权签字人签字，盖上检测章后发出。

(4) 当发现诸如检测仪器设备有缺陷等情况，而对已发出的检测报告的有效性产生疑问时，应立即以书面形式或电话形式通知送检方，免费为其提供复检。

(5) 如需对检测报告做结论性修改的，则必须要求车辆重新上线检测，出具新检测报告单，同时按准则要求，收回原检测报告并归档保存。

(6) 未经本站长批准，任何单位或个人不得复制本单位出具的检测报告(完整复制除外)，否则本单位保留追究相应法律责任的权利。

(7) 如果客户要求以电话、图文传真、电报或其他电子、电磁方式传递检测报告，需由用户提出书面委托，交质量负责人审批，由检测组登记并负责办理，在传递过程中应保持检测报告的完整性和保密性。

(8) 由检测组负责检测报告的原始记录、检测报告副本等的存档。

⁞⁞⁞ 课后总结

作为汽车综合性能检测站的工作人员，在上岗前必须掌握质量管理体系的内容构成，以确保对检测和校准方法进行有效的控制，从而保证汽车检测质量，使车主获得公平、公正的检测结果。

 **学习工作页**

汽车使用性能检测——汽车检测质量控制
学习工作页

学习目的与要求：①能够按照质量体系文件进行现场管理；②能够对体系文件的现行有效性进行初步评价；③能够正确填写检测站管理与质量控制表格。 学习内容：①检测站质量体系文件；②国家质量技术监督检验检疫总局颁布的《实验室资质认定评审总则》(2005)概述。 教学方式：①采用一体化教学、分组讨论的方式；②采用基于企业真实工作任务的案例教学方式	姓名：_____ 日期：_____ 第_____周 星期___ 第___节	班级：____ 学号：____

一、预习要求

　　认真阅读检测站质量体系文件和国家质量技术监督检验检疫总局颁布的《实验室资质认定评审总则》(2005)的相关内容。

二、工具和材料

　　一体化教室、管理体系文件、《实验室资质认定评审总则》(2005)。

三、对示范教学的检测站进行描述

　　检测站名称：_____　检测站类别：_____　检测站级别：_____

四、步骤：

　　通过一体化教学，按照检测站的真实工作任务分组讨论，填写检测站的管理与质量控制表格。

检测中心管理体系要素、岗位职能分配表

	质量要素	职能部门						备注
		站长	技术负责人	质量负责人	办公室	质量管理组	检测组	
1	概述					■		
2	《质量手册》的管理			■		■		
3	质量方针和目标、公正性声明	■						
4	组织管理	■	□	□	□			
5	质量管理体系	■						
6	质量管理体系内部审核		□	■		□	□	
7	质量管理体系管理评审	■	□	□		□	□	
8	人员	■	□	□	□	□		
9	设施和环境条件	□				□	■	
10	仪器设备和标准物质				□	□	■	
11	量值溯源和校准		□			□	■	
12	检测/校准方法		■			□	□	
13	检测车辆管理					□	■	
14	记录的控制			□		■		
15	检测报告		■				□	
16	检测分包		■			□	□	
17	外部支持服务和供应				□	■	□	
18	申诉、投诉和服务			■	□	□		

(续表)

汽车使用性能检测——汽车检测质量控制
学习工作页

说明：■表示主管人员；◆表示主要负责部门；□表示协办部门。

相关管理与质量控制文件

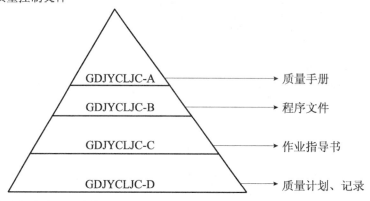

根据学习内容分组完成以下表格：

客户意见反馈表

客户名称		联系电话	
地址		联系人	

序号	评价内容	客户评价				
1	安全装备及表现	□很满意	□较满意	□基本满意	□不满意	□很不满意
2	服务态度	□很满意	□较满意	□基本满意	□不满意	□很不满意
3	技术能力	□很满意	□较满意	□基本满意	□不满意	□很不满意
4	工作效率	□很满意	□较满意	□基本满意	□不满意	□很不满意
5	工作质量	□很满意	□较满意	□基本满意	□不满意	□很不满意
6	设备状态	□很满意	□较满意	□基本满意	□不满意	□很不满意
7	检测报告质量	□很满意	□较满意	□基本满意	□不满意	□很不满意
报告评价		□很满意	□较满意	□基本满意	□不满意	□很不满意

评价及建议：

客户代表：

日　　期：

(续表)

汽车使用性能检测——汽车检测质量控制
学习工作页
车辆检测质量抽检分析记录表

车牌号码：_____ 号牌种类：_____ 车辆类别：_____ 原引车员：_____ 抽检引车员：_____

检测内容			检测数据		结果	标准	评价	数据差异原因分析
			原始数据	抽检数据				
喇叭声级			dB(A)	dB(A)		5%		
转向轮侧滑量			m/km	m/km		0.8m/km		
轮载质量		一轴	kg	kg		3%		
		二轴	kg	kg				
		三轴	kg	kg				
制动性能	行车制动	整车	N	N		15%		原来为10%
		一轴	左: N; 右: N	左: N; 右: N				
		二轴	左: N; 右: N	左: N; 右: N				
		二轴	左: N; 右: N	左: N, 右: N				
	制动平衡	轴	/ N %	/ N %		10%		原来为3%
		二轴	/ N %	/ N %				
		三轴	/ N %	/ N %				
	车轮阻滞	一轴	左: N %	左: N %		2.0%		原来为0.4%
			右: N %	右: N %				
		二轴	左: N %	左: N %				
			右: N %	右: N %				
		三轴	左: N %	左: N %				
			右: N %	右: N %				
	驻车制动		左: N; 右: N	左: N; 右: N		10%		原来为5%
悬架	悬架效率	一轴	左 %; 右 %	左 %; 右 %		5%		
		二轴	左 %; 右 %	左 %; 右 %				
前照灯发光强度	左		cd	cd		15%		
	右		cd	cd				
排气污染物	点燃式发动机	CO	g/km	g/km				
		HC	g/km	g/km				
		NO$_x$	g/km	g/km				
		HC+NO$_x$	g/km	g/km				
	压燃式发动机	100%	m^{-1}	m^{-1}				
		90%	m^{-1}	m^{-1}				
		80%	m^{-1}	m^{-1}				
		轮边功率	kW	kW				
		发动机转速	r/min	r/min				
底盘功率	校正驱动轮输出功率		kw	kw		10%		
	额定扭矩功率		kw	kw		0%		

(续表)

汽车使用性能检测——汽车检测质量控制
学习工作页

检测内容	检测数据		结果	标准	评价	数据差异原因分析
	原始数据	抽检数据				
车速表示值误差	km/h	km/h		3km/h		
整车装备及外观						

处理意见：	质量监督人：
	质量负责人：
	技术负责人：
	年　月　日

说明：1. 结果≤标准，则评价为合格，用"○"表示；结果>标准，则评价为不合格，用"×"表示；对于侧滑项，如原始数据和抽检数据为一外一内，则评价为不合格，用"×"表示；在双怠速工况下，HC同时大于两个标准则评价为不合格，用"×"表示。不合格项目需填写数据差异原因分析。

2. 数据差异原因分析及处理意见填写空间不足可另附A4纸填写。

3. 本记录与原始报告(多打印一份)、抽检报告及各种检测曲线图一起存档

小组实训总结：

(内容多可背书或附纸填写)

参考文献

[1] 曹家喆. 现代汽车检测诊断技术[M]. 北京：清华大学出版社，2003.

[2] 张建俊. 汽车检测与故障诊断技术[M]. 北京：机械工业出版社，2001.

[3] 陈焕江. 汽车诊断与检测[M]. 北京：清华大学出版社，2007.

[4] 肖亿，谭湘茨，陈勇军. 基于汽车检测的分布式控制系统[J]. 计量技术，2006，23(11)：43-51.

[5] 李适伦，陈灶芳，蔡浩军. 基于C/S模式的汽车综合性能自动检测管理系统及其实现[J]. 交通与计算机，2000，11(4)：28-34.

[6] 崔冰. 汽车性能检测系统数据采集的可靠性设计[D]. 长春：吉林大学，2004.

[7] 千承辉，苏建，潘洪达. 基于CAN总线的汽车检测技术研究[J]. 武汉理工大学学报：交通科学与工程版，2006，30(3)：489-491.

[8] 千承辉，苏建，刘玉梅. 基于CAN总线的汽车ABS检测系统研究[J]. 昆明理工大学学报：理工版，2007，32(3)：72-75.

[9] 赵祥模，马建，关可，等. 汽车综合性能分布式计算机网络自动测控系统[J]. 长安大学学报：自然科学版，2003，23(5)：94-98.

[10] 赵祥模，刘旭东，戚秀真. 一种新型的汽车检测线控制系统结构[J]. 交通与计算机，2005，23(2)：18-21.

[11] 徐欢海，朱名铨，桓永兴. 分布式汽车检测控制管理系统[J]. 交通与计算机，2005，23(2)：34-37.

[12] 孔凡天，陈幼平，谢经明，等. 基于多传感器信息融合的分布式气体检测研究[J]. 计算机测量与控制，2006，14(4)：421-424.

[13] 王建强，苏建，贾正锐，等. 汽车车轮侧滑量检测存在问题及对策研究[J]. 汽车技术，2004，7：30-32.

[14] 张立斌，苏建，陈熔. 车轮定位参数快速检测新方法研究[J]. 汽车技术，2005(10)：36-38.

[15] 孙从玺. 神经网络在汽车底盘综合性能检测中的应用研究[D]. 长春：吉林大学，2004.

[16] 徐观，苏建，潘洪达，等. 汽车四轮定位仪检定技术[J]. 计量技术，2007(8)：44-47.

[17] 中国机动车安全检测技术研究会年会论文集[C]. 1994：199.

[18] JT/T 415—2006, 道路运输电子政务平台编目编码规则[S]. 中华人民共和国交通部, 2006: 10.

[19] 周德光, 戴雄杰, 等. 德国机动车安全检测情况考察报告[R]. 1996.

[20] 肖永清. 国内外汽车检测技术发展状况[J]. 中国机电工业, 2003(18): 37-38.

[21] 陈炳耀. 欧洲机动车安全性能检测状况考察[J]. 汽车运输, 2000(5): 34-36.

[22] 王欢, 戴雄杰. 我国机动车安全技术检测发展动向[J]. 广东公路交通, 1999(1): 1-3.

[23] 杨金奇, 刘学军. 工业以太网技术及其应用现状与发展[J]. 四川工业学院学报, 2002, 21(3): 34-36.

[24] 张飞, 蒋国平. 汽车综合性能检测站数据库的设计[J]. 农业装备与车辆工程, 2007(1): 17.

[25] 夏长高, 曾发林, 丁发. 汽车安全检测技术[M]. 北京: 化学工业出版社, 2006.

[26] 崔孝凤, 谢明岗, 王振, 等. 智能化机动车综合性能检测系统的设计与开发[J]. 计算机工程与设计, 2006, 27(19): 3577-3579.

[27] 曹健, 李政, 翟立根. 汽车制动性能检测中几个问题的探讨[J]. 中南汽车运输, 1999(3): 4-6.

[28] 周焕成. 在检测台上检测汽车制动性能存在的有关问题思考[J]. 客车技术与研究, 2001, 23(4): 26-28.

[29] 王万波, 赵伟. 汽车安全技术检测线微机控制系统的研制[J]. 科技论坛, 2007(7): 25-26.

[30] 顾文艳, 毛恩荣. 基于新国标的机动车安全技术性能全自动检测系统[J]. 中国农业大学学报, 2000(5): 109-112.

[31] Fischer, D. & Borner, M. & J. Schmitt. Fault detection for lateral and vertical vehicle dynamics [J]. *Control Engineering Practice*, 2007(15): 315-324.

[32] Borner, M. & R. Isermann. Model-based detection of critical driving situations with fuzzy logic decision making[J]. *Control Engineering Practice*, 2005, 14(5): 527-536.

[33] 徐同连. 计算机控制系统集成技术在汽车综合性能检测站中的应用[J]. 公路交通科技, 2004(6): 12-15.

[34] 徐礼超. 汽车制动检测台存在的问题及其改进[J]. 公路与汽运, 2003(4): 6-8.

[35] 白旭明, 宗国涛, 杜新民. 反力式滚筒制动检测台检测制动力的分析[J]. 建筑机械, 1998(1): 23-27.

[36] Chapa, J. & M. Raghuveer. Algorithms for designing wavelets to match a specified signal [J]. *IEEE Transactions on Signal Processing*, 2000, 48(12): 3395-3406.

[37] Zhou, J. & Gao, D. S. & D. Zhang. Moving vehicle detection for automatic traffic monitoring[J]. *IEEE International Conference on Intelligent Transportation System*, 2003(2): 1368-1371.

[38] 洪敏, 马绪辉. 分布式计算机测试装置在汽车综合性能检测中的应用[J]. 仪表技术与传感器, 2000(9): 38-39.

[39] 魏加恩. 汽车检测技术的发展[J]. 科技与生活，2011(9)：45-47.

[40] 陈良清. 浅析汽车检测诊断技术的应用和发展方向[J]. 实用汽车技术，2008(1)：56-58.

[41] 马东宁. 德国的汽车检测技术及启示[J]. 交通科技与经济，2005(4).

[42] 刘元鹏. 汽车综合性能检测站能力建设与质量管理(一)[J]. 汽车维护与修理，2006(6)：38-39.

[43] 相东，金彤. 提高检测服务水平的探讨[J]. 黑龙江交通科技，2007(5)：121.

[44] 王炼，赵宏梅. 汽车综合性能检测站的发展研究[J]. 交通企业管理，2008(4)：45-47.

[45] 王新扬. 汽车综合性能检测站市场化经营的发展思路[J]. 汽车维护与修理，2004(3)：51-52.

[46] 王守杰. 汽车综合性能检测服务应该走向社会化[J]. 汽车维护与修理，2003(9)：42.

[47] 王辉. 中国汽车检测技术发展浅谈[J]. 汽车运用，2004(5).

[48] 李祥新. 我国汽车检测技术的未来发展方向[J]. 技术导向，2004(11)：39-40.

[49] 刘元鹏. 汽车综合性能检测站能力建设与质量管理(二)[J]. 汽车维护与修理，2006(7)：40-41.

[50] 王炼. 汽车维修与检测及道路运输企业车辆技术管理考评体系研究[R]. 2006.

[51] 王柏生. 目前汽车安全检测行业存在的问题及对策研究[J]. 科技信息，2007(18).

[52] 周广恒. 对汽车二级维护检测存在问题的探讨[J]. 汽车维护与修理，2006(5).

[53] GB/T 17993—2005，汽车综合性能检测站能力的通用要求[S].

[54] 任佑义. 汽车综合性能检测站计算机控制系统的现状与发展动态[J]. 汽车维护与修理，2006(2).

[55] 黄文兵. 汽车综合性能检测布局优化及短期调度模型研究[D]. 西安：长安大学，2006.

[56] 肖赟. 道路运输企业车辆技术管理质量评价指标体系研究[D]. 西安：长安大学，2007.

[57] 范振贵. 汽车技术检测的规范与发展[J]. 山西交通科技，2007(2).

[58] 潘洪达. 汽车检测新技术与检测工艺研究[D]. 长春：吉林大学，2003.

[59] 徐双应，董元虎，杨俊儒. 汽车综合性能检测系统配置的规范性与多样性分析[J]. 交通标准化，2004(8)：33.

[60] 曾宪强，洪家龙. 汽车检测维修行业信息化思路探讨[J]. 汽车维护与修理，2004(4).

[61] 肖永清. 我国汽车检测技术的研究和发展方向[J]. 中国机电工业，2003(18).

[62] 郑安文. 我国道路交通安全的现状与改善对策[J]. 武汉科技大学学报：自然科学版，2006(1).

[63] 张毅. 法国的汽车检测与管理[J]. 汽车维护与修理，2004(3).

[64] 郑安文. 加强我国机动车驾驶员交通安全管理的对策思考[J]. 汽车研究与开发，

2004(1)：38-42.

[65] 张铁志，李莉.汽车综合性能检测管理的思考[J].北方交通，2007(9)：94-95.

[66] 冯文龙.国内汽车检测行业分析[J].交通科技与经济，2005(3)：41-42.

[67] 梁绍敏.汽车综合性能检测站的现状及发展思路[J].交通标准化，2000(4)：25-26.

[68] 苗泽青，高芸.汽车综合性能检测站的检测能力分析及规划研究[J].汽车维护与修理，2007(4)：66-67.

[69] 邓辉.汽车综合检测站的业务发展[J].科技资讯，2006(10)：140.

[70] 蒋永加，李霞，蔡晓光.浅谈我国汽车检测技术发展[J].集团经济研究，2006(28)：119.